JN418449

전시품이 해외전시회 성패를 좌우합니다.

KOTRA **해외전시팀장**이 전시품 선정부터 운송까지 노하우를 알려드립니다.

해외전시회 전시품 선정 및 운송 노하우

KOTRA 해외전시팀장 **조기창** | 著

해외전시회에 어떤 제품을 갖고 나가실건가요?

전시품 **선정기법**과 차질없이 안전하게

운송할 수 있는 그 **노하우**를 공개합니다.

도서출판 두남

머리말

최근 코트라 해외전시팀에서는 2012년 한 해 동안 코트라를 통한 정부지원 해외전시회 참여업체 1,404개사를 대상으로 업체들의 참가실태 및 만족도를 측정한바 있습니다. 603개사가 설문에 응답하였는데 응답업체의 70.1%가 해외시장 개척을 위해 가장 중요하고 효과적인 수단으로 『해외전시회』를 선택하였습니다.

이와 같은 결과는 이번 설문에서 뿐 아니라 국내외 전시관련 기관이나 연구소에서 조사한 내용과 아주 흡사합니다. 해외전시회 참가가 최고의 해외마케팅 수단임이 다시 한번 입증되었습니다만 해외전시회 참가를 위해서는 많은 준비기간이 필요하고 특히 어떤 다른 해외마케팅 수단에 비해 많은 경비를 필요로 합니다.

필자는 오랜 기간 동안 코트라 본사에서 해외전시팀장으로 재직하면서 그리고 수차례 해외무역관에 근무하면서 많은 해외전시회를 기획하고 지원하였습니다. 그 과정에서 전시품 준비 소홀과 운송 과정상의 착오로 인해 많은 시간과 인력 그리고 예산을 투입하여 참가하는 해외전시회를 망치는 경우를 여러 차례 보아왔습니다. 해외전시회에 출품할 상품은 국경을 넘어 육상, 해상 그리고 항공 등 운송수단을 활용하여 운송되고 여기에다 통관을 거쳐 전시장에 도착되어야 하는 관계로 그 과정에서 착오, 인재와 천재지변으로 인해 예상치 못한 별의별 불상사가 발생하기도 합니다. 전시품 도착 지연, 분실, 파손, 통관불허는 물론이고 바이어들의 별 주목을 받지 못하는 전시품만 지나치게 많이 발송하여 경비만 낭비하고 별 성과를 올리지 못하는 경우도 허다했습니다.

따라서 해외전시회 참가를 통해 좋은 성과를 올리기 위해서는 성과 있는 전시회를 선정하고 그 전시회에 맞는 경쟁력 있는 상품을 출품해야 합니다. 본서에서는 우리 기업들이 해외전시회에 최적의 상품을 출품하고 전시 기한에 맞추어 안전하게 전시품을 운송하며 문제없이 전시품을 현지에서 처리하거나 다시 본국으로 반송할 수 있는 그 방법을 제시하고 있습니다. 또한 매 Chapter 말미에는 해외전시회 참가와 관련, 유익한 정보 또는 사례 (쉬어가기)를 첨부하였습니다. 그러나 본서에서 다루지 못한 해외전시회 참가를 위한 전반적인 준비과정 및 현지 마케팅 방법 그리고 사후관리에 관한 정보를 원하신다면 필자의 또 다른 저서 『전시마케팅기법 (도서출판 두남)』을 참고하시기 바랍니다.

아무쪼록 이 책자가 해외전시회에 참가하려는 국내 기업들에게 다소나마 도움이 되기를 바라며 이 책자가 나오기까지 신뢰가는 서비스로 해외전시회 참가 국내기업들로부터 호평을 받고 있는 프리웨이 인터내셔날 김용권 부장님, 풍부한 경험과 논리적인 달변으로 국내 해외전시회 참가기업들에게 전시품 운송 관련, 열정적인 강의를 해주고 계신 ㈜캐미리 오창숙 팀장님의 조언과 자료 제공에 대해 감사의 말씀을 드립니다. 또한 2013년 라스베가스 자동차부품전시회 현장에서 필자에게 전시품 운송과 관련 상세한 설명을 해주신 선진해운항공(주)의 배재혁 과장님, 그리고 전시화물 적하보험과 관련 많은 정보를 제공해주신 롯데손해보험(주)의 이동윤 차장님, 원고 작성 도중 막힐 때마다 번뜩이는 아이디어와 정보를 제공해주신 코트라 해외전시팀 김소선 대리의 도움도 큰 힘이 되었다는 점을 밝힙니다.

2013년 12월

조 기 창

목 차

전시품 준비

제 1 장

전시품 준비

전시품 선정은 전시회 성과를 좌우하는 가장 중요한 요인이다. 따라서 참가할 전시회와 규모, 부스 디자인 및 위치가 확정되면 어떤 전시품을 갖고 나갈 것인가를 신중하게 결정하고 준비해야 한다. 기존 제품을 전시할 것인가 새로 개발된(될) 전시품을 전시할 것인가를 결정한다. 아직 개발되지 않은 전시품이라면 전시품 발송일 까지 해당 전시품이 준비될 수 있는지도 감안한다. 또한 전시회 기간 중 또는 종료 후 갖고 간 전시품을 어떻게 처리할 것인지도 고려하여 종류와 수량을 결정한다. 출품할 전시품과 카탈로그, 홍보 포스터 등 홍보물을 준비할 때는 임차한 부스 내에서 어떻게 디스플레이 할 것인지를 염두에 두어야 한다. 부스 내 바닥과 벽면 등 전시부스 활용 계획도 동시에 수립한다. 전시품이나 홍보물을 부스 벽면에 부착할 것인지, 벽면에 부착된 선반에 비치할 것인지, 별도의 전시용 쇼케이스에 넣어 진열할 것인지 스탠드형 전시대에 비치할 것인지 아니면 부스 바닥에 바로 비치할 것인지를 생각하고 여기에 맞게 전시품을 준비하도록 한다. 특히 출품할 여러 전시품 중 자사가 보여줄 수 있는 히든제품[1])을

1) 해외전시회 출품 기업은 승부를 걸 수 있는 신제품 또는 종전 제품에 비해 현격하게 업그레이드 된 전시품을 포함해서 출품해야지 매번 갖고 나온 제품과 유사한 기존 제품만 출품해서는 기대만큼의 성과를 올릴 수 없다.

최소한 한 점 이상 준비토록 한다. 이 제품이야 말로 하이라이트 제품이므로 관람객들의 주목을 받을 수 있도록 비치 위치와 방법을 고민하고 철저한 준비를 한다. 전자제품, 의료용품이나 기기, 식품류, 의약품 및 화장품 등은 전시회 개최국에서 요구하는 승인 (예 FDA, UL, FCC, CE 등)을 받아야 현지에서 처분할 수 있다. 만일 승인을 아직 받지 못했다면 전시회 종료 후 100% 한국으로 반송 처리해야 한다.

통상 전시부스 1개 면적은 9㎡[2] (=가로 3m x 세로 3m 그리고 높이 2.5m)이므로 상담테이블과 의자, 접수 데스크와 최소한의 상담 공간을 확보한 후 나머지 공간을 활용한다.[3] 실제 기본형 1개 부스 9㎡ (=약 2.72평)를 임차하는 경우, 상담테이블과 의자 등 최소한의 상담 공간을 제외하면 실제 바닥 면적 기준, 전시공간은 1평이 채 되지 못한다. 만일 현지에서 오디오나 비디오기를 별도 임차하여 부스 내에 설치할 때는 이들 기기가 차지하는 공간도 고려해야 한다. 기본형 1개 부스에는 칸막이 (폭 1m, 높이 2.5m)가 각 면당 3개씩 총 9개가 들어간다[4]. 칸막이와 칸막이 사이 조립을 위한 철판지지대 폭이 약 2.5cm임을 감안하여[5] 부착할 포스터를 준비한다.

출품할 전시품을 부스 내에서 실제 작동하려 할 경우, 임차한 면적 내에서 가능한지도 살피고 시연에 필요한 충분한 전력, 가스, 압축공기 등을 신청하였는지도 확인한다. 전시품의 부피가 크고 무게가 많이 나간다면 대표 모델 한점만 출품하고 유사한 모델은 사진이나 동영상으로 대신한다. 특히 대형 기계류나 플랜트 등 생산설비는 사진, 도면, 모형 및 동영상등을 최대한 활용한다. 동영상에는 제품 설명과

---

2) 미국은 전시 부스 단위로 미터가 아닌 feet를 사용하기 때문에 예외다.

3) 전시 공간을 더 확보하기 위해 접수 데스크 (information desk)를 요청하지 않는 출품업체도 있다.

4) 코너 부스인 경우에는 2개면 6개 칸막이가 들어간다.

5) 따라서 한 면당 최대 설치 가능한 포스터의 폭은 95cm, 높이는 245cm이다.

함께 실제 구입했던 수입상의 추천 멘트가 덧붙여지면 더 설득력이 있게 된다. 아울러 자사나 자사제품과 관련된 언론기사나 영상물이 있다면 상담 시 유용하게 활용할 수 있으므로 준비한다. 전시품의 시각적 효과를 높이기 위해서 마네킹 등과 같은 전시품 거치대도 발송하거나 현지에서 임차하도록 한다.

미국 플로리다 의료전시회 기본부스와 포스터를 부착하고 있는 장면

그러나 임차 부스에 비해 너무 많은 전시품을 갖고 가게 되면 운송비도 많이 들 뿐 아니라 부스에 모두 전시하지 못할 수도 있고 오히려 혼란스러워 바이어들에게 좋은 이미지를 주지 못하게 되는 경우도 있다. 또한 전시품 통관시나 전시회 종료 후, 처치 곤란할 수도 있다. 임차 부스 내에서 갖고 간 전시품을 모두 전시할 수 없어 통로에 전시품이나 스탠드형 배너를 비치하는 경우도 있는데 이는 절대 피해야 한다. 반대로 너무 적은 전시품을 갖고 가게 되면 바이어들에게 충분히 상품을 보여줄 수 없으며 샘플이나 홍보물을 바이어들에게 제공할 수 없고 경우에 따라서는 부스가 썰렁하다는 느낌이 들 수도 있기 때문에 부스 규모에 적합할 정도로 전시품을 준비한다.

❀ 비교적 깔끔하게 적당한 양을 전시한 부스

❀ 너무 많은 전시품으로 혼잡한 부스 (왼쪽)와 전시품이 빈약한 부스 (오른쪽)

전시품 수량만 고려할 것이 아니라 전시회 개최국이나 인근국가들에서 경쟁력이 있고 판매 가능성이 높은 상품으로 엄선해야 한다. 이들 국가의 소비자나 구매자의 구입특성, 소득수준, 디자인 및 색상, 소재, 경쟁국과 경쟁 기업들의 진출 동향, 유통구조, 수입 규제, 인증 취득 필요성 등도 감안한다. 특히 패션상품인 경우, 향후 유행할 제품을 충분한 시간 여유를 갖고 준비한다. 또한 특허나 디자인 도안 침해로 문제가 발생할 가능성이 있는 품목은 출품에서 제외하거나 대비책을 세워둔다. 전시품과 함께 카탈로그, 상품설명서, 배너 또는 포스터 등 홍보물과 출장자 명함도 충분히 준비하되 가능하면 전시회 주최국 언어로 설명된 제품설명서[6]를 갖고 간다. 한국어로만 작성된 상품설명서나 포스터는 별 도움이 되지 않으므로 갖고 가지 않도록 한다. 종전에 이미 수차례 참가했거나 최소한 참관이라도 했던 전시회라면 당시 어떤 종류의 전시품에 참관 바이어들의 시선이 집중되었는지를 파악하여 이들 상품 위주로 전시품을 준비하는 것도 실수를 줄일 수 있는 방법이다.

❀ 스탠드형 배너와 비디오기를 활용한 전시부스

전시품 준비 소홀로 전시회 성과를 망치는 경우도 종종 있다. 그 대표적인 사례는 다음과 같다.

---

6) 전시회 주최국 언어로 작성된 홍보자료가 없다면 최소한 영어로 제작된 홍보자료를 준비해야 한다.

[전시품 준비 소홀로 실패한 사례]

구 분	실패 요인
섬유전	• 해당 지역에 맞지 않는 디자인이나 소재로 출품하는 경우 - 미국 섬유전에 중동 소비자들이 주로 찾는 디자인과 소재 원단을 출품
전자제품, 의료기기, 의약품 전시회	• 해당 국가가 요구하는 인증을 취득하지 않은 상태에서 출품 • 의료기기와 별 관련이 없는 정수기 출품
식품전, 화장용품전	• 종교적인 이유로 해당 소비자들이 먹거나 마시지 않고 소비하지 않는 제품을 출품 - 중동 화장품전에 돼지 뼈가루가 들어간 화장품을 출품
건축전	• 개최국에 건축기자재 생산 공장 부재로 건축기자재를 제조하는데 필요한 원재료 수요가 없는데도 모르고 출품
시계박람회	• 디자인 침해 품목을 출품하여 전시기간 중 벌금 부과 및 전시 기회 박탈
염색화학 전시회	• 섬유산업 강국인 터키에서 개최되는 염색화학전시회에 출품하였으나 터키산에 비해 국산제품의 경쟁력 절대 열위로 참가 성과 미미

일반적으로 전시품을 준비할 때 전시회 참가목적에 부합하는 전시품으로 선정하되 그밖에 고려해야 할 사항은 다음과 같다.

[전시품 준비 시 고려사항]

항목	체크 포인트
√	아이디어 상품이거나 디자인 우수 제품인가?
√	현재 수요가 확대되고 있는 제품인가?
√	기존 출품했던 품목과 전혀 다른 신제품이거나 한층 업그레이드 된 제품(히든 제품)이 포함되어 있는가?
√	지금 당장은 아니라도 가까운 장래 수요 확대가 예상되는 제품인가?
√	현지에서 짝퉁 품목으로 범람하고 있지 않은가?
√	현지 틈새시장을 겨냥해 볼 만한 상품인가?
√	유행에 뒤떨어진 제품은 아닌가?
√	현지 미풍양속을 해치는 상품은 아닌가?
√	현지 주파수나 전압, 시스템에 맞는 제품인가?
√	국제적 품질이나 규격 인증을 받은 제품인가?
√	현지 수입 불가 제품은 아닌가?
√	특허나 디자인 침해 분쟁 소지는 없는 제품인가?
√	신제품의 경우, 기밀이 노출되는 제품은 아닌가?
√	현지에서 경쟁국 제품들과 이미 치열한 경쟁을 벌이고 있는 제품인가?
√	운송 도중 폭발, 변질이나 파손 될 우려가 있는 제품인가?
√	현지에서 시연이 가능한 제품인가?
√	현지 수출 후 A/S가 가능한 제품인가?
√	현지 문화, 종교, 관습 등에 저촉되는 제품은 아닌가?
√	전시회 종료 후 현지 매각이나 기증, 폐기가 가능한 제품인가?
√	현지에서 잠재 구매자 타켓을 설정할 수 있는 품목인가?
√	현지 산업 현황과 매칭이 되는 품목인가?
√	주변국들로의 우회수출이 가능한 품목인가?
√	현지 자연 환경에 부합되는 제품인가?
√	지금까지 많은 국내기업들이 해외전시회에 출품한 품목에 속하는가?
√	바이어에게 충분히 설명할 수 있는 준비가 되어 있는 제품인가?
√	전시부스 바닥, 설치 선반, 벽면 하중을 견딜 수 있는 제품인가?
√	기존 에이전트 계약이 체결되어 있다면 이에 저촉되지 않는 제품인가?
√	전시회 출품과정에서 보험 가입이 가능한 품목인가?
√	전시회 기간 중 분실 시 자사에 심각한 악영향을 미치는 품목은 아닌가?
√	전시주최자가 반입을 불허하는 품목은 아닌가? (특히 하중, 폭발위험성)

전시품을 설명하는 부스 벽면 부착 배너는 영어나 전시회 주최국 언어로 작성하되 눈에 확 띄고 제품의 특성을 부각할 수 있도록 간략하고 산뜻하게 제작한다. 너무 자세한 설명을 하기 위해 작은 글씨체로 너무 빽빽하게 문구를 작성하면 오히려 역효과이다. 자세한 설명을 원한다면 벽면 가운데는 임팩트 있게 최대한 간결하게 작성된 배너를 설치하고 양면에 사진, 도면과 함께 상대적으로 자세한 설명을 하는 것이 바람직하다. 최근에는 종전 실물 위주의 전시에서 탈피하여 상품 소개 동영상을 준비하여 바이어들 앞에서 시연하는 경우도 많으므로 CD나 USB 등으로 동영상을 제작하여 휴대하는 것도 바람직하다. 전시품 및 홍보물 이외 노트북, 변압기[7], 스탠드형 배너 설치대, 바이어에게 나누어 줄 기념품 또는 판촉물, 명함수거함 등도 전시품과 함께 발송하거나 출장자가 직접 휴대하여 갖고 간다.

출품할 전시품과 홍보물이 결정되었다면 해상으로 발송할 것인가, 항공으로 발송할 것인가 아니면 직접 휴대할 것인가를 결정하고 해상발송, 항공발송 또는 직접 휴대하여 갖고 갈 물품으로 구분하여 준비한다. 직접휴대의 경우, 항공사가 무료로 운반해주는 허용 중량이 정해져 있으므로 이를 초과 할 경우, 별도의 비싼 비용을 지불해야 하거나 필요한 서류 구비 등 철저한 준비 없이 전시품을 휴대하여 입국하다가 통관이 불허되는 경우도 있으므로 웬만한 물품은 해상 또는 항공 화물로 발송하도록 한다. 그러나 해상이나 항공으로 발송한 전시품이 손망실되거나 통관지연으로 전시품이 제때 도착되지 않을 경우를 대비하여 최소한의 상담자료 (예 샘플, 카탈로그, 동영상 수록 USB 등)는 출장자가 직접 갖고 가도록 한다.

---

7) 110V를 사용하는 국가인 미국, 일본, 캐나다, 대만, 리비아, 베네주엘라, 파나마, 콜롬비아, 자마이카에서 개최되는 전시회에 참가하는 경우, 별도의 변압기를 준비해야 한다.

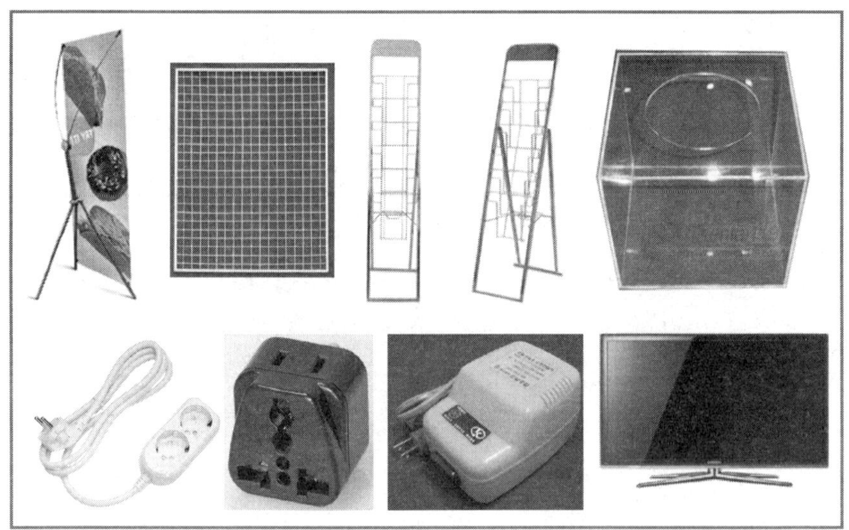

❀ 한국에서 갖고 가는 것이 좋은 전시관련 물품 예

특히, 최근 전시참가기업들이 많이 활용하는 LED TV[8]는 현지에서 임차하려면 많은 비용이 들므로 가능하면 타전시회에서도 다시 활용할 수 있도록 직접 구입하여 전시품과 함께 해상으로 운송하는 것이 바람직하다. 또한 전시품과 함께 부스 내방 바이어들이나 주요 바이어들에게 증정할 간단한 판촉물이나 기념품을 따로 준비하는 것도 좋다.

8) 일례로 라스베가스 자동차부품전 (AAPEX)에서 전시회 기간 3일 동안 40인치 삼성 LED TV 임차료가 800불 정도임.

[내방객이나 주요 바이어들에게 줄 수 있는 추천 기념품]

부스 참관객들에게 가볍게 줄 수 있는 한국 과자 (예시)
가능성이 중간 정도인 바이어에게 줄 수 있는 선물 (예시)
가능성이 매우 높은 바이어에게 줄 수 있는 선물 (예시)

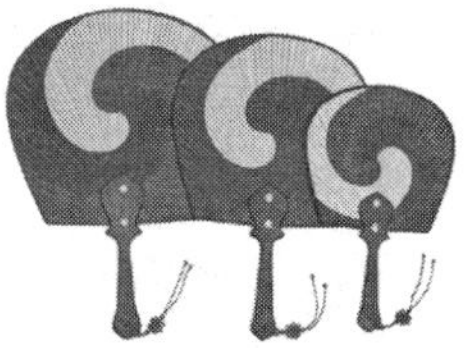

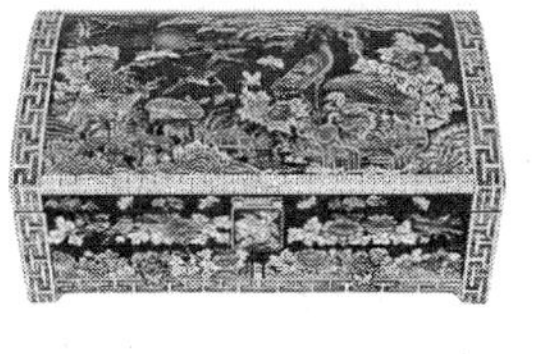

참고사항 1 전시품 지적재산권 보호 대책[9)]

전시회는 기업이 자신의 상품 및 서비스 등을 불특정 다수를 대상으로 공개하는 곳인 만큼 기업의 지식재산 관련 침해가 일어나기 쉽다. 이는 보통 타인이 자신의 지식재산을 침해하는 것을 말하지만 자신도 모르는 사이에 타인의 지식재산을 침해하는 경우도 포함된다. 지식재산 침해는 해외전시회에서 더욱 유의하여야 할 사항이다. 해외전시회 지재권 침해를 방지하기 위하여 다음 사항을 사전에 숙지함으로써 이같은 문제가 발생하지 않도록 주의하여야 한다.

첫째, 전시물품에 대한 특허, 상표, 저작권을 보유하고 있다면, 타인이 이를 제대로 인지할 수 있도록 적절히 표시하여야 한다.

둘째, 만일 자신이 전시하려고 하는 물품이 타인의 지식재산 (특허, 상표, 저작권 등)을 침해하고 있다는 사실을 알고 있다면 이를 전시하거나 판매하여서는 안 된다.

셋째, 만일 타인으로부터 CD, 레터 또는 침해 경고장을 받은 경우라면, 이같은 내용이 사실인지 분석함과 동시에 특허변호사 등 전문가로부터 조언을 얻을 때까지 동 물품들을 바로 전시대상에서 제외해야 한다.

넷째, 민감함 전시품목에 대해서는 "NO PHOTOGRAPHS" 싸인을 붙인다.

다섯째, 전시업체가 아닌, 일반인 또는 침해 색출을 위한 전문업체의 고용인 등이 부스를 방문하거나 특히 사진 촬영을 목적으로 기웃거리는 것에 주의해야 한다. 이는 침해색출을 위한 전문업체의 고용인일 수도 있고, 타인이 우리 기업의 지재권을 카피하고자 하는 경우 일 수 있다.

여섯째, 지재권 침해 전시물품 또는 이를 포함하고 있는 카탈로그 등이 있는 경우, 자신의 소속과 이름을 대며 이를 보여줄 것을 요청하는 사람 등이 있더라도 이를 제공하거나 보여주어서는 안된다. (타인의 지재권을 침해하는 물품이 명시된 카탈로그의 경우, 자신도 모르게 전시부스에 반입될 수 있기 때문에 이에 유의하여야 한다.)

일곱째, 전시 카탈로그의 경우, 올바른 저작권 표시를 하여야 한다. (형식 : Copyright 또는 ©마크/저작권자 성명/출판년도)

여덟째, 전시회에서 공개한 각종 출판물 (카탈로그 및 다른 인쇄물)에 대해서는 이를 인쇄, 출판한 일시와 취합날짜 그리고 출품전시회 명칭등을 기록하여 원본상태로 보관하여야 추후 발생 가능한 분쟁에 대비할 수 있다. (침해사실이 없는데도 침해를 주장하는 악의적인 경쟁기업이 있는 경우, 이같은 증빙들은 훌륭한 반박자

---

9) 이하 출처 KOTRA LA IP-DESK

료가 될 수 있다.)

아홉째, 전시회에 참가한 동종업계 경쟁자들의 출판물에 대해서도 위 (여덟째) 설명과 같이 보관해 놓아야 한다.

마지막으로 의심되는 사항, 궁금한 사항이 있는 경우에는 관련 분야 전문가에게 문의 및 상담을 하는 것이 좋다.

쉬어가기

■ **순조로운 전시품 통관을 위한 필요조건**

나라마다 제도와 관습, 언어 그리고 공직사회의 부패 정도가 상이한 해외에서 개최되는 전시회에 참가하려다 보면 전시품 운송 및 통관 과정에서 뜻하지 않는 일로 인해 해외전시회 참가에 차질을 빚는 경우가 자주 발생한다. 운송 및 통관 시스템이 잘 갖추어진 선진국에서도 운송회사 또는 하역 노동자들의 파업에 따른 통관 지연으로 전시품 인수에 차질을 빚는 경우가 가끔씩 발생되며 후진국에서는 전시품 손망실과 낙후된 제도, 관료주의 만연과 부패로 인한 통관 지연 또는 뒷돈을 요구하는 사례도 종종 발생한다.

2007년 12월, 5일간 개최된 『모스크바 의료박람회』에 국내 10여개사가 참가하였다. 그런데 한 국내 참가기업이 상업송장과 Packing List에 발송된 전시품을 『Military X-Ray machine』이라고 표기하였다. 그런데 러시아 세관에서는 이 전시품을 군수용 무기로 해석하고 통관을 불허하였다. 국내기업은 무기가 아닌 군수용 의료기기라고 항변하였지만 러시아 세관은 꿈적도 하지 않고 러시아어로 작성된 상품설명서를 제시하라고 요구하였다. 물론 이 기업은 러시아어로 작성된 상품설명서를 준비하지 않았다. KOTRA 모스크바무역관 직원이 아무리 상황을 설명해도 러시아 세관은 물러서지 않았으며 운송회사 현지 파트너도 나 몰라 하는 자세를 보였다. 결국 그 기업은 전시회 개최 첫날, 전시품 없이 카탈로그만 갖고 상담할 수 밖에 없었다. 무역관 직원은 마지막으로 駐모스크바 한국대사관의 힘을 빌리기로 하고 대사관 협조 공문을 제시하고서야 전시품을 통관할 수 있었다. 관료주의가 만연된 국가, 특히 구(舊) 사회주의 국가에서는 이런 일이 종종 발생한다.

그러나 이러한 외부적인 요인 말고도 해외전시회에 참가하는 국내 기업들의 준비 부족과 미숙으로 전시품이 제때 통관되지 못하여 전시회를 망쳐버리는 경우도 있다. 특히, 전시품을 핸드캐리하여 항공편으로 입국할 때, 전시품을 압류당하거나 엄청난 벌금을 납부해야 하는 사례도 자주 발생한다. 해외전시회에 참가하는 국내기업들은 대부분 관광비자로 입국하기 때문에 전시물품의 경우에도 정상 관세를 납부함이 원칙이다. 그럼에도 불구하고 관세를 납부하지 않고 통관하기 위해서는 인보이스, Packing List와 함께 대한상공회의소에서 발부하는 『무관세임시통관증서 (ATA Carnet)』를 준비해야 한다. 여기에 더해 전시주최자로 부터 해당전시회에 참가한다는 확인서신을 휴대하는 것이 좋다.

또한 후진국의 경우, 핸드캐리 시 박스 단위 포장보다는 여행자용 가방을 이용하고 여러 사람이 전시회에 참가 때는 전시품을 분산해서 휴대하는 것이 바람직하다. 또한 일반 관광객의 경우, 짐이 많지 않아 대체로 검색이 까다롭지 않으므로 일반 관광객 틈에 끼어서 입국한다. 일부 후진국에서는 직접 운반 전시품의 경우, 공항 세관원들은 관례에 따라 관세 면제를 조건으로 뒷돈을 요구하는 경우가 있는데 상황에 따라 과도하게 요구하지 않는다면 적절하게 대응하는 것도 방법이다. 그러나 흔히들 후진국이라 하더라도 뇌물이 통하지 않는 국가도 있음을 유념해야 한다. 이 밖에 어떤 국가에서는 한국, 중국 비즈니스 사절단이 입국 할 경우, 의도적으로 휴대물품 검색을 까다롭게 하기도 하는데 이 경우 당황하지 말고 전시회에 참가하는 업체임을 설명하면서 전시 참가 사실을 증명할 수 있는 서류를 제시한다.

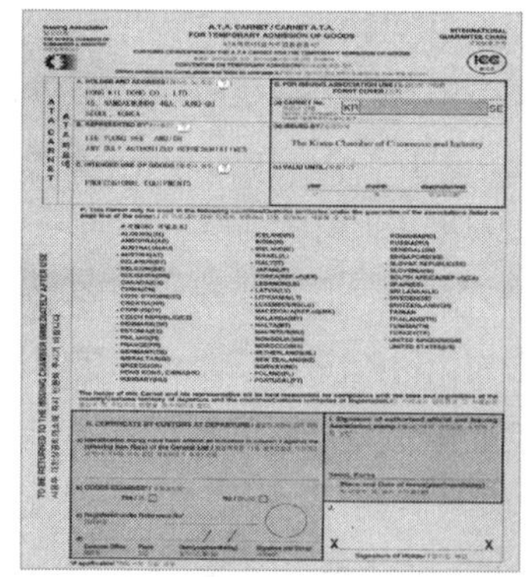

A.T.A. CARNET / CARNET A.T.A.
FOR TEMPORARY ADMISSION OF GOODS

The Korea Chamber of Commerce and Industry

무관세임시통관증서 (ATA Carnet)

『무관세임시통관증서』를 제시한 후, 전시품에 대한 관세를 납부하지 않고 통관한 전시품을 전시회 기간 중 또는 종료 후 판매하였거나 기증 또는 폐기하였을 경우에는 사후적으로 라도 반드시 관세를 납부해야 하며 우리나라로 다시 반송할 경우에는 현지 반입 시 당초 신고대로 전시품 상태와 수량이 정확히 일치하여야 한다.

차질 없이 전시물품을 찾기 위해서는 항공이나 해상으로 전시품을 운송하든 직접 휴대하든 전시회가 개최되는 국가의 통관 환경과 운송 및 통관에 필요한 소요기간을 파악하고 요구하는 서류를 잘 구비하는 것이 무엇보다 중요하다. 아울러 해당 전시회 홈페이지를 꼼꼼히 살펴, 통관 시 유의사항도 미리 숙지한다. 그리고 선후진국을 막론하고 전시품 도착 지연, 손망실 및 통관 불허 등을 대비하여 비상용 상담자료 (카탈로그, 상품설명서, 샘플, 영상이 담긴 USB 등)를 별도로 직접 휴대하여 갖고 가며 출발 전 우리나라 현지 공관, 무역관, 국내운송회사 및 현지 파트너 운송회사 연락처를 파악하도록 한다.

제2장 전시품 포장법

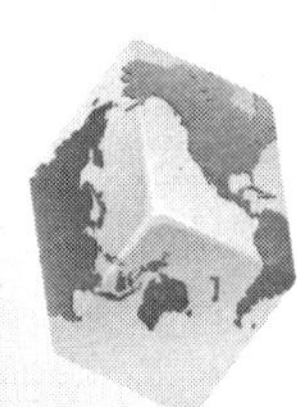

제 2 장

전시품 포장법

준비한 전시품이 파손이나 망실 없이 제대로 전시장에 도착하고 전시회 종료 후 다시 자사로 반송되기 위해서는 전시품 포장이 매우 중요하다. 포장 잘못으로 인하여 제품이 파손되거나 부식되는 것을 미연에 방지하기 위해서는 제품과 전시회 개최 지역의 특성에 따라 기상조건, 하역조건, 운송조건 및 보관조건 등을 고려하여 포장하여야 한다. 운송도중 변질될 가능성이 있는 품목은 더욱 주의를 요해 포장해야 한다. 예를 들어 정밀설계 제작된 기계류는 포장 박스 외부로 부터의 충격방지, 방청[10], 방수처리를 해야 하며 반도체, 의약품 및 식품 등은 방습처리도 요구된다.

❀ 전시품 포장

10) 방청 (防錆 anticorrosive) : 금속에 녹이 생기는 것을 방지하는 것

❀ 전시품 운송용 종이박스 및 프라스틱 상지

❀ 전시장 부스에 도착한 전시품 박스 : 왼쪽 사진 박스는 많이 손상되어 재활용이 어려울 것으로 보인다

운송 중 변질이나 특별히 파손 될 위험성이 크지 않은 일반 제품들은 바블지, 골판지, 스티로폴, 폴리에치렌수지, 랩, 고무패드 및 포장지등을 이용하여 제품을 포장한 후 종이 박스나 프라스틱 박스에 넣어 운송회사에 운송을 의뢰한다. 제품 발송용 종이 박스나 프라스틱 박스는 전시회 종료 후 반송할 때 다시 사용해야 하므로 도중 찢어지거나 터지는 등 파손되지 않도록 견고한 것을 이용하되 재활용 할 수 있고 물에 젖을 염려가 없으며 접어서도 보관이 가능한 프라스틱 박스를 이용하는 것이 좋다. 그러나 전시회 종료 후 전시품을 본국으로 재반송하지 않을 경우에는 가격이 상대적으로 비싼 프라스틱 박스를 굳이 사용하지 않아도 된다.

전시품 발송 시 견고한 박스로 포장했다 하더라도 박스안에 내용물이 가득차지 않아 빈 공간이 있을 경우, 운송도중 눌리거나 습기가 차면 전시장에 도착했을 때 박스가 많이 손상되어 재활용이 불가능한 경우도 있다. 따라서 처음부터 발송할 전시품의 양에 맞는 박스를 준비하든가 빈 공간이 있다면 바블지나 종이 등으로 공간을 모두 채워 견고하게 포장하여야 한다.

출품회사에서 직접 전시품을 포장하는 경우, 포장 미숙으로 인해 전시품이 파손되는 경우도 자주 발생하므로 예상되는 외부 충격에도 견딜 수 있도록 충격 완충용 포장 재료를 이용한다. 특히, 포장 불량으로 인해 전시품이 손상되는 경우, 보험 청구가 어려워질 수 도 있다는 점을 명심한다.

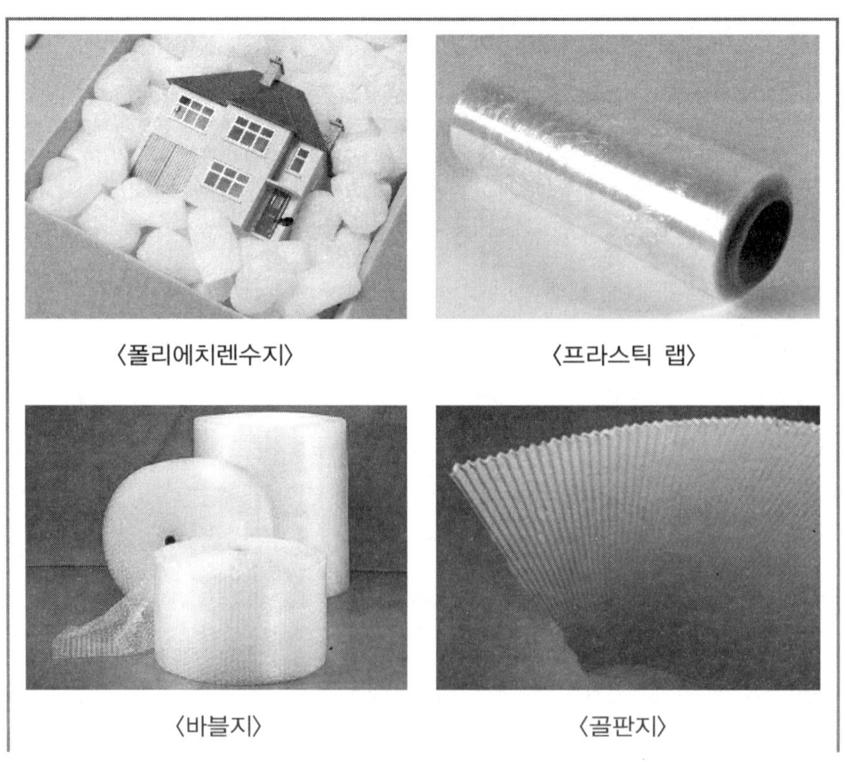

〈폴리에치렌수지〉 〈프라스틱 랩〉

〈바블지〉 〈골판지〉

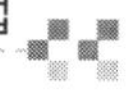

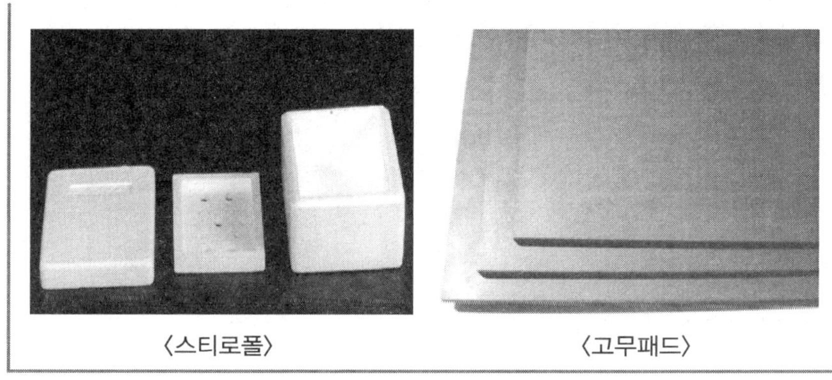
〈스티로폴〉 〈고무패드〉

❀ 각종 충격 완충용 포장재료

❀ 랩으로 포장된 전시품 해체 (왼쪽) 반송을 위해 랩을 사용하여 재포장된 전시품

일반 제품과는 달리 방청, 방습처리가 필요한 전시품도 있다. 부식 방지를 위해 스프레이건을 사용하여 코팅을 하거나 방습을 위해 실리카겔을 사용하기도 하는데 이 경우 실리카겔을 제품의 사이 사이에 걸어둔다. 실리카겔은 습기를 흡수하기 때문에 도장 부위에 올려 두면 도장이 벗겨질 염려가 있다. 특수포장일 경우 방청, 방습 처리 후 알루미늄 랩으로 두르도록 한다.

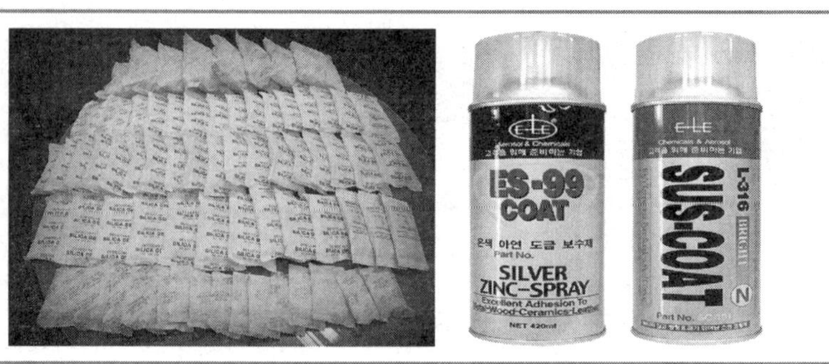

❀ 실리카겔 및 코팅제

진동에 의한 충격으로 인하여 기계에 변형이 가거나 크랙이 가는 기기에는 스티로폴 또는 폴리에치렌수지 등으로 제품의 충격을 방지한다. 또한 제품 사이에 습기가 없는 완충재를 사용하기도 하고 고무패드를 이용하여 진동을 최소화한다. 가능한 부피가 큰 기계류는 전문운송업체에 포장을 의뢰하는 것이 바람직하다. 출품사가 직접 박스 포장할 경우, 전시회 기간 중 현지에서 소모할 품목 및 홍보물과 전시회 종료 후 자사로 반송할 전시품을 구분하여 별도 포장하도록 한다. 특히 식품 (라면, 주류 등)은 발송이 금지되어 있다. 식품을 전시품과 함께 발송할 경우 통관상에 막대한 지장을 초래할 수 있으므로 주의해야 한다. 아울러 전시품에 따라 조립과 분해에 필요한 각종 공구류, 변압기[11]를 포함하여 반송을 위해 재포장 시 사용할 별도의 포장재료, 테이프, 끈, 가위 및 커터 칼과 반송용 라벨 등도 함께 발송한다.

---

11) 110V를 사용하는 국가에서 개최되는 전시회 참가시에는 필요에 따라 변압기를 전시품과 함께 발송하도록 한다. 변압기는 매우 무거워 휴대물로 갖고 가기가 어렵다.

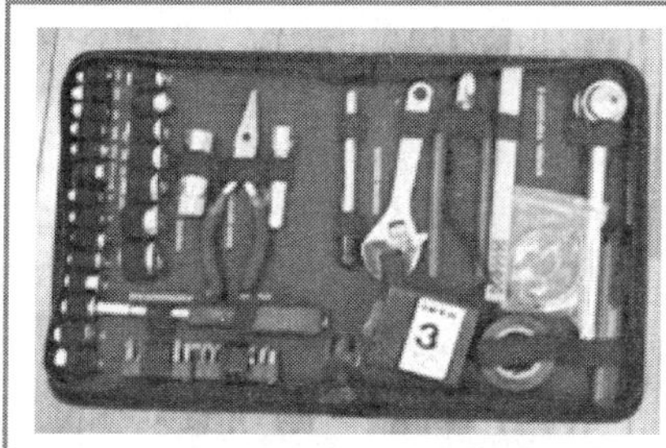

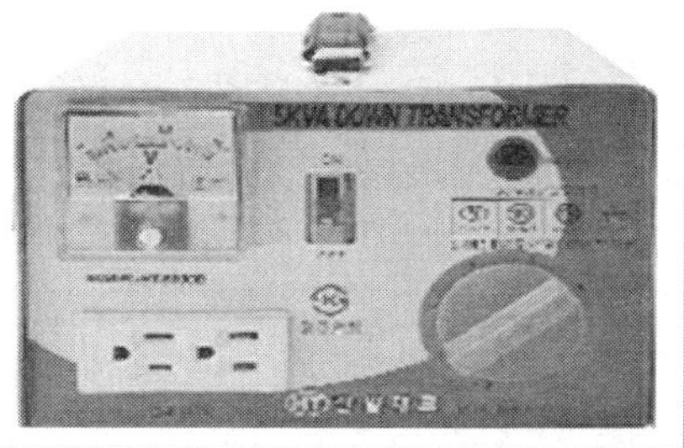

❀ 전시회 참가 시 유용하게 사용될 공구류 및 변압기

전시품 포장이 완료되면 도난 및 분실에 대비하여 각 전시품 마다 회사명, 부스번호, 전시회명을 필히 기재한다. 또한 전시품을 포장한 상자 겉면에는 다음과 같은 내용이 수록된 A4용지를 부착한다. 아울러 수하인 (Consignee)는 통상 해당 전시회 지정운송업체로 하고 통보인 (Notify Party)는 참가업체명으로 한다. 또한 경비 절감을 위해 소형 박스로 여러 개 포장하는 것 보다는 가능한 대형 박스를 사용하여 박스수를 줄이는 것이 유리하다.

- Name of Exhibition :
- Name of Exhibitor :
- Hall/Booth No. :
- Package No :
- Dimensions : (L) cm x (W) cm x (H) cm
- Gross/Net Weight :

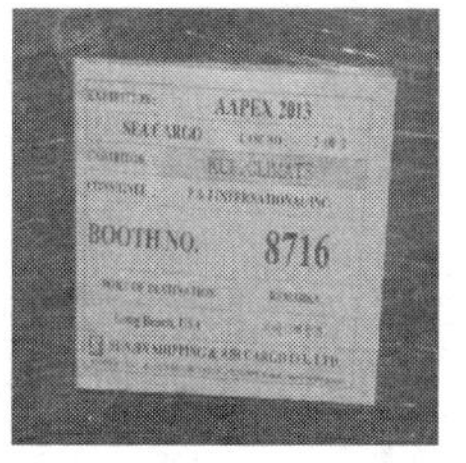

❀ 전시품 발송 박스 겉면에 부착해 할 정보

전시품을 박스 포장하였다 하더라도 최종적으로 파손, 분실 등의 사고 방지를 위한 견고한 포장이 요구되며 전시 전 해체 작업과 전시 후 용이한 재포장을 위해 조립식 목재포장이 가장 좋다. 그리고 침엽수를 이용하여 만든 나무상자 및 팔레트로 포장하는 경우 전시품이 반입되는 각 국가에서 제시하는 기준에 맞는 열처리 또는 MB훈증[12] 처리된 나무를 사용해야 하며 목재 상자 겉면에 반드시 소독 처리 마크를 표시해야 한다.

❁ 목재포장으로 운송된 전시물품

특별히 취급 주의를 요하는 상품이 들어있는 박스 겉면에는 다음과 같은 표시를 해둔다.

❁ 운송품 취급 주의 표시

12) 모든 목재로 된 포자 메이스에는 열처리 HT (Heat Treatment) 또는 훈증처리 MB (Methyl Bromide)를 해야 하는데 그중 훈증처리란 컨테이너 안에 화물을 넣은 상태에서 현품에 천막을 씌우고 메틸브로마이드 (약품)을 뿌려 방역을 한다. 완료 후엔 현품에 MB 마크를 찍는다.

출장자가 직접 휴대하여 갖고 갈 전시품은 정식 통관을 하지 않을 경우, 박스에 넣어 갖고 가는 것 보다는 여행용 가방에 넣어 일반 휴대품과 같이 혼합하여 휴대하는 것이 좋다. 그러나 항공편, 좌석등급 및 구간에 따라 다소 차이는 있지만 통상 수하물 1개당 20 ~ 30Kg 범위 내에서 1 ~ 2개 까지만 무료 운송해주므로 전시회 출장 시 출장자 개인용품을 제외하면 실제 전시품을 직접 휴대하는 것은 한계가 있다. 따라서 대부분의 전시회 참가기업들은 최소한의 비상용 카탈로그와 포스터 등 홍보물 위주로 직접 휴대한다. 특히, 구겨지기 쉬운 포스터는 프라스틱 도면통에 넣어 휴대한다. 직접 휴대할 전시품은 운반이 용이하도록 박스에 견고한 손잡이를 만드는 것이 좋다.

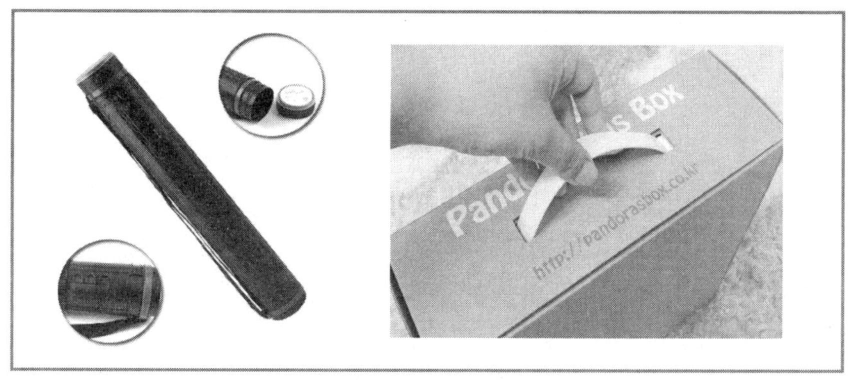

❀ 프라스틱 도면통 ❀ 휴대용 박스에는 손잡이를 만드는 것이 편하다

전시회 참가업체로부터 운송할 박스를 접수한 운송회사들은 각 참가업체별로 이들 박스를 운반할 포장 상자를 제작한다. 운송회사들이 컨테이너에 입고하기 전 화물을 포장하는 방법으로는 합판밀폐형 목상자 [Plywood Box (closed)], 판재밀폐형 목상자 [Wooden Box (closed)], 판재개방형 목상자 [Wooden Box (open)], 진공포장, 스키드포장 [Skid Packing] 및 파레트 포장 [Bundle Packing] 등이 있다.

[전시품 포장 시 체크사항]

항목	체크 포인트
√	발송물을 해상운송, 항공운송, 직접 휴대로 분류하였는가?
√	파손 및 변질되지 않도록 견고하게 포장 하였는가?
√	현장 소모품 및 홍보물은 일반 전시품과 구분하여 포장하였는가?
√	반송을 위해 재활용할 수 있을 정도로 견고한 박스를 준비하였는가?
√	박스에 전시품과 홍보물은 넣고 빈 공간은 버블지나 종이로 충분히 채워넣었는가?
√	필요한 경우, 방수, 방습, 방청, 외부충격 예방 조치는 취하였는가?
√	폭발물 및 화재 발생 가능성이 있는 위험물은 포함하지 않았는가?
√	각 전시품 마다 회사명, 부스번호, 전시회명을 필히 기재하였는가?
√	박스 겉면에 Name of Exhibition, Name of Exhibitor, Hall/Booth No., Package No, Dimensions : (L) cm x (W) cm x (H) cm, Gross/Net Weight 등을 기재하였는가?
√	반송 시 사용할 충분한 포장자재와 반송용 라벨을 준비하였는가?
√	전시품 박스에 식품류를 같이 포장하지는 않았는가?
√	전시품 조립용 공구와 변압기도 포함하여 포장하였는가?
√	직접 휴대할 전시품, 홍보물 무게가 항공사 허용치를 초과하지 않는가?
√	포스터를 프라스틱 도면통에 넣어 휴대하는가?
√	휴대용 박스에는 견고하게 손잡이를 만들었는가?
√	전시품이 미도착되는 사태에 대비하여 출장자가 직접 휴대 할 비상용 상담 자료는 준비하였는가?

합판밀폐형 목상자는 목상자 포장에서 가장 많이 사용하는 포장방법이다. 합판밀폐형으로 포장되는 것은 내용물이 외부로 부터의 습기나 먼지 혹은 충격, 도난으로부터 보호해야 할 경우 많이 사용되며 판재밀폐형보다 방습면에서는 더 좋은 효과가 있다. 컨테이너 및 항공수송용에 적합하다.

합판밀폐형 목상자

판재밀폐형 목상자

판재밀폐형 목상자는 주로 중량이 많이 나가는 기계류나 산업 PLANT, 작지만 무거운 철재 부속품이나 부피가 아주 큰 구조물에 작은 부속품이 많이 붙어있는 기계의 경우에 사용되는 형식이다. 따라서 포장박스의 무게도 상당히 무거우므로 주로 선박용으로 사용된다.

판재개방형 목상자

판재개방형 목상자는 포장 비용을 절감할 수 있고 내용물이 습기 및 해수나 먼지등으로 인한 손상 우려가 비교적 적은 물품일 경우 주로 사용된다. 눈, 비나 습기에도 어느 정도 견딜 수 있는 제품에 좋은 포장 방법이다. 외부의 파손을 어느 정도 막을 수 있고 상품이 보이는 것이 유리할 때 선택한다. 경우에 따라 진공포장도 한다.

스키드 포장

스키드 포장은 목상자가 아닌 파렛트 형식의 포장 형태이다. 주로 포장비용을 절감하기 위해 사용되는 형식으로 무게 중심이 안정적이고 콘테이너에 적재하는 화물에 많이 쓰고 있다. 각종 산업구조물이나 탱크, 기계류 등을 포장할 때 많이 쓰이며 컨테이너 작업 시에는 주의하여야 한다. 특성에 따라 진공포장을 병행하기도 한다.

❁ 번들 포장

❁ 진공포장

번들 포장은 스키드나 파렛트를 필요로 하지 않는 제품을 포장하는 데 적용된다. 짧은 목재등으로 제품을 받치거나 눌러주며 철띠 등을 이용해서 제품을 고정, 결속하여 포장하는 형태이다.

그리고 진공포장은 정밀부품의 부식방지를 위해 사용되며 박스 내 모든 공간을 진공상태로 유지하거나 질소 주입으로 기계의 원천적인 부식요소를 차단하는 방식이다.

참고사항 2 세계 전압표

국가	전압	주파수	콘센트·플러그 형태	
아르헨티나	220 V	50 Hz	C / I*	C 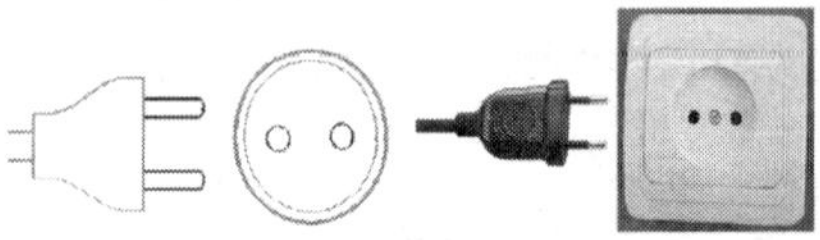
				I 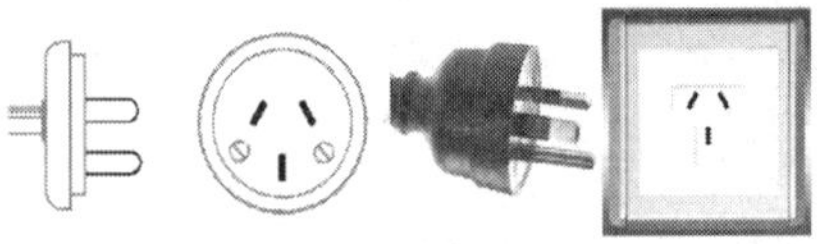
오스트레일리아	240 V	50 Hz	I	I 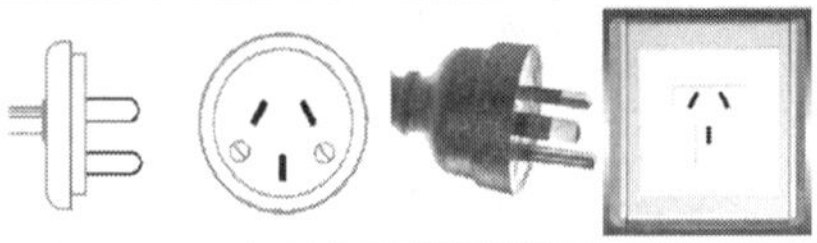
오스트리아	230 V	50 Hz	C / F	C 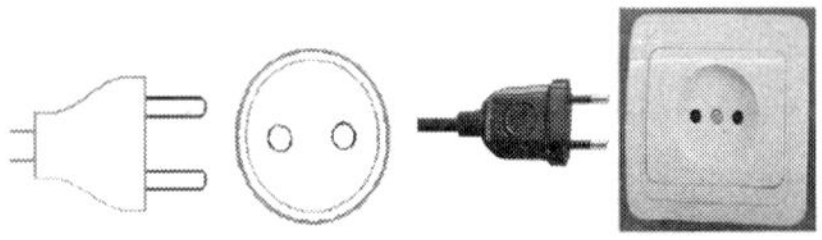
불가리아	230 V	50 Hz		
이집트	220 V	50 Hz		
핀란드	230 V	50 Hz		
독 일	230 V	50 Hz		
그리스	230 V	50 Hz		F 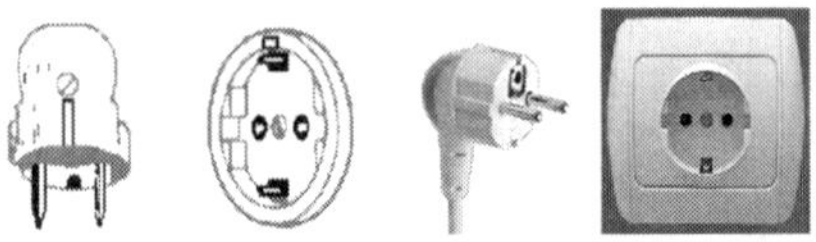
헝가리	230 V	50 Hz		
폴란드	230 V	50 Hz		
러시아	230 V	50 Hz		
스페인	230 V	50 Hz		
스웨덴	230 V	50 Hz		
벨기에	230 V	50 Hz	E	E 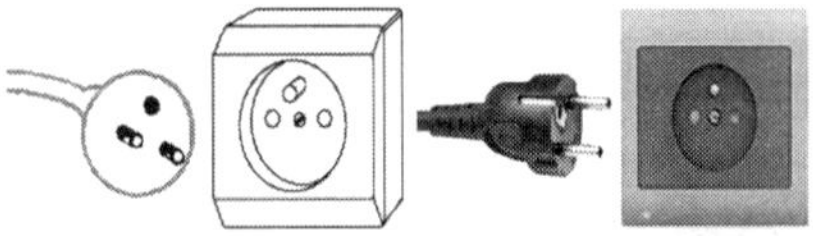
브라질	127 V/ 220 V*	60 Hz	A / B / C / I	A 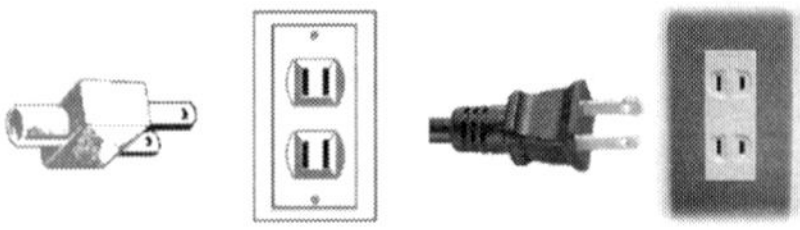

				B	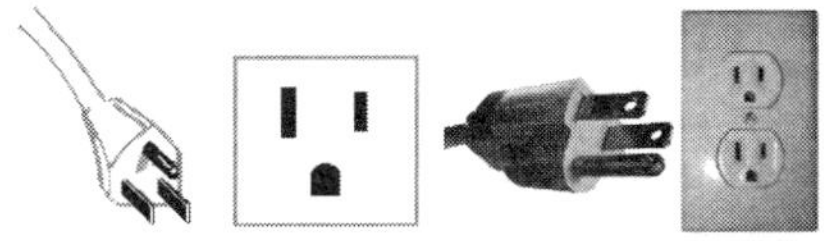
				C	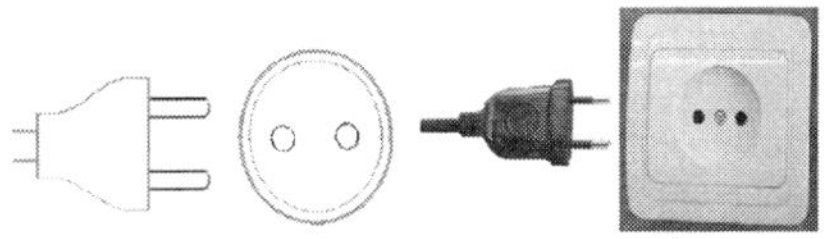
				I	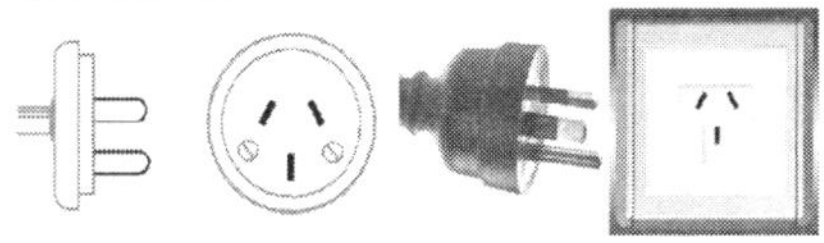
캐나다	120 V	60 Hz	A / B	A	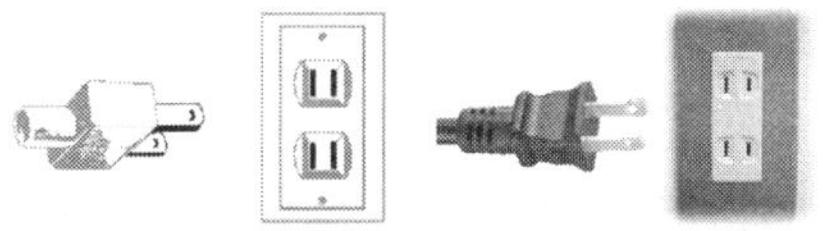
				B	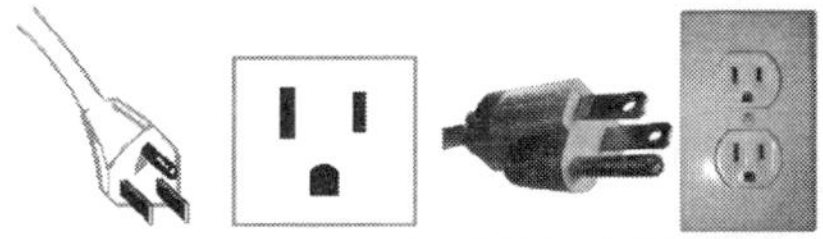
중국	220 V	50 Hz	A / I / G	A	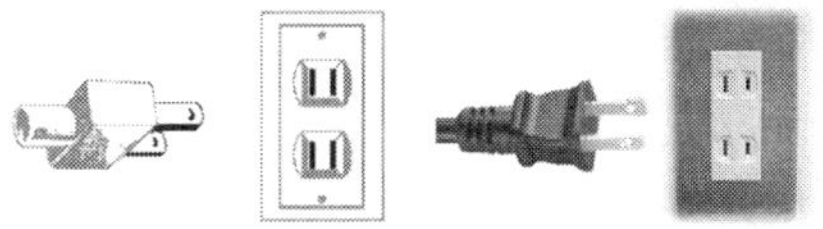
				I	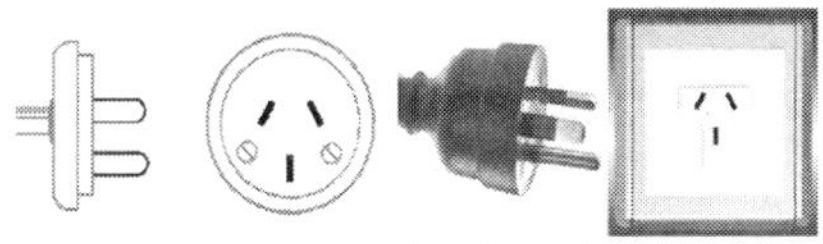
				G	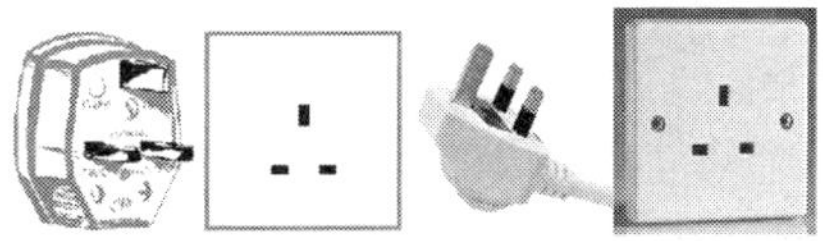
덴마크	230 V	50 Hz	C / F / K	C	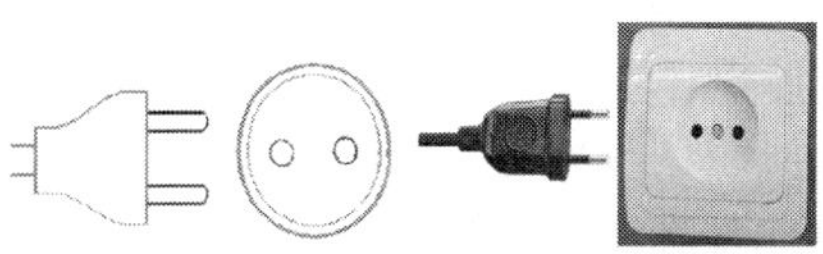
				F	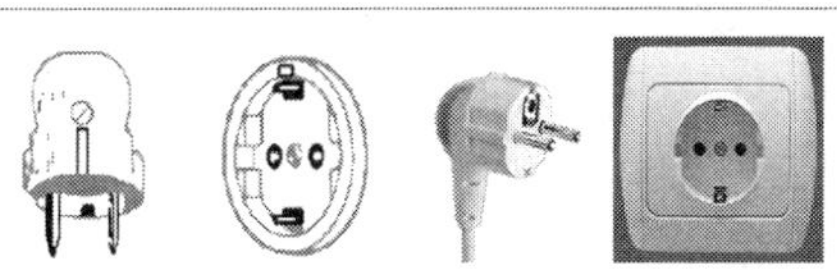

				K	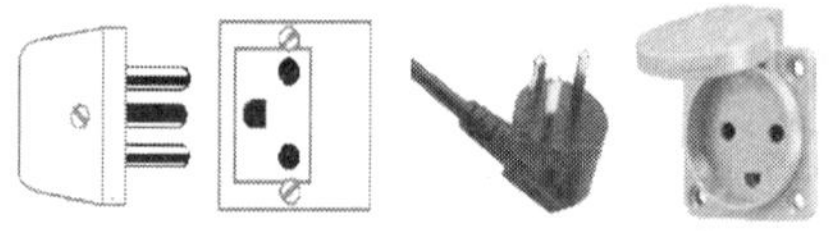
프랑스	230 V	50 Hz	E	E	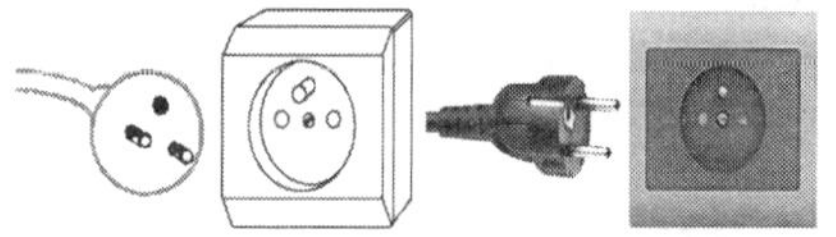
그린랜드	230 V	50 Hz	C / K	C	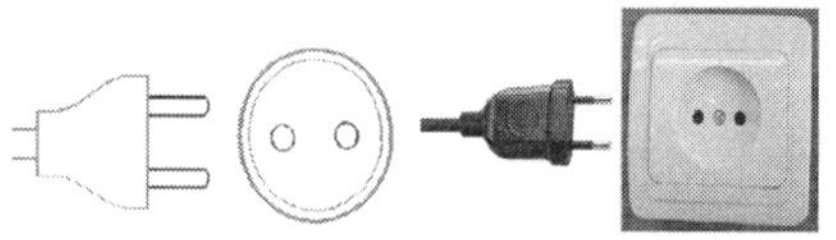
				K	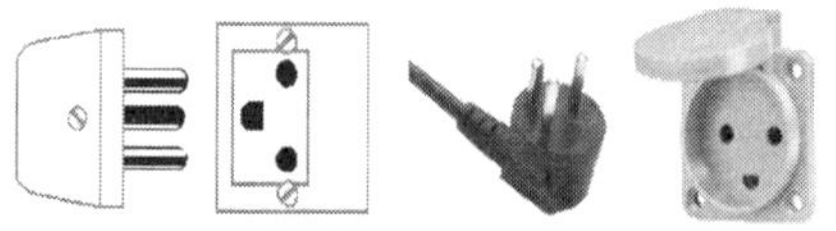
홍콩	220 V	50 Hz	G	G	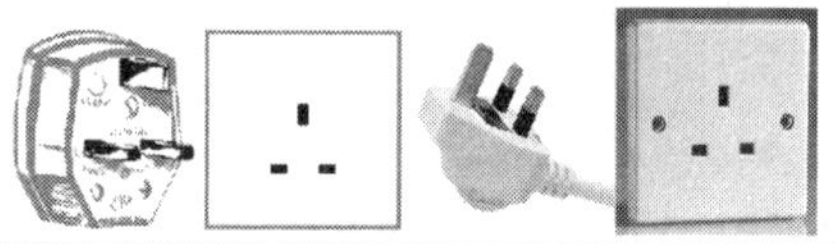
이태리	230 V	50 Hz	C / F / L	C	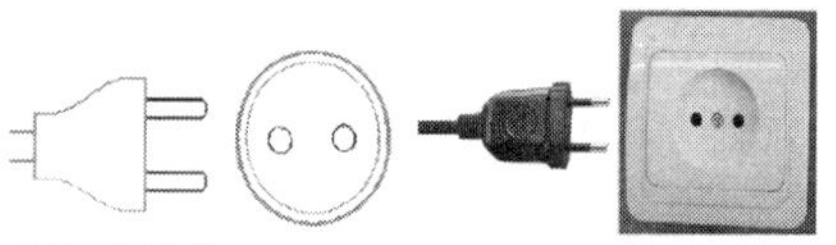
				F	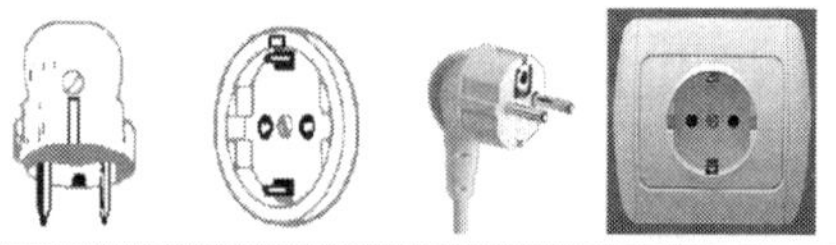
				L	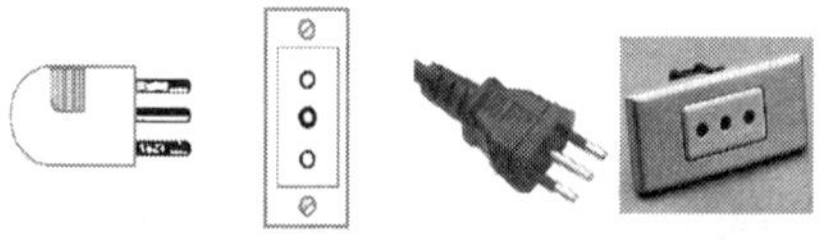
일본	100 V	50 Hz/ 60 Hz**	A / B	A	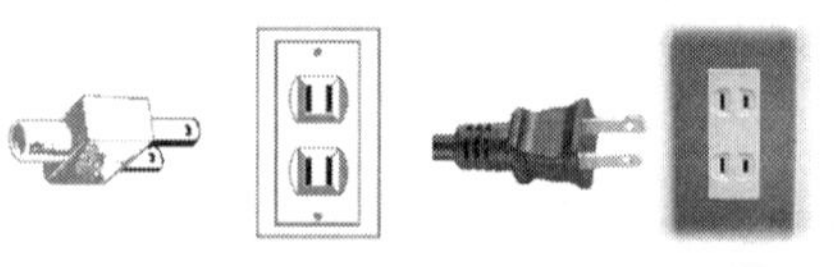
				B	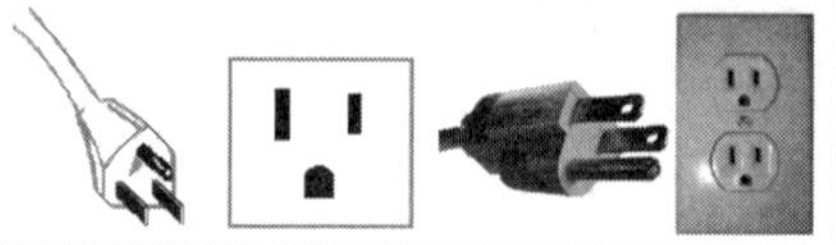

북한	110 V/ 220 V	60 Hz	A / C	A	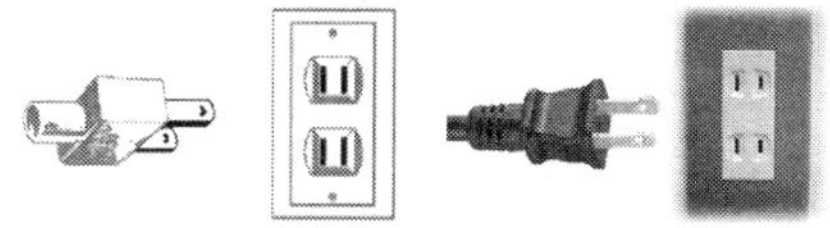
				C	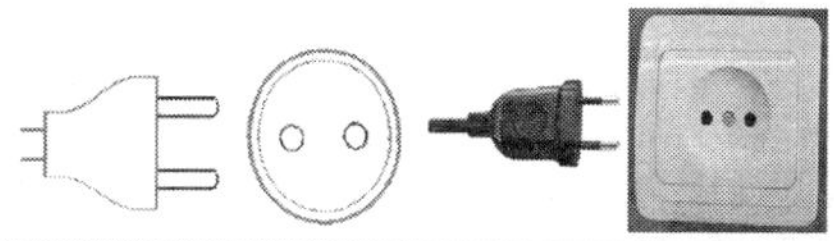
대한 민국	110 V/ 220 V	60 Hz	A / B / C / F	A	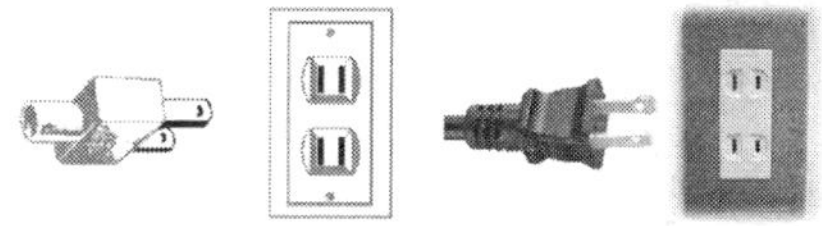
				B	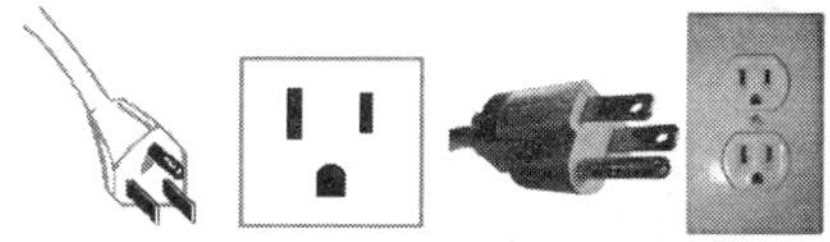
				C	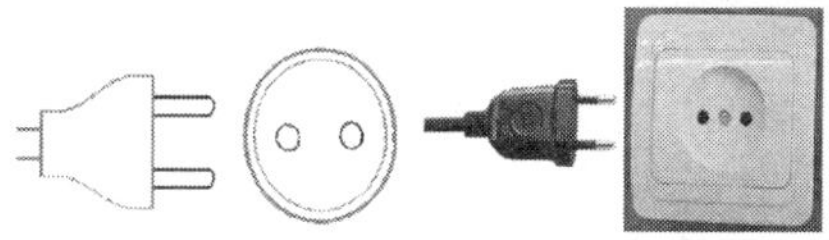
				F	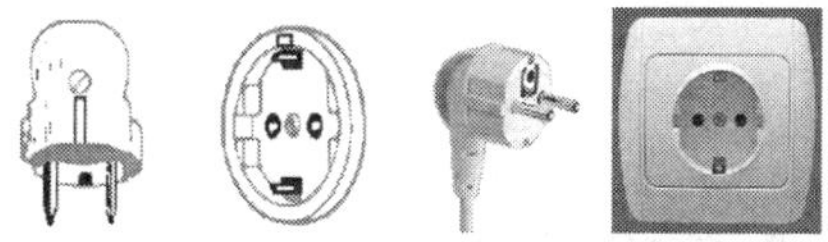
말레이지아	240 V	50 Hz	G	G	
뉴질랜드	240 V	50 Hz	I	I	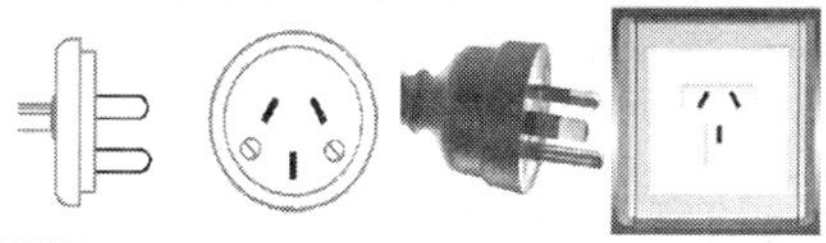
필리핀	220 V	60 Hz	A / B / C	A	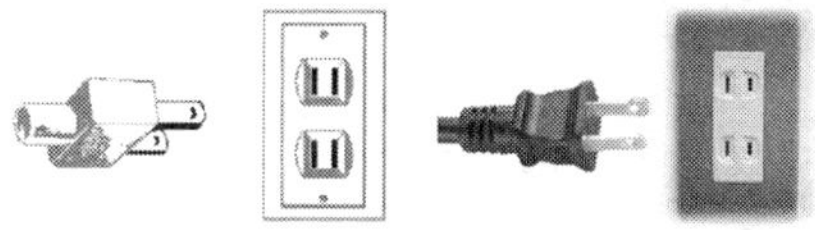
				B	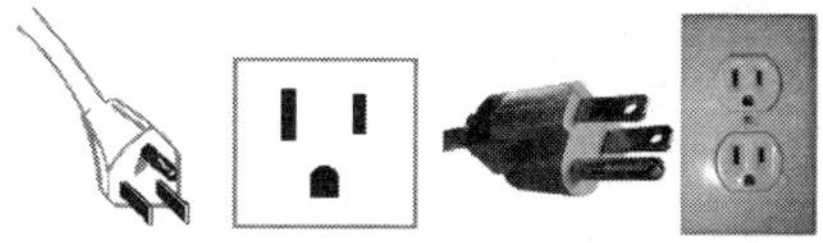

				C	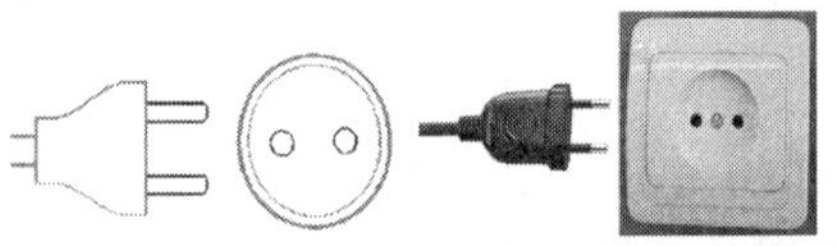
남아프리카공화국	230 V	50 Hz	D/M***	D	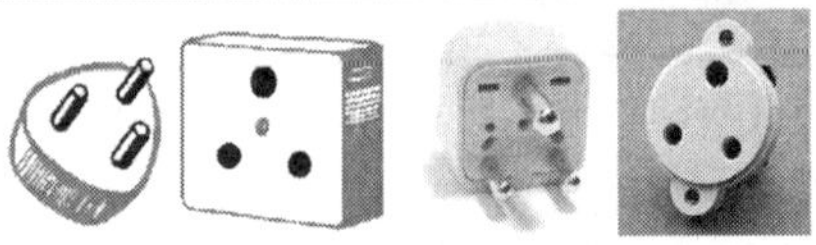
				M	
스위스	230 V	50 Hz	J	J	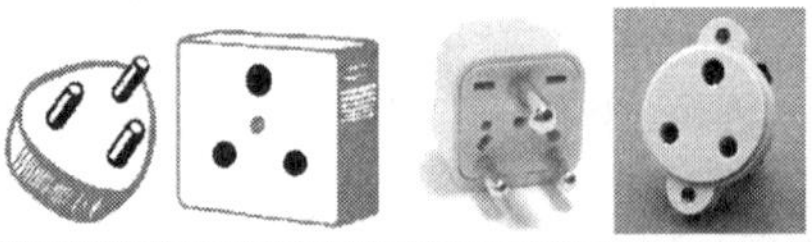
영 국	230 V	50 Hz	G	G	
미 국	120 V	60 Hz	A / B	A	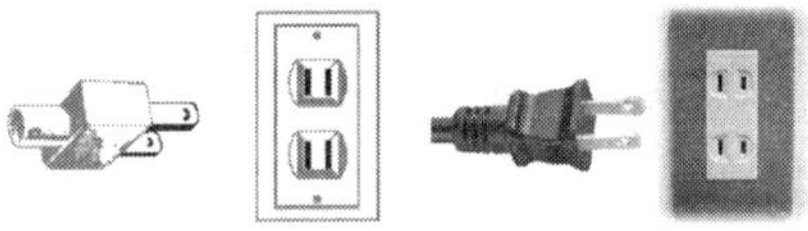
				B	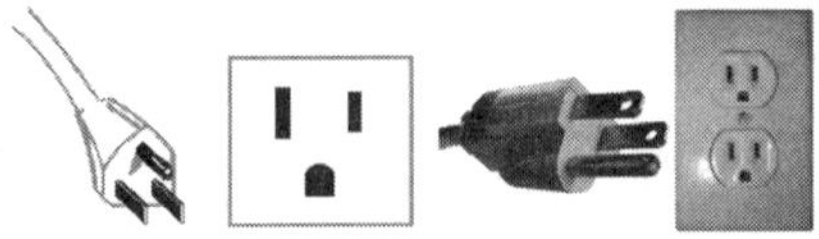

쉬어 가기

■ **해외전시회 참가 성과 극대화를 위한 10계명**

해외전시회 참가는 수출시장 개척을 위한 여러 해외마케팅 수단 중 가장 효과적인 방안으로 알려져 있다. 짧은 시간에 한 장소에서 많은 바이어들과 상담할 수 있으며 다양한 시장정보를 얻을 수 있고 인적 네트워크도 강화할 수 있기 때문이다. 또한 WTO 체제하에서도 자국 기업의 수출지원을 위한 각국의 해외전시회 참가 지원은 허용되고 있다. 이런 이유로 많은 국가들은 선후진국을 막론하고 경쟁적으로 대규모로 국가관을 구성하여 유망전시회에 참가하고 있다. 우리나라에서도 중앙정부는 물론이고 거의 모든 지자체에서 국내 또는 관내 중소기업들의 신흥시장 또는 전략시장 진출을 위해 해외전시회 참가를 지원하고 있으며 많은 국내기업들도 해외전시회에 적극 참가하고 있다.

그러나 해외전시회에 참가하기 위해서는 오래 전부터 준비를 해야 하고 아무리 외부로부터 예산 일부를 지원받는다 하더라도 작게는 수백만원부터 많게는 수천만원까지 참가기업들이 자체 부담을 해야 하기 때문에 선뜻 해외전시회 참가 결정하기를 주저하는 국내기업들도 많이 있다. 더구나 외부자금 지원 없이 필요예산의 100%를 모두 자체 부담해야 한다면 더욱 고민스러워진다.

많은 예산과 시간 그리고 인력을 투입하여 참가하는 해외전시회에서 소기의 성과를 거두기 위한 노하우는 무엇일까? 해외전시회 참가 성과 극대화를 위한 10 계명을 제시해본다. ① 우선 목적에 맞는 전시회를 찾아야 한다. 전 세계에서 연간 3만건이 넘는 전시회가 개최되고 있다. 개최장소, 시기, 품목, 전시회 성격 등을 면밀히 검토하여 참가할 전시회를 선정하되 필요시 참가신청 전, 참관을 통해 직접 눈으로 확인해보거나 적어도 이전에 참가했던 동종업체 또는 코트라 해외무역관을 통해 관련 정보를 최대한 수집한다. ② 참가하기로 결정하였다면 조기 신청한다. 조기 신청하므로써 참가비 할인 혜택과 부스 배정에서 선권을 받을 수 있기 때문이다. ③ 외부 기관의 재정지원을 최대한 활용한다. 중앙정부나 지자체, 코트라와 같은 수출지원 기관에서는 많은 예산 및 해외마케팅 활동을 지원하고 있다. 단체 참가 전시회로 지원할 것인지 개별 참가 전시회로 지원할 것인지를 결정한 후, 지원신청기한을 염두에 두고 제출 서류를 미리 준비해 둔다. ④ 참가업체 매뉴얼을 꼼꼼히 숙지한다. 전시품 운송과 반입/반출, 디렉토리 원고 제출, 기타 서비스 신청 및 호텔 예약 등 주최 측이 제공하는 전시회 참가에 필요한 정보를 세세하게 살핀다. 참가업체 매뉴얼은 해당 전시회 홈페이지에 등재되기도 하고 우편 (이메일 포함)으로 발송되기도 한다. ⑤ 사전 마케팅 활동에 최대의 역량을 투입한다. 아무리 많은 바이어들이 방문하는 전시회라도 사전 마케팅 활동은 반드시 필요하다. 바이어 정보를 최대한 입수하여 바이어들을 상대로 사전 마케팅 활동에 혼신을 쏟아야 한다. ⑥ 전시회 개최 지역의 상관습과 시장 상황을 알고 전시품을 준비한다. 코트라 해외시장 정보 사이트인 Global Window (www.globalwindow.org)를 방문하거나 시중에서 관련 도서를 구입하여 이들 정보를 사전 숙지한다. ⑦ 예기치 않은 상황에 항상 대비한다. 전시품 미도착, 통관 불허 및 지연, 전시품 고장, 파손, 도난 등을 대비하여 전시품에 대한 대비책을 마련하고 (예 카탈로그, 상품설명서, 샘플, 동영상 USB 등 상담 자료를 별도 휴대한다.) 예상 밖의 예산 집행 가능성에 대비하여 예비비를 별도 책정한다. ⑧ 전시주최자가 제시한 규정을 준수한다. 금지품목 반입, 불법 직매, 디자인 및 상표 침해 행위, 경우에 따라 허락되지 않는 전시장내에서의 사진 촬영, 호객 행위, 전시회 종료 후 폐기물을 부스에 그대로 놔두고 떠나는 행위 등 전시주최자가 금지하는 행위는 절대하지 않는다. ⑨ 눈높이를 낮춘다. 지나치게 높은 목표 책정은 오히려 역효과가 날 수 있다. 성과가 기대보다 못했다고 하여 바로 포기하지 말고 극단적인 경우가 아닌 한 전시회는 최소 3번은 계속 참가하는 것이 바람직하다. 그리고 성과가 기대에 미치지 못했다면 그 원인을 파악하고 다음번 전시회를 준비한다. ⑩ 전시회가 끝나면 그때부터 본격 시작이다. 전시회에서 모든 거래 행위가 끝나는 것이 아니다. 전시회를 마치고 돌아와 얼마나 사후관리를 철저하게 하느냐가 전시회 승패를 가늠한다.

해외전시회는 가장 효과적인 마케팅 수단이라는 사실은 다수 해외 전시전

문기관의 연구뿐 아니라 국내 수출기업들 대상 설문에서도 항상 명확하게 들어나고 있다. 철저한 준비와 성과분석 그리고 사후관리야 말로 해외전시회 참가를 성공으로 이끄는 지름길이라 할 수 있겠다.

좋은 운송회사 찾는 법과 유의사항

제 3 장

좋은 운송회사 찾는 법과 유의사항

현재 우리나라에서 영업 중인 전시품을 비롯하여 수출물품 운송을 취급하는 회사수는 약 400 ~ 500개사 정도로 추정되며 대부분 영세한 수준이다. 이중 이 분야에서 비교적 활발하게 영업하고 있는 운송업체[13)]는 약 20 ~ 30개사 정도이다. 한국전시서비스협회[14)] [Korea Exhibition Service Providers Association] (주소 : 서울 강남구 삼성동 159-1 무역센터 4002호, 전화 : 02-6565-7744/5, 홈페이지 : www.kespa.org)]에 등록되어 있는 운송업체 수(물류 분야)는 2013년 8월말 현재 26개사이다.

---

13) 운송회사, 물류회사, 포워딩회사는 거의 같은 의미로 사용되며 화물을 화주로부터 받아 원하는 지점까지 운송해주는 택배, 운송, 통관 등의 업무를 종합적으로 서비스하는 업체를 말한다. 이들 업체는 선사 (선박회사, 해운회사), 관세사 및 화물 도착지의 파트너와 연계하여 운송 서비스를 제공한다.

14) 한국전시서비스협회는 2008년 전시관련 물류, 인력, 렌탈, IT, 시설 및 기타 서비스업체들을 회원사로 설립되었으며 선진기술 조사 연구, 교육훈련 및 지도, 전시서비스업체 관한 일반사회의 인식 제고를 위한 사업, 유관기관 및 산업체와의 교류 및 협력사업, 회원사간 분쟁 조정 및 자정 노력, 회원사간 친선 도모 및 정보교류, 정부 및 공공기관 위탁사업 등을 수행하고 있다. 2013년 8월 현재 총 134개사를 회원사로 두고 있다. 이외 한국국제물류협회(www.kiffa.or.kr) 는 760여개 국제물류업체들을 회원으로 두고 있다.

[한국전시서비스협회 물류 분야 회원리스트]

번호	회사명	대표자	전화
1	㈜엑스포로지스 www.expologis.com	김종운	02-551-5820
2	코리아카고로지스틱스(주)	심대광	02-774-1851
3	㈜캐미리 www.kemi-lee.co.kr	이형진	02-565-5268
4	어질리티(주) www.agilitylogistics.com	울프게하드타우쉬케	02-2192-7427
5	오리엔트해운(주) www.orientship.co.kr	권영대	02-716-9500
6	㈜이플러스엑스포 www.eplusexpo.com	이종석	02-566-0089
7	㈜미림이앤에프 www.mirimenf.com	허종, 남선우	02-569-7711
8	KS물류(주) www.kslogis.co.kr	김의식	02-757-5890
9	대한통운(주) www.korex.co.kr	이원태	02-6919-6750
10	유심산업	김성광	02-6000-7861
11	프리미어엑스포로지스틱스(주) www.pel.co.kr	이종순	02-567-0210
12	㈜남영중기 www.namyounghm.com	이주한	055-276-8000
13	㈜쉥커코리아 www.schenker.kr	이우종	032-744-0429
14	㈜프리웨이인터네셔날 www.freewayint.com	김용석	02-2233-2910
15	㈜대호포장	김영진/이경오	031-334-2631
16	㈜지엑스로지스 www.gxlogis.co.kr	이성민	02-501-3660
17	인터링크로지스(주) www.interlinklogis.co.kr	김태명	02-2659-7722

18	㈜코리아인터링크 www.kiisel.co.kr	안병현	02-786-5251
19	㈜퓨멕스 www.pumex.co.kr	차주영	031-929-0204
20	㈜코난	김지욱	02-2279-9600
21	㈜세움엑스포로지스틱스 www.seumexpo.co.kr	송채원	070-4044-0824
22	창원중기	정길수	055-283-1525
23	팔달건설기계	이혜숙	02-517-8832
24	㈜고려해운항공 www.kmtcas.co.kr	전문준	02-788-9632
25	㈜로제트엑스포	허정옥	070-4042-2611
26	㈜파나로드 www.panaroad.com	신성진	02-319-6161

운송회사 (포워딩회사)는 전시품을 비롯하여 무역 운송에 있어서 각 부문별 소요비용과 시간을 고려하여 가장 적절한 운송로를 선정해주며 운송수단과 운송로에 바탕을 두고 화물의 포장형태 및 목적국의 각종 운송규칙을 알려주는 등 무역 운송에 있어서 전문적인 조언을 해준다. 이들은 화주로부터 화물 운송을 위임받아 자기 명의로 선사 및 항공사와 운송계약을 체결하며 복합운송증권 (Forwarder's B/L)을 포함하여 수출입화물에 대한 적하목록을 작성해서 세관에 제출한다. 또한 화주를 대신하여 관세사를 통해 통관수속을 하도록 하며 최종 도착지까지 수화인에게 화물이 안전하게 배송, 인도되는 전 운송과정을 감시 관리하게 된다. 운송회사는 사업영역에 따라 포장, 창고보관, 통관 및 보험 등 다양한 서비스를 제공하기도 한다. 일례로 코트라 전시품 운송업체로 등록되어 있는 ㈜캐미리가 제공하는 해외전시 서비스 영역은 다음과 같다.

해외 전시 서비스 영역[15] [㈜캐미리]
■ Planning & Preparation 해외전시 관련 정보 제공 및 사전계획 수립을 위한 운송상담 ■ Inland Transport 전시물품 Pick-up 및 Main Port (부산항/인천항/인천공항운송서비스) 특수화물 운송 (All-Ride Trucking) ■ Cargo Consolidation at Major Ports / Airports 그룹화물 및 소량화물의 집하 및 보관서비스 등을 제공 ■ Ocean / Airfreight Freight Forwarding 해상/항공화물의 선적 및 최상의 운송일정을 제공하여 원활한 국제운송 업무 진행 ■ Speedy Customs (Bonded) Clearance 현지에서의 안전하고 신속한 보세통관 (Bonded Customs Clearance) 진행 ■ Bond Transport to Show ground & Delivery to Your Booth Major Port에서 현지 전시장까지의 원활한 연계운송업무 ■ Unloading at Show grounds and Delivery to Your Booth 전시품의 안전한 하차 및 전시장 내 개별 부스로의 화물반입 ■ On-site assistance / Overseas Coordination Services 전시품의 설치 및 철수와 관련한 현장작업 지원 및 감독업무 ■ Re-touring Forwarding 전시회 종료 후 국내로 반송되어지는 화물과 관련한 재반출 통관 및 운송/선적업무

연간 100건이 넘는 해외전시회 참가를 지원하고 있는 코트라에서는 엄격한 심사를 거쳐 해외전시회 전시품 운송에 최적인 업체들을 선정하여 연간 관련 업무를 수행할 목적으로 입찰 참여 자격을 부여하고 있다. 등록업체 자격 유효기간은 1년을 원칙으로 하되 업무진행에 지장이 없을 경우, 등록기간 연장이 가능하다. 코트라는 등록업체를 대상으로 견적 비교 후 최저가 제시 운송사를 계약상대자로 선정하고 있다.

---

15) 해당사 홈페이지

[코트라 전시품운송 등록업체 리스트 (2013년 8월 현재)]

연번	회사명	주소	전화	팩스
1	선진해운항공(주) www.sunjinsa.co.kr	서울 강동구 천호동 44-1 선진빌딩 4층	02-2225-9541	02-2225-9699
2	㈜프리웨이 인터내셔날 www.freewayint.com	서울 종로구 숭인동 1367 아르누보파크 404호	02-2233-2910	02-2233-2941
3	㈜한진해운 www.hanjin.com	서울 중구 서소문동 41-3 대한항공빌딩7층	02-310-6539	02-774-7914
4	㈜캐미리 www.kemi-lee.co.kr	서울 성동구 성수동 2가 277-43 이크밸리 201호	02-565-3400	02-553-8458
5	코리아카고로지스틱스㈜	서울 중구 서소문동 26 경서빌딩 703	02-774-1851	02-774-1850
6	오리엔트해운㈜ www.orientship.co.kr	서울 마포구 도화동 538 성지빌딩 16층	02-716-0064	02-716-6636
7	㈜엑스포로지스 www.expologis.com	서울 강남구 삼성동 159 코엑스 B-03	02-551-5804	02-551-5200/1
8	어질리티㈜ www.agilitylogistics.com	서울 서초구 서초동 1666-3 열린빌딩 2-5층	02-2192-7426	02-539-9420

우리나라 운송회사들은 그 수도 많고 경쟁도 매우 치열하다. 대부분의 운송회사들이 차별화된 서비스, 신속한 서비스 그리고 안전한 서비스를 모토로 고객을 유치하고 있다. 해외전시회에 참가하려는 국내기업들은 흔히들 운송료 및 부대비용 (통관료, 하역비용, 창고보관료 등)을 가장 저렴하게 제시한 업체를 전시품 운송업체로 선정하는 경향이 있는데 너무 싼 가격을 제시한 운송업체를 선정하게 되면 간혹 서비스가 부실할 수 있으므로 유의해야 한다. 운송업체 선정에서 가장 중요한 고려 요인은 저렴한 운송료 이겠지만 당초 일정대로 안전하게 원하는 지점까지 화물을 운송해줄 수 있는 운송업체의 서비스 능력도 포함된다. 실제 전시품 발송에는 많은 돌발변수가 있어 제때

전시품이 도착되지 않거나 손망실된 상태로 도착될 수도 있다. 자연재해나 인위적인 요인으로 선박 입출항 및 운송이 늦어질 수 있고 하역 노동자들의 파업, 항만 및 공항 폐쇄, 통관시스템의 낙후와 준비서류 미비로 인한 통관 지연 및 불허, 세관공무원의 부패 또는 관료주의, 까다로운 검역 및 세관검사, 운송도중 전시품 파손 및 도난 등 예상하지 못하는 일이 비일비재하게 발생한다. 이러한 상황이 발생하였을 때 얼마나 신속하고 수월하게 문제를 해결 할 수 있느냐는 각 운송회사들의 능력이다. 이러한 능력은 다양하고 풍부한 경험과 지식 그리고 현지 파트너와의 원활한 협조관계와 책임의식에 달려있다.

따라서 운송회사를 선정할 때는 참가하려고 하는 해외전시회에 전시품을 운송한 경험이 있는지 아니면 최소한 그 국가에서 개최되는 다른 전시회라도 전시품 운송 경험이 있는지를 파악하는 것이 좋다. 최근 우리나라 운송회사들은 거의 대부분 홈페이지를 보유하고 있으므로 이곳을 방문하여 회사연혁, 서비스영역, 사업장 현황 (국내 본·지점, 해외 현지법인 및 지점, 물류센터, 해외대리점) 및 과거 전시회 운송 경험 등을 체크한다. 최소한 2~3개사로부터 견적과 함께 서비스 내역에 대해 상담을 받아본다. 또한 운송회사가 Pick-up, Warehouse, Packing 서비스도 제공하며 특히 상품운송이 곤란하거나 중량물인 경우, 직접 방문하여 포장해서 운송하는 door to door 서비스를 제공하는지도 알아본다. 가능하면 해외 전시물류 전문인력들로 구성된 해외전시팀 (전시사업팀)을 별도 운영하고 있는 운송회사라면 더 좋다. 코트라에 전시품 운송업체로 등록되어 있는 운송회사들은 소정 평가기준에 의거하여 선정되었기 때문에 비교적 신뢰할 수 있는 회사들이라고 할 수 있다. 이밖에 특정 전시회를 처음 참가하는 기업이라면 종전 그 전시회에 참가했던 타기업들이나 관련 협회 및 조합으로부터 소개, 추천받는 방법도 있다. 흔히들 좋은 운송회사가 갖추어야 할 구비조건은 다음과 같다.

[좋은 운송회사의 구비조건]

항목	구비 조건
√	국가별 특성을 파악하여 고객에게 정확한 통관 및 운송예산 정보를 전달할 수 있는가?
√	경제적인 운송방법을 고려하여 운송예산을 절약할 수 있는 방안을 제공할수 있는가?
√	운송품의 운송 경로를 추적하여 고객에게 운송진행정보를 제공하는가?
√	우회하지 않고 최단 거리 노선으로 운송하는가?
√	전시물품운송만 전담하는 전시사업부를 두고 있는가?
√	해당 전시회 또는 전시회가 개최되는 국가로 전시품을 운송해 본 경험이 풍부한가?
√	해외전시회 주최측의 공식지정업체 (Official Forwarder) 또는 해외 네트워크 에이전트와의 긴밀한 협조가 가능한가?
√	목적지의 담당자 (현지 파트너사)가 고객에게 현장에서 필요한 서비스를 제공할 수 있는가? (전시장 반출입, 포장해체 및 재포장 작업 등)
√	운송품이 손망실 되지 않고 안전하게 약속된 시간 내에 해당 전시장으로 배달될 수 있는가?
√	정밀 기계류 및 중량 화물의 부스 내로의 정확한 운송 및 배치 서비스 능력이 있는가?
√	중량 화물 및 대형 화물에 대한 모든 장비 지원이 가능한가?
√	전시회 기간 중 화물의 포장 재료 및 빈 박스들을 보관해 주는 서비스가 가능한가?
√	운송사고 시 신속하게 보험 처리를 해줄 수 있는 능력이 있는가?
√	예기치 못한 원인으로 인해 화물 도착 지연 시 그 원인을 파악하고 신속하게 조치를 취해줄 수 있는가?
√	통관 지연 시 그 원인을 파악하고 신속하게 조치를 취해줄 수 있는가?
√	전시 기간 중 직원이 전시장에 상주하여 업체들의 모든 문의사항에 대한 답변을 제시하고 현장 지원할 수 있는가?
√	전시품을 현지에서 판매하거나 처리하려는 고객의 경우, 추가비용에 대한 안내를 제공하고 수속을 대행해 줄 수 있는가?
√	전시회 종료 후 반출 작업 및 선적지로의 화물 반송 업무를 원활하게 처리할 수 있는가?

이외 국제운송업체로서 기본적으로 사업자등록증, 국제물류주선업등록증, 복합운송주선업등록증, 국제화물배상책임보험가입증명서, 전시사업자등록증, 한국전시서비스업협회회원증, ISO 인증 및 국내주요전시장 등록증을 보유하고 있는지도 살펴본다.

운송업체가 선정되었으면 운송에 따른 일정 및 서비스 내역, 포함경비, 보험가입, 구비서류, 문제 발생 시 책임소재 등을 명확히 한다. 특히, 당초 계약 시와는 달리 운송회사가 추후 별도 경비를 요청하는 경우도 있으므로 포함된 경비와 미포함된 경비를 확실하게 밝혀둔다. 예상치 못한 사태로 인해 전시품이 제시간에 전시장에 도착하지 못했다거나 심지어 반송되는 경우, 누가 책임질 것인가도 명시해 둔다. 아울러 전시품을 현지에서 모두 처리할 것이라면[16] 편도로 계약하고 전시품을 한국으로 되돌려 보낼 계획이라면 왕복으로 계약한다. 편도 요금 기준, 일반적으로 같은 양의 화물이라도 한국에서 외국으로 나갈 때 보다 외국에서 한국으로 다시 갖고 들어올 때 운임이 더 비싸다.

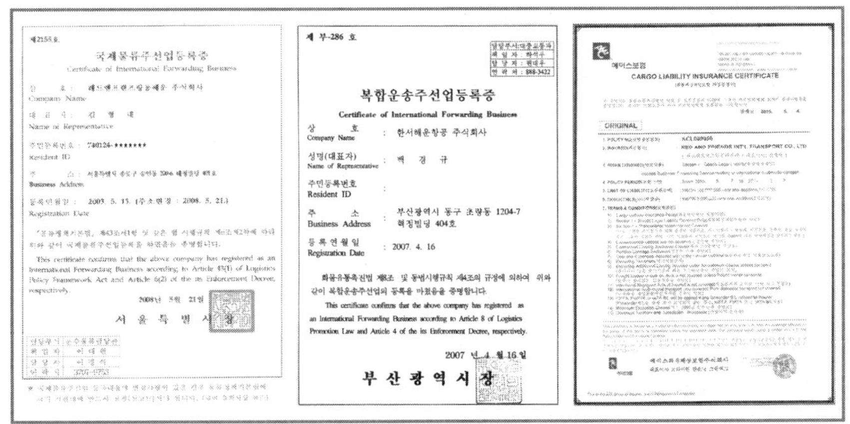

제2155호

국제물류주선업등록증
Certificate of International Forwarding Business

Company Name
대표자: 김 형 내
Name of Representative
주민등록번호: 740124-*******
Resident ID
Business Address
등록연월일: 2003. 5. 15. (주소변경 : 2008. 5. 21.)
Registration Date

This certificate confirms that the above company has registered as an International Forwarding Business according to Article 43(1) of Logistics Policy Framework Act and Article 6(2) of the its Enforcement Decree, respectively.

2008년 5월 21일

서울특별시장

제 부-286 호

담당부서: 대중교통과
책임자: 하석우
담당자: 권대우
연락처: 888-3422

복합운송주선업등록증
Certificate of International Forwarding Business

상호 Company Name: 한서해운항공 주식회사
성명(대표자) Name of Representative: 백 경 규
주민등록번호 Resident ID:
주소 Business Address: 부산광역시 동구 초량동 1204-7 혜정빌딩 404호
등록연월일 Registration Date: 2007. 4. 16

화물유통촉진법 제8조 및 동법시행규칙 제4조의 규정에 의하여 위와 같이 복합운송주선업의 등록을 마쳤음을 증명합니다.

This certificate confirms that the above company has registered as an International Forwarding Business according to Article 8 of Logistics Promotion Law and Article 4 of the its Enforcement Decree, respectively.

2007년 4월 16일

부산광역시장

CARGO LIABILITY INSURANCE CERTIFICATE

ORIGINAL

❈ 국제물류주선업등록증, 복합운송주선업등록증, 국제화물배상책임보험가입증명서

16) 전시품의 현지 처리 방안은 판매하는 경우, 현지 기증하는 경우 또는 현지 폐기하는 경우로 나뉜다. 이 경우 사전에 관세를 납부하고 정식 통관해야 하며 경우에 따라 전시회 종료 후 사후 통관도 가능하다.

■ **효과적인 해외전시회 참관, 이렇게 하면 된다.**

많은 비즈니스맨들이 국내외에서 개최되는 전시회에 참관을 목적으로 전시장을 찾고 있다. 참관을 위한 전시장 방문은 직접 부스를 임차하여 전시회에 참가하는 것 보다는 예산도 적게 들고 많은 준비 기간이 소요되지는 않지만 참관 목적을 분명히 정하고 출장을 실시하여야 소기의 성과를 달성할 수 있다. 전시회를 참관하는 목적은 구매상담, 파트너 물색, 시장정보 수집, 인적네트워크 구축, 차기 전시회 참가를 위한 사전 조사 그리고 직원 교육 및 인센티브 차원에서 파견 등을 들 수 있다. 따라서 각 기업마다 참관 목적이 상이하므로 참관 우선순위를 정해 체류기간을 효율적으로 활용해야 한다.

참관자 역시 전시회 기간 동안에는 항공편과 체류 호텔 예약이 어려울 수도 있으니 미리 예약해둔다. 최근에는 조합 및 협회가 회원사 위주로 참관단을 구성하여 파견하거나 다수 국내여행사들이 해외 유명 전시회 참관단을 모집하여 파견하는 상품을 출시하고 있으므로 이들 참관단을 이용하는 것도 비용과 시간을 절약할 수 있는 좋은 방법이라 할 수 있다.

전시회에 따라서는 입장료와 부대행사 참가비가 매우 비싼 경우도 있다. 온라인 사전 예약제는 보통 할인 혜택이 주어지고 현장에서 접수하는데 필요한 시간을 절약할 수 있으므로 이를 활용하는 것이 바람직하다.

일례로 매년 미국과 캐나다의 주요 도시를 순회하며 개최되는 『Bio International Convention』이다. 미국 최대 바이오 전문전시회인 이 행사는 2013년 4월, 시카고에서 개최되었는데 한국을 비롯한 65개국, 2,400여개 기업들이 참가한 가운데 16,000여명의 참관객이 다녀갔다. 그런데 이 전시회는 전시장 입장료만 참관객 1인당 199달러이고 입장허용 부대행사 수에 따라 2013년 3월 14일까지 등록하는 회원사는 최저 595달러에서 최고 1,890달러를, 비회원사인 경우 최저 995달러에서 최고 2,690달러를 지불해야 한다. 더구나 3월 14일 이후에는 회원사의 경우 참관객 1인당 최저 595달러에서 최고 2,490달러를, 비회원사의 경우 1인당

최저 995달러부터 최고 3,290달러를 내야한다. 또한 유료 입장인 전시장의 경우, 일일 입장권 보다는 여러 날 입장권이 저렴하므로 계획하고 있는 참관 일 수에 따라 일일 입장권과 여러 날 입장권을 골라 구입한다.

전시장에 도착해서는 출입증을 발부받고 Information Desk에서 박람회 디렉토리, 전시장 배치도, 부대행사 일정 등을 입수한다. 대부분의 전시회에서는 등록양식에 필요사항을 기재하고 명함을 제출하면 등록카드와 목걸이를 지급한다. 디렉토리와 위치도를 갖고 방문해보고 싶은 업체들을 일일이 체크해 본 후, 그런 관심업체들을 염두에 두면서 전시장 각 홀을 둘러보는 가운데 전시장 전체 분위기나 어떤 곳에 어떤 전시품이 나와 있는지 눈 여겨 본다. 각 홀의 중앙통로와 대통로에 나와 있는 출품업체들을 먼저 보는 것이 전체 분위기를 파악하는데 도움이 된다. 전체 분위기를 파악한 후, 관심을 가졌던 업체들을 중심으로 전시품을 세밀히 둘러본다. 카탈로그 및 명함 등을 수집하면서 특이사항은 잘 메모해두며 참관을 놓친 부스도 있을 수 있으므로 전시장은 가능한 여러 번 둘러보는 것이 좋다. 우선 순위에 따라 각 부스를 방문하더라도 참가기업이 타 참관객과 상담중이라면 상담이 비어 있는 부스를 먼저 방문한다.

❀ 부대행사

신상품 또는 신기술과 관련된 정보를 입수하고자 한다면 각 부스에 비치되어 있는 카탈로그를 수집하되 수집 양이 많을 것을 대비하여 휴대용 가방을 준비한다. 전시장 부스에 따라 사진 촬영을 금지할 수도 있으므로 사전에 반드시 확인하고 전시장에서 사진 촬영을 허용한다 하더라도 각 부스에 전시된 제품의 근접 촬영 시에는 참가기업에게 먼저 양해를 구한다.

세미나와 같은 부대행사는 전시회 참관 전, 선정하여 신청하되 전시장 도착 후, 정확한 행사 위치와 시간을 확인한다. 시간에 늦지 않도록 행사장에 도착 한 후, 배포자료도 잘 챙긴다. 동영상 촬영을 허용한다면 촬영을 하거나 강의 내용을 녹음하는 것도 정확한 이해를 위해 바람직하다.

차기 전시회 참가를 위한 사전 조사를 목적으로 참관하는 경우에는 해당 전시회의 주종 품목, 참가업체 규모 및 유명 또는 경쟁기업들의 참가여부, 전시장 시설, 참가기업들의 부스 형태 및 규모, 참관객 수 및 성격, 전시회 주최자의 조직력, 바이어 모집 능력, 제공되는 서비스의 질을 확인하고 가능하다면 전시주최자를 접촉하여 차기 전시회 참가 시 받을 수 있는 혜택도 파악한다.

짧은 체류기간 동안 소기의 참관 목적을 달성하기 위해서는 출장 전, 체류 일자별로 전시장에서의 활동 스케줄을 미리 짜는 것이 무엇보다 중요하다.

전시품 운송 및 절차

제 4 장

전시품 운송 및 절차

전시품 운송방법에는 크게 해상, 항공, 육상 3가지가 있으며, 보통 전시품을 운송할 때는 한 가지 방법만 쓰이는 것이 아니라 2개 이상이 혼합된 복합운송방법이 주를 이룬다. 일반적으로 전시품 운송은 전시주최자가 공식 운송업체를 지정하여 진행하고 있으며, 이 지정업체의 국내 지사, 대리점 등을 통해 일괄 처리된다. 전시회 참가 규모, 전시품 성격에 따라 운송방법을 선택하며 전시품이 전시회 개최 전 참가업체에서 전시장까지, 전시회가 끝난 후 다시 전시장에서 참가업체까지 운송되는 모든 사항을 고려하여 운송 업무를 진행하는 것이 바람직하다.

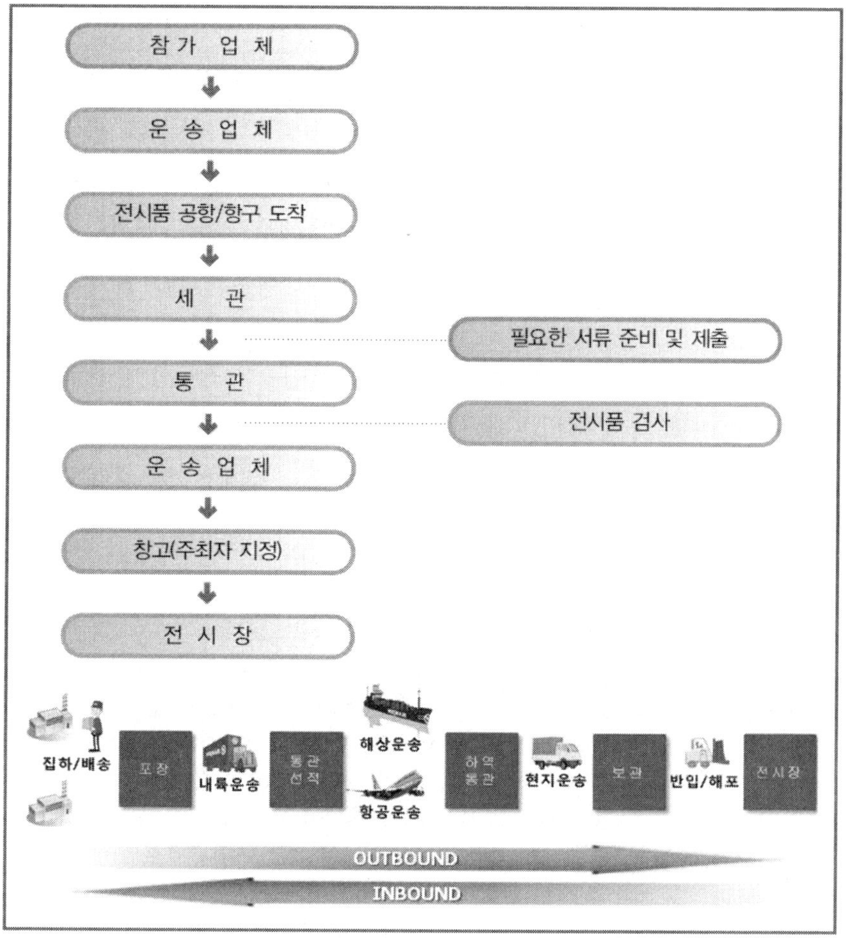

참가 업체

↓

운송업체

↓

전시품 공항/항구 도착

↓

세관

↓ ······ 필요한 서류 준비 및 제출

통관

↓ ······ 전시품 검사

운송업체

↓

창고(주최자 지정)

↓

전시장

집하/배송 → 포장 → 내륙운송 → 통관 선적 → 해상운송 / 항공운송 → 하역 통관 → 현지운송 → 보관 → 반입/해포 → 전시장

OUTBOUND

INBOUND

전시품 운송 및 통관 절차

참가업체는 운송업체를 접촉하여 선적일정표와 운송견적서를 비교하여 운송업체를 선정한다. 참가업체는 항로가 불필요하게 멀리 우회하지는 않는지 전시장과 가장 가까운 항구에서 하역되는지도 확인한다. 또한 참가업체는 운송업체를 통해 전시물품에 대해 보험 가입을 한 후, 전시품을 출고한다. 이때 전시회 참가업체가 직접 포장하지 않는 경우, 운송회사에 전시품 포장 의뢰 과정을 거쳐 전시품을 출고한

다. 운송회사는 전시물품을 목재 포장하여 선사나 항공사에 인계한다. 전시품이 목적지에 도착하게 되면 세관 통관 후 현지 운송업체가 보세창고에 보관 한다. 이어 약속된 일정으로 전시장 부스로 전시품을 운송한 후 반송용 빈 상자를 별도 보관하게 된다. 전시품 운송과정에서 가장 문제가 되는 부분은 전시회 주최국 세관과 통관에서이다. 국가마다 제도와 업무처리의 투명성이 상이하기 때문에 예상치 못한 통관 지연이나 불허가 발생될 소지가 있다. 따라서 이와 같은 불상사 발생을 최소화하기 위해서는 철저한 준비와 함께 각 국가의 통관제도를 잘 파악하고 있어야 한다. 해외전시품 통관은 기본적으로 판매를 위한 수출입이 아니므로 전시 후 국내 재반입을 전제로 한 보세통관이 원칙이다.

[전시품 통관 시 국가별 특이사항]

국가	특이사항
남아공	• 전시품의 경우, 임시수입통관과 정식수입통관비율은 65:35임 • 임시통관 후 판매, 분실, 증여전시품에 대해서는 관세와 부가세 [(CIF + 현지관세)의 14%]를 납부해야 함. • 임시수입통관 후 제품 판매로 인한 정식수입통관으로의 변경은 가능하나 전시회 종료 후 현지 바이어가 전시장내 부스 내에서 직접 픽업은 불가하며 우선 세관 관할 보세창고에 입고시키고 관세 및 부가세 납부와 정식수입통관 절차가 완료되고 나서야 보세 창고에서 픽업 가능(운송비, 보세창고료 등 추가 부가)
네델란드	• 유럽의 물류기지인 만큼 통관절차는 신속하게 이루어지기 때문에 전시품은 운송업체 보세창고에 보관되었다가 1 ~ 2일 이내에 전시장 부스로 운송
독일	• 선적서류에 표기되지 않은 물품은 전시품으로 운송하지 않음. • 보세통관된 전시품은 반드시 선적서류에 기재된 무게 및 수량전량을 독일 반입통관 신고 후 60일 이내에 한국으로 재반출해야 함. • 보세통관된 전시품을 현지 처분할 경우에는 사전 통관업체를 접촉, 수입관세를 납부하고 수입통관 전시품으로 변경해야 함.

국가	특이사항
러시아	• 러시아 통관 시스템은 매우 낙후되어 있으며 관료주의가 심한편임. • 운송되는 제품에 따라 통관에 필요한 서류가 매번 변경되는 관계로 사전에 구비 서류 목록과 작성 방법 등을 면밀히 검토해야 함. • 비싼 운임에 담보금까지 요구하며 카탈로그를 제외한 모든 전시품은 반송이 원칙
미국	• 현지 통관 소요기간은 2 ~ 5일이나 X-Ray Exam에 걸리게 되면 3 ~ 7일로 늘어날 수 있음. • 반입물품의 90% 이상이 검열을 받게 되며 통관사는 C-TPAT (Trade Partnership Against Terrorism)에 가입되어 있어야 통관 업무 수행이 가능함.
베트남	• 세관 검사 시 전시품 박스를 훼손하는 경우 빈번
브라질	• 통관절차가 복잡하고 세관의 파업기간이 장기화 되는 경우는 4가지 채널방식 중 황색채널 (서류 정보 일치여부 검사)로 배정받은 물품과 통관이 진행되고 그 속도는 현저히 줄어듬. • 한인이 현지에서 운영하는 통관업체를 이용하는 경우가 많음.
스위스	• 전시품으로 스위스 제품의 위조품을 가지고 오는 경우가 있는데 단속에 걸리면 엄중한 처벌을 받게 됨.
스페인	• 전시회 종료 후 재반출을 담보로 임시 면세통관이 가능하나 현장에서 판매할 물품, 상업적 가치가 없는 물품일지라도 일반관람객에게 나누어 주는 물품에 대해서는 반드시 세금 납부
싱가포르	• 통관 시스템이 잘 정착되어 있어 필요서류가 정확하게 구비되어 있는 한, 전시품 운송 및 통관은 문제없이 진행 • 전시품의 경우, 별도의 통관 절차없이 임시수입허가를 받아 진행 • 전시장에서 판매하거나 무료로 나누어주는 샘플은 일반통관으로 진행하고 부가세 (CIF의 7%)를 납부해야 함.
UAE	• 전반적인 통관 시스템은 안정적으로 운영되고 있으며 뇌물성행 빈도는 높지 않음. • 파업 빈도는 거의 없으나 전시품이 간혹 손상을 입기도 하므로 포장에 유의
이탈리아	• 운송업체 서비스 수준은 양호한 편이나 파업이 종종 발생
인도	• 늦어도 전시회 개막일 기준 10일 전까지는 전시회 개최도시에 전시품이 도착되어야 함.

국가	특이사항
	• 전시품의 원활한 운송과 통관을 위해 현지운송사에서 요구하는 라벨을 전시품에 부착 (전시회명, 개최일자, 업체명/출품자명, 크기 및 무게, 전시장/부스번호, 박스개수/번호 등)
일본	• 화물이 보관된 보세지역을 관할하는 세관 관처에 신고 후 검사를 받아야 함.
중국	• 해외에서 반입한 전자제품의 경우, 전시회 종료 후 100% 발송국으로 반송이 원칙 • 통관지연이 발생하는 경우 일부 세관원들은 관례적으로 관세 면제를 조건으로 뒷돈을 요구하는 경우가 있는데 상황에 따라 금액이 과도하지 않는다면 적절하게 대응하는 것도 방법
캐나다	• 수입규제 혹은 금지품목에 해당되는 전시품이 아닐 경우, 통관지연 가능성은 낮으나 품목에 따라 별도 인증이 필요한 경우도 있으므로 운송사를 통해 사전 확인 필요
타이완	• 전시회 주최측에서 발행하는 전시회 참가허가서, 전시품 사진 및 보험증명서 등을 해관에 제출해야 함.
프랑스	• 전시품 통관 과정에서 정확하고 신속하게 신고만 한다면 불허가능성은 거의 없음. • 통관 시스템이 타 유럽국에 비해 속도가 느린편이나 뇌물수수는 불가능함. • 하역 노동자 파업 빈도가 높은 편임.
홍콩	• 수입제한품목을 제외하고는 통관이 지연되는 경우는 거의 없음. • 인보이스, 포장명세서의 정확한 작성 요망
중남미	• 치안이 불안하여 전시품 도난 빈번

전시회 종료 후, 전시품을 한국으로 반송하는 경우 운송회사는 운송의뢰 국내업체로부터 전시품에 대한 한국 반송여부를 확인 한 후, 반송을 원하는 경우 당초 한국에서 반출되었을 당시와 전시품 수량이 일치하는지를 확인한다. 전시회 참가업체가 전시회 기간 중 전시품의 일부를 현지 처리했다면 (예 판매, 기증, 폐기 등) 그 차이에 대한 관세 납부 등을 대행하고 수출통관서류를 수정하여 통관 절차를 밟는다.

통관된 반송품을 집하지 창고로 운송한 후, 의뢰 국내업체에 인계한다. 이 과정이 모두 종료되면 운송사가 대납한 관세를 비롯하여 운송비에 대한 정산을 완료한다. 한국에서 전시회 주최국까지 해상으로 전시품을 발송할 때 선박 운행 소요기간과 현지에서 통관에 필요한 시간은 국가마다 상이하므로 충분한 시간 여유를 갖고 전시품을 발송하도록 한다.

[각국별 해상운송기간 및 통관 소요기간]

(앞 : 운송기간, 뒤 : 통관 소요기간)]

국가	한국	일본	중국북부	중국남부	인도	태국
기간	3일	4일+2주	4일+3주	4일+2주	3주+3주	2주+2주
구분	베트남	UAE	남아공	사우디아라	카타르	이집트
기간	2주+2주	3주+2주	5주+3주	4주+4주	2주+4주	5주+3주
국가	독일	프랑스	영국	동유럽	북유럽	러시아
기간	5주+2주	5주+2주	6주+2주	7주+3주	7주+2주	7주+3주
국가	터키	미동부	미중부	미서부	브라질	멕시코
기간	6주+3주	4주+2주	3주+2주	2주+2주	3주+3주	6주+3주

운송 및 통관 시 유의해야 할 사항으로는 전시주최자가 배포한 참가 매뉴얼에 지정된 통관대행업체를 확인하고 이용하는 것이 안전하다는 점이다. 또한 전시품이 운송과정에서 손상되지 않도록 유의해서 포장하고, 운송과정에서 지연될 경우 전시품이 도착하지 않아 낭패를 볼 수 있으므로 전시품 도착일을 진시회 개막일보다 여유를 두는 것이 안전하다. 국가별 수입 금지품목, 통관절차의 특이사항 등을 사전에 파악하고 전시품 운송을 준비하여 통관에 문제가 없도록 해야 한다. 아울러 전시품의 도난 및 분실의 우려가 있으므로 각 전시품마다 회사명, 부스번호, 전시회명을 필히 기재한다. 이와 함께 전시품을 포장한 상자 겉면에는 제품정보를 직접 명기하지 말고 코드화하여 표기

하는 것이 좋다. 전시품 송장 작성 시 현지 관세를 줄이기 위해 가격을 정가보다 훨씬 낮추어 적는 경우가 많은데, 전시품이 분실 또는 도난 될 경우 적절한 보상을 받지 못하거나 세관에 적발되어 문제가 될 수 있으므로 유의하여야 한다. 전시회 참가 담당자는 운송과정에서 문제가 생길 수 있으므로 주말에도 연락 가능한 운송업체 담당자 긴급 연락처를 필히 가지고 있어야 하며, 전시품 운송관련 각종 서류 사본도 별도로 준비하여 만약의 사태에 대비하는 것이 바람직하다.

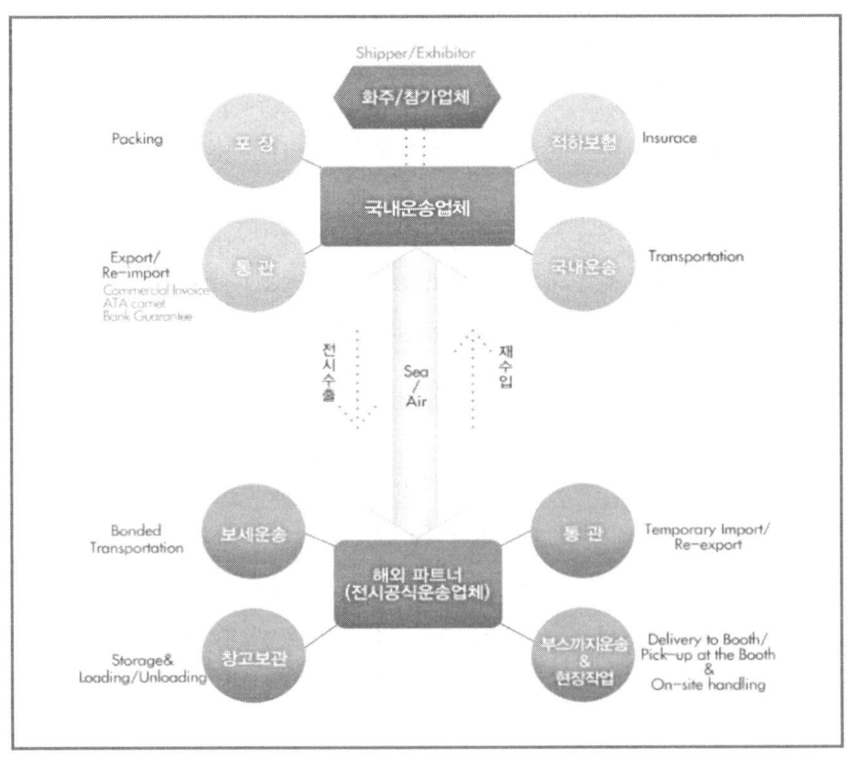

국내 운송회사와 해외 파트너의 업무분장

한편 전시품 운송과정에서 국내 운송업체와 현지 파트너 (에이전트) 간 업무 분장은 위와 같다. 국내 운송업체는 전시회 참가업체 요청에 따라 전시품 포장, 보험가입, 국내에서의 운송 및 보관 [전시업체 → 운송업체 (보관 포함) → 국내 공항 또는 항구] 그리고 전시회 종료 후 반송 시 한국세관 통관 업무를 수행하게 된다. 현지 파트너는 전시회 주최국에서의 전시품 반입에 대한 통관과 한국으로 반송을 위한 통관업무, 통관된 전시품에 대한 보세운송, 부스까지 운송 및 현장작업 그리고 전시회 개막 전후의 전시품 창고 보관 업무를 수행한다.

쉬어 가기

■ **전시회 기간 중 천정부지로 뛰는 호텔 숙박비**

세계 유명 전시회에 참가 또는 참관하려는 국내 기업인들이 신경 써야 할 것 중에 하나가 항공권 구입과 호텔 예약이다. 글로벌 명품전시회가 개최되는 기간 전후에서 항공권은 오래전에 매진되기 일 수이고 호텔은 평소 3~4배를 주고도 빈방 구하기가 하늘에서 별따기이다. 덕분에 전시회가 개최되는 동안 호텔 등 숙박시설과 음식점, 쇼핑 상가, 관광, 운송 등 관련 산업들은 특수(特需)를 누리며 전시회가 개최되는 도시는 엄청난 경제적 혜택을 보게 된다.

2013년 디트로이트 모터쇼

매년 1월 미국 디트로이트에서 개최되는 『디트로이트 모터쇼』의 경우, 디트로이트 행 비행기는 오래 전 매진되며 평소 100달러 안팎의 중저가 호텔조차도 400~500달러까지 뛰는데, 모터쇼가 임박하면 이마저도 구하기 쉽지 않다. 대부분 1년 전에 미리 예약하지 않으면 항공티켓도 호텔도 잡기 어렵다는 말이 나올 정도이다. 또한 2018년까지 매년 2월말, 스페인 바로셀로나에서 열리는 세계 최대 모바일 전시회인 『모바일 월드콩그레스(MWC)』의 경우에도 전시장 인근 호텔은 이미 두 달전부터 모든 예약을 마치고 40유로 정도의 하루 숙박비는 최대 400~500유로 까지 천정부지로 급등한다. 전시회 기간 중 특급호텔 숙박비는 하루 100만원을 넘어간다. 특히 독일은 경우, 그 정도가 더욱 심해 유명 전시회 개최 기간 동안 시내 호텔 숙박비는 2 ~ 5배 뛰는 것이 보통이고 이 기간 중 예약 없이 시내 호텔 방을 잡는다는 것은 거의 불가능하다. 호텔 방을 구하지 못한 사람들은 전시장에서 차량으로 1 ~ 2시간 떨어진 곳의 호텔을 구하기도 하는데 이마저도 쉽지 않은 편이다.

따라서 항공권과 호텔 예약은 빠르면 빠를수록 좋다. 그렇다고 예산 절감을 위해 너무 싼 항공권을 구입하게 되면 여러 번 갈아타거나 멀리 돌아가야 하고 심지어 출발, 도착시간대가 좋지 않아 매우 피곤한 출장이 될 수 있다. 시차 적응도 안 된 상태에서 최소 3 ~ 4일간 바이어들과 연속 상담을 하기 위해서는 가능한 한 몸 컨디션을 좋은 상태로 유지해야 한다. 그러므로 가능하면 직항 국적기를 이용하고 직항노선이 없다면 갈아타는 횟수를 최소화하는 항공노선을 택하도록 하며 전시회 개최 이틀 전까지는 현지에 도착하도록 하는 것이 바람직하다. 아울러 출장자가 휴대하는 전시품이 많을 경우에는 무료로 1인당 수화물을 많이 실어주는 항공편을 이용하도록 한다.

또한 숙박의 경우에도 예약 시기를 놓치게 되면 전시장과 상당히 멀리 떨어진 곳의 호텔에 투숙할 수 밖에 없게 되는데 전시장 오고 가는데 많은 시간이 소요되어 비즈니스 활동에 막대한 지장을 주게 된다. 따라서 가능한 전시장 가까운 호텔로 미리 예약하는 것이 훨씬 유리하다. 투숙할 호텔 부근에 한국 식당, 환전소 및 쇼핑센터가 있다면 더 좋다. 그러나 우범지대에 있는 호텔은 피하도록 한다. 세계적으로 유명한 전시회의 경우, 단체 여행사를 활용하는 것도 좋고 전시회 주최 측과 연계된 항공, 호텔 서비스를 활용하는 것도 바람직하다. 대부분의 전시회 주최자들은 참가업체와 참관객들을 위해 전시장 주변 호텔 정보를 홈페이지에 게재하고 있다. 유럽과 미국에서 개최되는 전시회의 경우, 호텔이 모두 매진되면 방학중인 경우, 학교 기숙사를 소개하기도 하고 여행 비수기인 경우, 유람선을 강변에 정박시켜 호텔 룸으로 대여하기도 한다.

통상 전시회 개최 기간은 4일 이상이므로 장치와 철거일 까지 감안한다면 적어도 5 ~ 6일은 현지에 머물러야 한다. 한인들이 다수 거주하는 지역이라면 부근에 한국식당이나 식품점이 있겠지만 한인들이 많이 살고 있지 않은 지역이라면 한국식당 찾기도 쉽지 않으므로 가능하다면 한국인이 운영하는

✽ 독일 프랑크푸르트 한인 게스트하우스

게스트하우스에 머무는 것도 권할 만하다. 최근 교민들이 운영하는 게스트하우스에서는 투숙자의 Privacy가 침해받지 않도록 욕실과 욕탕도 일반 호텔과 같이 각 방마다 설치되어 있고 무엇보다도 아침과 저녁 식사를 한식으로 제공하며 숙박비도 일반 호텔에 비해 저렴한 편이다. 그러나 일부 한국인이 운영하는 게스트하우스에서는 신용카드 결제가 안 되고 현금만 받는 경우도 있으므로 반드시 신용카드 지불이 가능한지 사전에 확인한다.

그 밖에 전시회 개최 지역에 기존 거래처나 친인척이 있다면 이들에게 호텔 예약을 의뢰하거나 현지 도착 시 픽업 등 교통편의를 요청하는 것도 생각해볼 만하다. 아울러 전시장 소재지에 있는 KOTRA 해외무역관에 비즈니스 출장 지원을 요청하되 이것 역시 충분한 시간 여유를 두고 신청한다. 항공권 구입과 호텔 예약을 서둘러 중요한 전시회 참가 및 참관에 차질이 없도록 해야겠다.

전시품 운송에 필요한 서류

제 5 장

전시품 운송에 필요한 서류

전시품 통관을 위해 준비해야 할 기본서류는 포장명세서 (Packing List), 송장 (Commercial Invoice), 선하증권 (Bill of Landing, B/L), 항공운송 시 항공화물운송장 (Air Way Bill), 물품 무관세임시통관증서 (ATA Carnet) 및 수출보험 (Export Insurance) 등 이다. 이 밖에 국가에 따라 원산지증명서, 수입 승인이 필요한 품목에 대해서는 별도의 수입허가서 (수입 승인), 인증관련 서류, 감시 서류 및 전시회 참가확인서 등을 요구하기도 한다.

1. 포장명세서 (Packing List)

가. 포장명세서란?

전시물품 운송 시 필요한 포장명세서란 전시품 포장에 관한 사항을 상세히 기재한 서류로 포장된 제품의 수량, 순 중량, 총 중량, 일련번호 등을 상세히 적는다. 내용물의 목록을 모두 쓸 필요는 없으며, 가격은 기재하지 않는다. 무역 거래 시, 기재 내용은 상업송장에 부수하여 거래 계약 성립에 따라 선적화물의 자세한 명세를 표시하게 된다. 그리고 선적된 화물을 일목요연하게 알아 볼 수 있도록 작성하는 것으로 송장을 보충하는 역할을 한다. 따라서 포장명세서는 상업송장 및 운송서류에 기재된 내용과 일치해야 한다.

나. 포장명세서 작성요령

① Seller

매수인에게 상품을 판매하는 개인 또는 법인의 이름과 주소를 기재한다.

② Consignee

수출물품을 인도받는 개인 또는 법인의 이름과 주소를 기재하며 선하증권에 기재될 매수인과 동일해야 한다. 즉 신용장에 기명식이 아닌 지시식 선하증권을 요구하는 “to the order of A” “to the order of Bank” 등으로 표시된 때에는 선하증권과 동일한 “to the order of A” “to the order of Bank” 등으로 기재하여야 한다. 전시품의 경우, Consignee는 통상 해당전시회 지정운송업체로 한다.

③ Departure Date

화물을 적재한 선박이나 비행기가 출발하는 년, 월, 일을 기재하며 통상 B/L이나 Air Waybill 상의 선적일자와 일치시켜야 하나 송장 작성시점에서는 선적일자를 정확히 알 수 없으므로 예상되는 선적일자의 7일 전후로 기재하면 된다.

④ Vessel/Flight

운송에 사용되는 선박/비행기 명칭을 기재하며 여러 가지 운송수단을 사용하는 경우 주된 운송수단을 기개하면 된다.

⑤ From

운송수단이 출발하기로 예정된 항구나 공항의 명칭을 기입하는데 이는 신용장이나 계약서상의 적재장소와 일치하여야 한다.

⑥ To

운송수단의 최종목적지인 항구, 공항 등의 명칭을 기재하며 신용장 또는 계약서상의 도착지와 일치하여야 한다.

⑦ Invoice No. and Date

상업송장에 기재된 번호와 발행일을 기재한다.

⑧ Buyer

상품을 구매한 개인 또는 법인의 이름과 주소를 기재한다. 신용장 거래방식의 경우 신용장개설의뢰인이 Buyer가 되며 Buyer와 Consignee가 같은 경우에도 Buyer의 이름과 주소를 다시 기재한다. 한편 매도인 (Buyer)과 수화인 (Consignee)이 다른 경우 즉 신용장개설의뢰인이 은행융자로 신용장을 개설하여 은행이 Consignee가 되는 경우 또는 매수인 (Buyer)이 물품과 송장을 각각 다른 주소로 보내도록 요구하여 수화인 (Consignee)란에 창고 등의 물품수령인의 주소를 기재하는 경우에는 Buyer란에는 실제 물품대금 지급의 의무가 있는 Buyer의 이름과 주소를 기재하여야 한다.

⑨ Other Reference

거래상대방인 매수인이 신용장이나 계약서에서 특별히 요구한 사실을 기재한다. 예를 들면 원산지나 계약서 번호를 기재한다.

⑩ Shipping Mark

관련서류와 포장상품의 대조 점검을 용이하게 하고 화물을 도착지까지 신속하고 안전하게 운송할 수 있도록 간단하게 표시하여야 한다.

⑪ No. & Kind Pkgs

포장 종류 당 화물의 개수를 기재하며 case, bundle, box 등 각 물품의 포장형태를 기록한다.

⑫ Goods Description

물품명세란에는 상품의 규격이나 품질 뿐만 아니라 C/T No., Model No. 별로도 정확하게 기재하여 해당 물품을 성격별로 명확히 구분할 수 있도록 작성하여야 한다. 그리고 신용장이나 계약서상에서 full details list나 size & color assortment를 요구하는 경우 size와 color를 별도로 정확히 분류하여 작성하여야 한다. 신용장에서 포장방법을 요구하였을 경우에는 특별한 규정이 없더라도 그 내용을 반드시 Packing List 상에 명기하여야 한다.

⑬ Quantity or Net weight

물품의 수량을 각 포장 case 마다 구분하여 기재하며, 수량의 계산 단위를 상품의 종류에 따라 적당한 단위를 사용한다.

⑭ Gross Weight

순중량에 외부포장재료의 중량을 합한 중량을 의미하는 것으로 B/L 상의 중량과 일치하여야 한다.

⑮ Measurement

선적물품의 부피를 나타내는 것으로 이는 B/L상의 필수기재사항인 measurement와 일치하여야 한다. 일반적으로 용적의 계산단위는 CBM (Cubic Meter)를 주로 사용한다. 그리고 용적은 총중량 합계 및 순중량 합계와 함께 하단에 기재하는데 운송계약체결이나 운임결정에 기본적인 자료가 된다.

⑯ Signed by

포장명세서의 작성자가 서명한다.

[포장명세서 양식]

PACKING LIST

<table>
<tr><td colspan="3">① Seller (또는 Shipper/Exporter)</td><td colspan="3">⑦ Invoice No., and Date</td></tr>
<tr><td colspan="3">② Consignee</td><td colspan="3">⑧ Buyer (if other than consignee)</td></tr>
<tr><td colspan="3">③ Departure Date</td><td colspan="3" rowspan="3">⑨ Other Reference</td></tr>
<tr><td colspan="3">④ Vessel/Fright ⑤ From</td></tr>
<tr><td colspan="3">⑥ To</td></tr>
<tr><td>⑩
Shipping
Marks</td><td>⑪
No & Kind
of pkgs</td><td>⑫
Goods
Description</td><td>⑬
Quantity or
Net Weight</td><td>⑭
Gross
Weight</td><td>⑮
Management</td></tr>
<tr><td colspan="3"></td><td colspan="3"></td></tr>
<tr><td colspan="3"></td><td colspan="3">⑯ Signed by</td></tr>
</table>

2. 송장 (Invoice)

가. 송장이란?

상업송장은 수출자와 수입자간의 거래계약이나 매매계약조건을 입증하는 대표적인 서류로서 수출자가 수출통관할 때 통관용 상업송장을 작성하여 세관에 제출하는 역할과 대금청구 시 네고 서류로 활용되며 수입자 입장에서는 매입명세서로서의 역할을 해 수입세관 신고의 증명자료로 활용된다. 송장에는 상업송장 (Commercial Invoice)과 영사송장 (Consular Invoice), 세관송장 (Customs Invoice) 등의 공용송장 (Official Invoice)으로 나뉜다. 일반적으로 상업송장을 송장이라 한다.

나. 송장 작성요령

① Seller

매수인에게 상품을 판매하는 개인 또는 법인의 이름과 주소를 기재하며, 대미 상업송장에는 우측상단에 Manufacturer's I.D. Code를 기재하여야 한다.

② Consignee

수출물품을 인도받을 개인 또는 법인의 이름과 주소를 기재하며, 선하증권에 기재될 매수인과 동일해야 한다. 즉 신용장에 기명식이 아닌 지시식 선하증권을 요구하는 "to the order of 은행명" 등으로 표시된 때에는 상업송장에도 동일하게 "to the order of 은행명" 등으로 기재하여야 한다.

③ Departure date

화물을 적재한 선박이나 비행기가 출발하는 년, 월, 일을 기재하며 통상 B/L이나 Air Waybill상의 선적일자와 일치시켜야 한다. 그러나 송장 작성시점에서는 선적 일자를 정확히 알 수 없으므로 예상되는 선적일자의 7일 전후로 기재하면 된다.

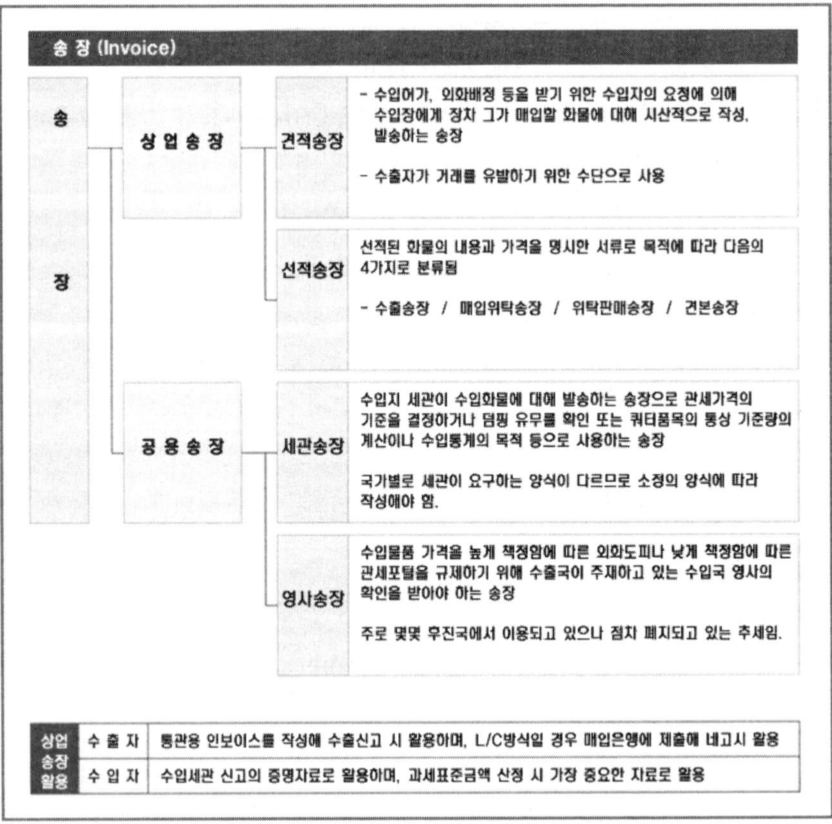

송장의 종류

④ Vessel / Flight

운송에 사용되는 선박/비행기 명칭을 기재하며, 여러 가지 운송수단을 사용하는 경우에는 주된 운송수단을 기재하면 된다.

⑤ From

운송수단이 출발하기로 예정된 항구, 공항 등의 명칭을 기재하며 이는 신용장에 또는 계약서상의 적재지(Place of loading)와 일치해야 한다. 예 Busan Korea, Kimpo Korea

⑥ To

운송수단의 최종 목적지인 항구, 공항 등의 명칭을 기재하며 신용장 또는 계약서 상의 도착지와 일치하여야 한다.

⑦ Invoice No. and date

매도인(Seller)이 상업송장에 부여한 참조번호 및 송장 발행일을 기재한다.

⑧ L/C No. and date

신용장 번호 및 발행일을 기재한다.

⑨ Buyer (if other than consignee)

상품을 구매한 개인 또는 법인의 이름과 주소를 기재한다. 신용장 거래방식의 경우 신용장 개설의뢰인이 Buyer가 되며 Buyer와 Consignee가 같은 경우에도 Buyer의 이름과 주소를 다시 기재한다. 한편 매수인(Buyer)과 수화인(Consignee)이 다른 경우, 신용장 개설 의뢰인이 은행융자로 신용장을 개설하여 은행이 Consignee가 되는 경우 또는 매수인이 물품과 송장을 각각 다른 주소로 보내도록 요구하여 Consignee란에 창고 등의 물품수령인의 주소를 기재하는 경우에도 Buyer란에는 실제 물품대금 지급의 의무가 있는 Buyer의 이름, 주소를 기재하여야 한다.

⑩ Other references (또는 Remarks)

기타 참조사항 기재 난으로서 거래 상대방이 신용장이나 계약서에서 별도로 요구한 사항을 기재한다. 보통 원산지표시(Country of Origin)나 관련 계약서나 오퍼번호와 발행일자 등이 기재된다.(As per Sales Note No. 586 dated July 15, 2001)

⑪ Terms of delivery and payment

인도조건과 지불조건을 기재하여야 하며 지불조건은 INCOTERMS와 같은 정형화된 조건을 사용하여 정확하게 기술하고 사용통화도 US$ 등으로 명확히 표기한다. 예) FOB Busan, At sight L/C in US$

⑫ Shipping marks

화인은 관련서류와 포장 상품의 대조 점검을 용이하게 하고 화물을 도착지까지 신속하고 안전하게 운송할 수 있도록 간단하게 표시하여야 한다.

⑬ No. & Kinds of Pkgs

포장종류 당 포장화물의 개수와 각 물품의 포장형태를 drum, bale, box, case, bundle등으로 기재한다.

⑭ Goods description

물품명세란에는 규격(Specification), 품질(Quality), 등급(Grade) 등 해당물품에 대한 정확한 명세를 기재하여 다른 어떤 물품과도 명확히 구별할 수 있어야 한다. 그리고 물품명세서는 신용장상의 표현과 완전히 일치하여야 한다. 상업송장 이외의 기타서류에는 일반적인 용어(general term)로 표시할 수 있으나 상업송장에는 신용장상의 물품 명세와 일치되도록 하여야 한다.

⑮ Quantity

송장금액 계산의 기초가 되는 최소단위당 수량을 기재하며 수량의 계산단위는 일반적으로 다음과 같이 개수 혹은 도량형에 의하여 계산된다.

- 개수
  - 상품수 : 갯수(Piece), 조(Set), 다스(dozen)등
  - 포장수 : 상자(Case), 포(Bale), 부대(Bag) 등
- 도량형
  - 중량 : 톤(ton), 파운드(Lb, libra), 킬로그램(kg) 등
  - 용적 : 입방 피이트(Cft : Cubic feet), 용적톤(M/T : Measurement Ton) 등

- 길이 : 야아드(Yard), 미터(Meter) 등
- 면적 : 평방 피이트(SF : Square Feet) 평방미터(SM : Square Meter) 등

아울러 수량결정시기(선적 수량조건 및 양륙 수량조건)와 과부족 용인조건(More or Less Clause)에 유의할 필요가 있으며 가능한 구체적이고 정확한 문언으로 표시해야 한다.

⑯ Unit Price

단위 수량 당 가격을 기재한다. 예 US$ 3.50/kg

⑰ Amount

단위당 단가에 수량을 곱하여 총 금액을 계산한다. 그러나 제반비용을 첨가하여야 한다. 대량 구입에 따르는 할인이 있으면 차감하여 송장상의 금액(Amount)은 수입업자가 꼭 부담하여야 할 실채무액이 표시되어야 한다. 그리고 L/C상의 금액은 상업 송장에 기재될 수 있는 최고금액을 의미한다. 그러므로 신용장 상에 별도의 명시가 없는 한 은행은 신용장이 허용하는 금액을 초과한 금액으로 발행된 상업송장의 수리를 거절할 수 있다.

⑱ Signed by

권한 있는 송장 작성자가 서명란(Signed by)에 서명한다. 〈실서명(Handwriting) 뿐만 아니라 스템프 날인 서명 등도 가능함.〉

[상업송장 양식]

<table>
<tr><th colspan="6">COMMERCIAL INVOICE</th></tr>
<tr><td colspan="3" rowspan="2">① Seller</td><td colspan="3">⑦ Invoice No., and Date</td></tr>
<tr><td colspan="3">⑧ L/C No., and date</td></tr>
<tr><td colspan="3">② Consignee</td><td colspan="3">⑨ Buyer (if other than consignee)</td></tr>
<tr><td colspan="3">③ Departure Date</td><td colspan="3" rowspan="2">⑩ Other Reference</td></tr>
<tr><td colspan="3">④ Vessel/Fright ⑤ From</td></tr>
<tr><td colspan="3">⑥ To</td><td colspan="3">⑪ Terms of delivery and payment</td></tr>
<tr><td>⑫
Shipping Marks</td><td>⑬
No & Kind of pkgs</td><td>⑭
Goods Description</td><td>⑮
Quantity or Net Weight</td><td>⑯
Unit Price</td><td>⑰
Amount</td></tr>
<tr><td colspan="6"></td></tr>
<tr><td colspan="3"></td><td colspan="3">⑱ Signed by</td></tr>
</table>

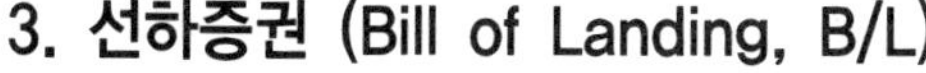

3. 선하증권 (Bill of Landing, B/L)

가. 선하증권이란?

선하증권이란 해상운송계약의 증거서류이며 운송인이 화물을 인수 또는 선적했음을 증명하는 서류이다. 또한, 선하증권은 운송인이 증권에 기재된 화물을 수령 또는 선적하였다는 사실을 확인하고, 지정된 목적지까지 운송하여 증권의 정당한 소지인에게 화물을 인도할 것을 약속하는 유가증권이다. 선하증권의 기능을 나열하면 선박회사에 인도된 물품의 수령증이며 증권의 소유자나 피배서인이 물품의 인도를 주장할 수 있는 권리증서이다. 아울러 운송계약을 나타내는 증거서류이며 해상운송인이 운송물의 수령 또는 선적을 증명하고 양륙지에서 증권의 정당한 소지인에게 인도할 것을 약속하는 유가증권이다. 아울러 선하증권의 소지인은 선하증권과 상환으로 물건의 인도를 청구할 수 있다. 선하증권을 종류별로 구분하면 다음과 같다.

[선하증권 종류]

기 준	선하증권의 종류
발행시기	**선적선하증권** (shipped B/L) 화물이 실제로 선전된 후에 발해되는 증권으로 'Shipped' 또는 'Shipped on Board' 등의 문구가 표시되며 모든 선하증권은 선적선하증권으로 발행되어야 하는 것이 원칙
	수취선하증권 (received B/L) 운송인이 선적을 약속한 화물을 화주가 지정된 창고에 입고시킨 후 화주가 요구할 경우 선적 전에 발행되는 증권으로 예정된 선박에서 선적이 안 되는 경우가 있기 때문에 L/C상에 'Received B/L Acceptable'에 상응하는 문구가 없으면 은행에서 매입을 거절할 수 있음.

<table>
<tr><th>기 준</th><th>선하증권의 종류</th></tr>
<tr><td rowspan="2">외관상
하자 유무</td><td>무사고선하증권 (clean B/L)
화물 선적 당시에 화물의 포장상태 및 수량에 어떠한 손상 또는 과부족이 없이 발행되는 증권 및 과부족이 있을지라도 그 내용이 기재되지 않은 증권</td></tr>
<tr><td>사고부선하증권 (foul B/L 또는 dirty B/L)
화물 선적 당시에 화물의 포장상태 및 수량에 어떠한 손상 또는 과부족이 있어 그 내용이 기재되는 증권</td></tr>
<tr><td rowspan="2">수하인
표시</td><td>기명식선하증권 (straight B/L)
증권의'Consignee'란에 수입자의 서명 또는 상호가 확실히 명기되어 있는 증권</td></tr>
<tr><td>지시식선하증권 (order B/L)
증권의 'Consignee'란에 To Order, Order, Order of A 등의 문구가 기재된 증권이며 백지배서로 양도가 가능함.</td></tr>
</table>

나. 선하증권 작성요령

① Shipper

송하인의 성명 또는 상호를 기재하며 혼동이 예상될 때는 주소를 명기하여 명확히 하는 것이 좋다.

② Consignee

T/T 방식이나 D/P, D/A 방식에서는 수입상의 상호 및 주소가 기재되나 신용장 방식에서는 신용장상에 표시된 문구에 따라 TO ORDER, TO ORDER OF SHIPPER, TO ORDER OF 개설은행명 등이 된다.(상업송장상의 Consignee와 일치시켜야 함.)

③ Notify Party

대개 신용장에 Notify Accountee라 기재되며 신용장 개설의뢰인 즉 수입업자 또는 수입업자가 지정하는 대리인이 통지처(화물도착시 연락처)로 기재된다.

④ Ocean Vessel

화물을 수송하는 해상운송 선박명이 기재된다.

⑤ Port of Loading

화물을 선적하는 항구명 및 국명이 표시된다.

예 "Busan, Korea", "Incheon, Korea"

⑥ Place of Receipt

송하인으로부터 운송인이 화물을 수취하는 장소로 "Busan C.Y" "Busan C.F.S"등으로 표기한다.

⑦ Voyage No.

운송선박의 운송회사나 선박회사가 임의로 정한 일련번호가 기재되는데 1항차는 출발항에서 목적항을 거쳐 출발항에 회항하는 것으로 한다. 수출·수입을 구별하기 위하여 East, West, South, North 등을 표기한다.

⑧ Port of Discharge

화물의 양륙항 및 국명이 기재된다.

⑨ Place of Delivery

운송인이 책임지고 운송하여 수하인에게 인도하여 주는 장소를 명기한다.

⑩ Final Destination

화물의 최종 목적지를 표시하나 선하증권에 운임이 계상되어 있지 않는 경우는 단지 참조사항에 불과하다. 그리고 복합운송이 아닌 경우에는 기재되지 않는 경우가 많다.

⑪ B/L No.

선사가 임의로 규정한 표시번호를 기재한다. 통상 선적항과 양륙항의 알파벳 두문자를 이용하고 번호를 일련번호로 쓴다. "BO−5001" : Busan−Osaka, "HMBU−9001" : Hamburg-Busan 등으로 표시된다.

⑫ Flag

선박의 등록국적을 나타낸다. 해상 사고시는 국제적 관례인 기국주의에 의한다.

⑬ Container No.

화물이 적재되는 Container No.를 표기한다.

⑭ Seal No.

Container에 적재된 화물에 봉인을 한 Seal No.를 표기한다.

⑮ No of CONT or other PKGS

컨테이너 숫자나 기타 포장갯수를 기재한다. 예 1 CNTR(컨테이너)

⑯ Description of Packages and goods

Packing List 및 Invoice에 기재된 상품의 내용을 열거 기재하며 B/L No.도 통상 표시된다.

⑰ Gross Weight, Measurement

등록 검량회사에서 검측된 중량 및 용적이 명기된다. Packing List, Invoice와 일치되지 않는 경우 Remark를 부기하여야 한다. 화물에 이상이 있으면 송하인에게 화물파손보상장(Letter of Indemnity : L/I)을 요구하여 첨부시킨다. 수출입의 경우 Packing List와 B/L이 상이한 경우 통관되지 아니하므로 세심히 작성되어야 한다.

⑱ Freight and Charges

상품의 운송에 따른 제반비용의 명세로 Freight, C.A.F, B.A.F, C.F.S Charge, Wharfage 등이 통상 표시되며 Through B/L인 경우는 Inland Charge가 표시된다.

⑲ Revenue Tons

중량과 용적 중에서 운임이 높게 계산되는 편을 택하여 표시한다. 즉 총중량과 총용적에 각각의 운임단가를 곱하여 총중량의 운임이 총용적보다 클 경우는 "K/T"를, 총용적이 클 경우는 "CBT"을 표시한다.

⑳ Rate

Revenue ton당의 운임단가 및 C.F.S Charge, Wharfage, B.A.F, C.A.F의 Percent 등이 표시된다. Wharfage의 경우 국내에서는 1톤 이하는 무조건 올림으로 산정하고 있어, 만일 7.001CBM이라면 8CBM으로 계산된다.

㉑ Per

용적단위 또는 중량단위로 표시하고 Full Container의 경우는 Van 단위로 표시한다.

㉒ Prepaid Collect

C.I.F 조건의 수출일 경우는 Prepaid난에 운임을 계산하여 표시한다. F.O.B 조건의 수출일 경우는 Collect란에 계산 표시한다. 또한 운임의 지불조건은 Description of Goods난에 "Freight Prepaid" "Freight Collect"라고 통상 표시되므로 혼동은 되지 않으나 간혹 기재되지 않는 경우도 있으므로 구별하여 각각의 난에 기재하는 것이 좋다. 또한 복합운송의 경우는 각 구간마다의 운임을 표시하여 계산하는 것이 복합운송을 명백히 표시하는 방법이다. 그러므로 구간표시를 하고 구간 운임 계산을 나타내는 것이 좋다.

㉓ Freight Prepaid At

C.I.F 수출조건인 경우 운임이 지불되는 장소를 나타낸다. 즉 화물이 부산에서 선적운송되고 서울에서 운임이 지불되는 경우는 "Seoul, Korea"라고 기재한다. Freight Prepaid의 경우 운임이 지불되지 않으면 B/L 발행자는 특별한 상거래가 없는 한 B/L을 발행 교부하지 않는다.

㉔ Freight Payable At

F.O.B 수출조건으로 운임이 수하인 부담인 경우에 수하인의 운임 지불장소가 기재된다. 운임이 지불되지 않으면 운송인 또는 대리점은 화물인도 지시서(D/O : Delivery Order)를 발행 교부하지 않는다.

㉕ No. of Original B/L

Original B/L의 발행통수를 기재한다. Original B/L은 통상 3통을 한 세트로 발행하는데 그 숫자에는 제한이 없다. Original B/L에는 "Original" "Duplicate" "Triplicate" 등의 문구가 있고 은행과의 거래를 위하여 "Negotiable"이라는 문구도 표시된다. Original B/L의 경우에는 발행통수에 관계없이 그 한 장이라도 회수되면 나머지는 유가증권으로서의 효력을 상실한다(상법 816조). B/L Copy의 경우는 "Copy Non-Negotiable"이라 기재되며 B/L Copy는 유가증권으로서의 효력이 없고 단지 참조적인 서류에 불과하다.

㉖ Place of Issue

B/L의 발행 장소가 기재된다.

㉗ On Board Date and Issue

B/L의 On Board Date가 기재되며 선적일과 발행일자는 보통 일치된다. Date of Issue가 On Board Date 보다 늦을 수는 있으나 빠른 경우는 B/L의 선발행이 되므로 은행에서 매입을 거절당할 수 있다. On Board의 하단에는 B/L 발행자의 Signature가 표시된다.

㉘ Carrier Name

B/L 발행권자의 Signature가 표시된다. B/L 발행권자는 은행에 Signature를 등록하고 있으며 일단 발행권자가 Signature 한 후 B/L을 수정할 경우에는 재발급을 하든가 또는 "Correction" 도장을 날인한 후 Signature해야 한다. 그러나 중량 및 용적 등 상품의 가격에 영향을 미치지 않는 부분에는 Correction 도장만 날인해도 유효하다.

[선하증권 예]

Bill of Lading

①Shipper/Exporter ABC TRADING CO. LTD. 1. PIL-DONG, JUNG-KU, SEOUL, KOREA	⑪B/L No. ; But 1004
②Consignee TO ORDER OF ABC BANK	
③Notify Party ABC IMPORT CORP. P.O.BOX 1, BOSTON, USA	

Pre-Carrage by	⑥Place of Receipt PUSAN, KOREA	
④ Ocean Vessel WONIS JIN	⑦Voyage No. 1234E	⑫Flag

⑤Port of Loading	⑧Port of Discharge	⑨ Place of Delivery	⑩ Final Destination(For the Merchant Ref.)
PUSAN, KOREA	BOSTON, USA	BOSTON, USA	BOSTON, USA

⑬Container No. ⑭Seal No. Marks & No	⑮No. & Kinds of Containers or Packages	⑯Description of Goods	⑰Gross Weight	Measurement
ISCU1104	1 CNTR	LIGHT BULBS (64,000 PCS)	4,631 KGS	58,000 CBM
Total No. of Containers or Packages(in words)				

⑱Freight and Charges	⑲Revenue tons	⑳Rate	㉑Per	㉒Prepaid	㉓Collect

㉓Freight prepaid at	㉔Freight payable at	㉖Place and Date of Issue May 20, 1999, Seoul Signature
Total prepaid in	㉕No. of original B/L	
㉗Laden on board vessel Date Signature May 21, 1999		㉘ABC Shipping Co. Ltd. as agent for a carrier, zzz Liner Ltd.

4. 항공화물운송장 (Air Way Bill)

가. 항공화물운송장이란?

항공수송 화물에 대하여 하송인과 운송인 사이에 화물의 운송 계약이 체결되었다는 것을 증명하는 서류로 국제항공수송협회 (IATA)에 의해 그 양식과 발행방식이 규정되어 있다. 이 운송장은 운송계약 체결의 증거 서류, 운송물품의 영수증, 운송요금의 청구서, 보험증명서, 세관신고 서류, 항공회사에 대한 운송품 취급, 발송, 인도에 관한 서류의 역할을 한다.

나. 항공화물운송장 작성 원칙

화주가 작성하는 것이 원칙이나, 실제로는 항공사나 항공사로부터 권한을 위임 받은 대리점에서 작성하는 것이 통례다. 대리점에서 운송장을 작성할 경우, 화주신고서(Shipper's Letter of Instruction) 및 신용장(L/C), 상업송장(C/I)등 선적서류와 일치하도록 작성하고 원칙적으로 해당 화물을 전량 인수한 후에 발행한다. 아울러 항공사 및 대리점은 수하인, 하송인, 출발지, 도착지 등 운송장상의 필수적 기재사항이 빠짐없이 기재되도록 확인한다.

[항공화물운송장 예]

180 | 8052 0005 | 180-8052 0005

Shipper's name and address	Shipper's account number	Not negotiable **Air Waybill** (Air Consignment note) issued by KOREAN AIR LINES CO., LTD	*KOREAN AIR LINES* CABLE ADDRESS : "KOREANAIRLINES" C.P.O. BOX 864 41-3 SEOSOMUN-DONG CHUNG-GU, SEOUL, KOREA
		Copies 1, 2 and 3 of this Air Waybill are originals and have the same validity	
Consignee's name and address ☎ Telephone	Consignee's account number	It is agreed that the goods described herein accepted in apparent good order and condition(excepted as not) for carriage. SUBJECT TO THE CONDITIONS OF CONTRACT ON THE REVERSE HEREOF. THE SHIPPER'S ATTENTION IS DRAWN TO THE NOTICE CONCERNING CARRIER'S LIMITATION OF LIABILITY. Shipper may increase such limitation of libility by declaring a higher value for carriage and paying a supplemental charge if required.	
Issuing Carrier's Agent Name and City		Accounting Information	
Agent's IATA Code	Account No.		
Airport of Departure(Addr. of First Carrier) and Required Routing			

to	Routing and destination By First Carrier	to	to	to	to	Currency	CHGS CODE	PPD	COLL	PPD	COLL	Declared Value for Carriage	Declared Value for Customs

Airport of Destination	For Carrier Use Only Flight/Date	Flight/Date	Amount of Insurance	INSURANCE : If carrier offers insurance, and such insurance is requested in accordance with conditions on reverse hereof, indicate amount to be insured in figures in box marked 'amount of insurance'.

Handling Information

(For USA only) These commodities Licensed by U.S. ultimate destination ....Division contrary to U.S. law is prohibited.

No. of Pieces RCP	Gross Weight	kg lb	Rate Class Commodity Item No.	Chargeable Weight	Rate/Charge	Total	Nature and Quantity of Goods (incl. Dimensions Volume)

Prepaid / Weight Charge / Collect	Other Charges
Tax	
Total Other Charge Due Agent	
Total Other Charge Due Carrier	
Total Prepaid / Total Collect	
Currency Conversation Rates / cc Charge in Dest. Currency	

For Carriers Use Only at Destination	Charges at Destination	Total Collect Charges	180-8052 0005

5. 까르네(ATA Carnet)

가. 까르네란?

ATA는 Admision Temporaire (불어)와 Temporary Admission (영어)의 합성어이며 Carnet는 불어로 표(증서)라는 뜻으로 물품의 무관세임시통관증서를 말한다. 까르네는 ATA협약 가입국 간에 일시적으로 물품을 수입/수출 또는 보세운송하기 위하여 필요로 하는 복잡한 통관 서류나 담보금을 대신하는 증서로서 통관절차를 신속하고 편리하게 하는 제도이다. 따라서 ATA협약 가입국 간 통관 시에 ATA 까르네를 이용하면, 부가적인 통관서류의 작성이 필요 없음은 물론 관세 및 부가세, 담보금 등을 수입국 세관에 납부할 필요 없이 신속하고 원활한 통관을 할 수가 있다.

나. 용도

ATA 까르네는 상품견본 (Commercial Samples), 작업용구 (Professional Equipments), 전시회 (Fairs/Exhibitions)의 용도로 물품을 해외에서 사용한 후, 우리나라로 다시 가져올 물건에 대해서만 사용할 수 있다. 그러나 농산물, 식료품, 위험물품, 소모품 등 부패의 우려가 있거나 1회용품 또는 수입국이 수입을 금지하고 있는 물품에 대해서는 사용할 수 없다.

다. 유효기간

ATA 까르네 유효기간은 발급일로부터 최장 1년으로 연장할 수 있다. 또한 유효기간이내라도 수입국 세관이 ATA 까르네 증서에 재수출기간을 명시적으로 지정한 경우에는 동 기간 내에 재수출되어야 한다.

라. 보증 및 발급기관

▣ 발급기관

• 대한상공회의소
- 주소 : 서울시 중구 남대문로 4가 45번지 상공회의소 빌딩 1층
- TEL : 02-6050-3303 / FAX : 02-6050-3319

• 부산상공회의소
- 주소 : 부산광역시 부산진구 범천1동 853-1
- TEL : 051-990-7000 / FAX : 051-990-7039

• 대구상공회의소
- 주소 : 대구광역시 동구 신천3동 107
- TEL : 053-755-0041/ FAX : 053-756-7574

• 안양상공회의소
- 주소 : 경기도 안양시 만안구 안양6동 505-2
- TEL : 031-447-9171 / FAX : 031-443-9260

▣ 보증기관

• 대한상공회의소
- 주소 : 서울시 중구 남대문로 4가 45번지 상공회의소 빌딩 1층
- TEL : 02-6050-3303 / FAX : 02-6050-3319

마. ATA 까르네 협약국 (회원국) 현황

그리스	남아공	네델란드	노르웨이	뉴질랜드
대만	덴마크	독일	라트비아	러시아
레바논	루마니아	룩셈부르크	리투아니아	카테토니아
말레이시아	멕시코	모로코	모리셔스	몰타
목고	미국	벨기에	벨라루스	불가리아
사이프러스	세네갈	세르비아	스리랑카	스웨덴
스위스	스페인	슬로베니아	슬로바키아	싱가포르
UAE	아이슬랜드	아일랜드	안도라	알제리아
에스토니아	영국	오스트리아	이란	이스라엘
이탈리아	인도	일본	중국	지브로터
체코	칠레	캐나다	코트디브아르	크로아티아
태국	터키	튀니지	포루투칼	폴란드
프랑스	핀란드	한국	헝가리	호주
홍콩	파키스탄	우크라이나	몬테네그로	마카오

* 협약국 중 인도, 중국은 전시회 물품인 경우에만 까르네 사용이 가능함.
* 밑줄친 국가는 EU회원국으로 ATA 까르네 사용시 1개국으로 분류함.
* 남아공 근접 국가인 스와질랜드, 남미비아, 레소토, 보츠와나도 까르네 발급이 가능함.

바. ATA 까르네 발급 철차

(1) 방문신청

(2) 온라인 신청

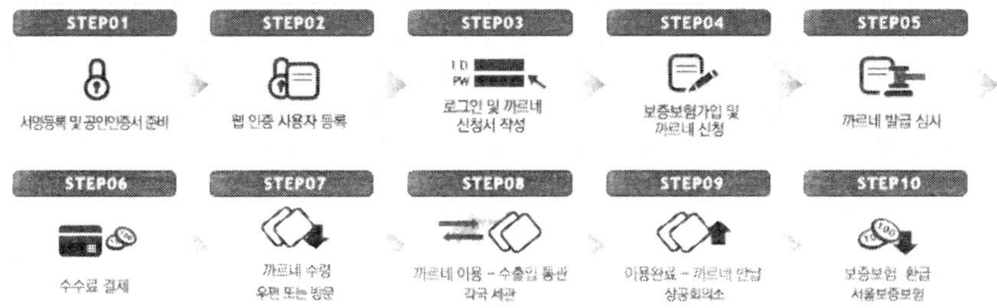

(3) ATA 까르네 발급신청서 및 작성요령

[ATA 까르네 발급신청서]

ATA까르네 발급신청서

무역관계증명서 발급규정에 의거하여 ATA까르네 발급을 신청하며 서울상공회의소 발급규정에서 정한 제반 의무사항을 성실히 이행할 것을 서약합니다.

2002 년 4 월 10 일

신 청 자
회사명 (주) 홍길동
대표자 홍길동

발급결재	담당	팀장

까르네 명의인 (한글)	사업자등록번호 : 104-82-03591 / 서명등록번호 : 104-82-03591 회 사 명 : (주) 홍 길 동 주 소 : 서울시 중구 남대문로 4가 45	
연 락 처	부(실) 영상 과(팀)	담당자성명: 이 영 희 / 전화 02-757-0757 / 팩스 02-777-8889
주 소 (「개인」에 한함)		주민등록번호
직 업 및 직 장 (「개인」에 한함)		전 화 번 호
까르네 사용자	이 영 희	
물품의 용도 해당되는 곳에 √표	□상품견본 「Commercial Samples」 전직업용구 「Professional Equipments」 □전람회 박람회 등 「Fairs/Exhibitions」 명 칭 일시및장소 :	
일 시 수 입 국	1 영국 2 프랑스 3 스위스 4 영국 5 6 7 8 9 10	
보 세 운 송 국 (필요시 기재)	1 2 3 4 5	
물품의수송방법 해당되는 곳에 √표	휴대 □운송사 □우편	수 출 예 정 일: 2002년 4월 20일
대 상 물 품	총액 \101,800,000	재 수 입 예 정 일: 2002년 5월 20일

하기란은 기입하지 마시오.

발 급 일		CARNET 번호		유효기간	
담보의종류	□보험 □현금	담 보 금 액	\	수 수 료	\

반환결재	담당	팀장

까르네 반환일	년 월 일	담보해제일	년 월 일
담보금반환에 따른 의견			

신청자
회사명과 대표자명을 기재한 후 서명등록시 신고한 사용인감을 날인합니다. 명판이 있는 경우에는 명판과 사용인감을 날인하셔도 됩니다.

까르네 명의인
사업자등록번호, 회사명, 주소를 기재합니다. 서명등록번호는 사업자등록번호와 동일한 번호이므로 공란으로 신청하셔도 됩니다.

까르네 사용자
까르네를 직접 휴대하는 경우에는 출장자 성명을 기재하며 운송사가 별송하는 경우에는 운송사 상호명를 기재합니다.

물품의 용도
까르네 용도에 해당되는 란에 체크를 합니다. 단, 전람회, 박람회 등의 용도란에 체크하실 경우에는 반드시 전시회 명칭과 일시 및 장소를 정확하게 기재하여야 합니다.

일시수입국
까르네를 사용할 국가명을 기재하되 최종목적국이 아니더라도 세관 통관이 필요한 수입국이 있는 경우에는 국가명을 기재하여야 하며 방문 순서대로 기재합니다.

보세운송국
필요한 경우에만 기재합니다.

물품의 수송방법
까르네를 휴대하는 경우에는 휴대란에, 운송사가 대행하는 경우에는 운송사에 체크를 합니다. 까르네 우편발송은 일시수입국에서 까르네 반입이 허용되지 않는 경우가 발생할 수 있으므로 가급적 피하시는 것이 좋습니다.

대상물품
총괄목록 작성시 물품 총액을 기재합니다. 물품 총액을 기준으로 담보금액을 책정하므로 신청시 확정된 대상물품 총액을 결정하여 기재하여야 합니다.

수출예정일 / 재수입예정일
까르네 수출신고일(출국일) 및 재수입신고일(귀국일)을 기재합니다.

[총괄목록 (신청서 첨부용)]

총 괄 목 록

이면 총괄목록 작성상의 주의사항을 읽은 후에 기입하십시요.

Item No./ 품목번호	Trade desciption of goods and marks and numbers, if any/ 품명,규격 및 고유번호(필요시)			Number of Pieces 개 수	Weight or Volume/ 중량 또는 기타수량	Value/* 가격*	Country of origin/ 원산지	비 고
1	2			3	4	5	6	
1	ENG CAMERA	BVW-400A	S/N 20603	1		₩76 000,000	KR	
2	ZOOM LENS	A15 × 8	S/N 304277	1		₩4,800,000	KR	
3	TRIPOD	7-7	S/N p44454	1		₩6,600,000	DE	
4	BATTERY CHARGER	BC-L100	S/N 34253	1		₩1,200,000	JP	
5	BATTER	BP-L60A	S/N 34253	4		₩3,200,000	JP	
6	WIRELESS MIC SET					₩8,200,000	JP	
	- TRANSMITTER	WRT-28H	S/N 32088	1				
	- RECEIVER	WRT-28H	S/N 37624	1				
7	PIN MIC	COS-11	S/N 28374	1		₩300,000	JP	
8	HAND MIC	SN63L		1		₩300,000	JP	
9	BETA TAPE	BETA 30		10		₩600,000	JP	
10	DC, LIGHTING SET	CINE-60	S/N 86842	1		₩600,000	US	
	TOTAL NUMBER OF ITEMS : 10							
TOTAL or CARRIED OVER/ 합계 또는 누계				23		₩101,800,000 (KOREAN WON)		

총괄목록 작성상의 주의사항

1. 모든 문자 및 숫자는 영문과 아라비아숫자로 작성하되 반드시 타자(PC)하여야 합니다.
2. 대상물품은 1란부터 6란까지 기입한다.
3. 총괄목록의 3란 5란의 말미 합계란에는 숫자 및 영문으로 기입한다.
4. 각물품은 물품갯수마다 1개의 번호를 부여한다.

   단, 2개이상의 부분품(예비품 부속품 포함)이 한개의 물품을 형성할 경우에는 각부분의 성질 가격 중량등을 명시할 것을 조건으로 단일 품목번호를 부여할 수있다.
5. 가격은 원(₩)으로 표시한다.
6. 필요시 까르네의 발급심사를 위하여 가격에 관계되는 참고자료를 첨부한다.

사. ATA 까르네 기재 요령

※ 공통사항 : 모든 문자 및 숫자는 영문과 아라비아숫자로 작성하되 읽기 쉽고, 지울수 없도록 반드시 타자(PC)해야 한다.

A항 HOLDER AND ADDRESS / 명의인 및 주소

- 수출입물품의 화주 성명 및 주소, 국가명을 기재한다.

B항 REPRESENTED BY / 사용인

- 통관을 담당할 개인 또는 운송회사명을 기재하다. 단, 통관시 마다 사용인이 다를 경우를 대비하여 사용인 정보와 함께 "or Any duly authorized representatives"라고 기재한다.

C항 INTENDED USE OF GOODS / 물품의 용도

- 수출입물품의 이용용도를 아래 사항 중에서 선택한다.
- 물품용도가 전시회 및 박람회 참가용품일 경우에는 전시회 명칭, 장소, 전시기간도 함께 기재한다.
- 상품견본(Commercial Samples)
- 직업용구(Professional Equipments)
- 전시용품(Fairs/Exhibitions)

D항 Means of Transport / 운송수단

- 까르네 발급후에 수기로 기재할 수 있다. (by Sea or by Air)

E항 Packaging details / 포장명세

- 까르네 발급후에 수기로 기재할 수 있다. (One box 등)

F항 Temporary Exportation or Importation Declaration / 일시 수출입신고

- a란에는 일시 수출입 되는 물품의 총괄목록상의 품목번호를 기재한다.
- b란에는 a란에 기재한 물품의 사용 장소를 기재한다.

P항 일시수입국

- 일시수입국은 방문국가별로 순서대로 선택해야 한다.

[GENERAL LIST / 총괄목록]

- 대상물품 정보를 1란부터 6란까지 기재하다.
- 총괄목록의 3란 및 5란의 합계란에는 숫자 및 영문으로 기재하다.
- **1란** Item No / 품목번호
- 물품목록의 일련번호를 기재한다. (1, 2, 3 ~)
- 각 물품은 물품의 개수 마다 1개의 번호를 부여한다. 단, 2개 이상의 부분품이 한 개의 물품을 형성 할 경우에는 각 부분의 성질, 가격, 중량 등을 명시할 것을 조건으로 단일 품목번호를 부여할 수 있다.
- **2란** Trade description of goods and marks and numbers / 품목, 규격 및 고유번호
- 물품의 일반적인 명칭, 규격 및 고유번호를 기재한다.
- **3란** Number of Pieces / 개수
- 물품의 개수를 표기하고, 합계란에는 숫자와 함께 단위를 영문으로 기재한다.
- **4란** Weight or Volume / 중량 또는 기타 수량
- 물품의 중량 및 중량 단위를 영문으로 기재한다.
- **5란** Value / 가격
- 물품가격은 국내시장의 소매가격으로 기재하고 통화단위는 원화로 기재한다.

  ※ 까르네 발급심사를 위하여 발급기관이 가격에 관계되는 참고자료를 별도로 요청할 수도 있다.
- **6란** Country of Origin / 원산국
- 물품의 원산국을 ISO국별 코드로 기재한다.

[ATA 까르네 녹색 표지]

■ 전면

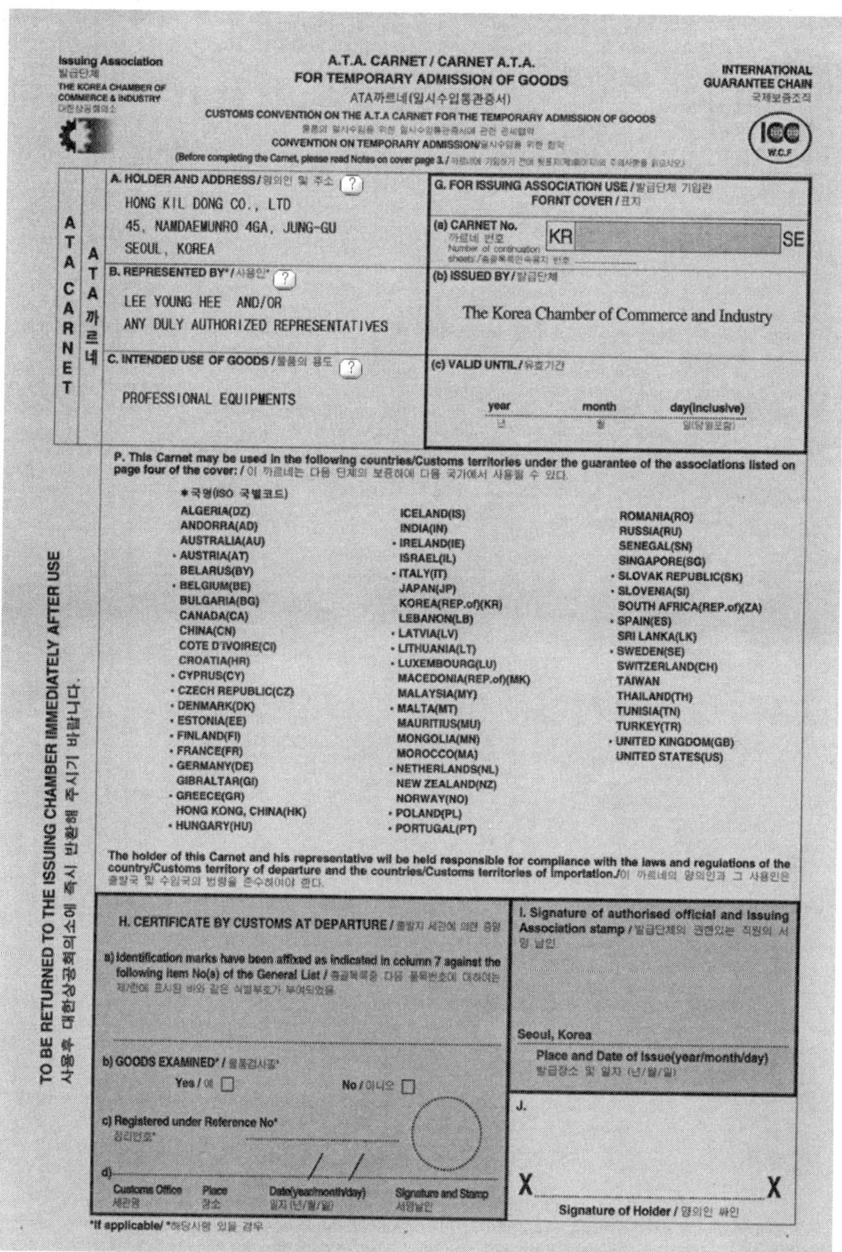

Issuing Association
발급단체
THE KOREA CHAMBER OF COMMERCE & INDUSTRY
대한상공회의소

A.T.A. CARNET / CARNET A.T.A.
FOR TEMPORARY ADMISSION OF GOODS
ATA까르네(일시수입통관증서)
CUSTOMS CONVENTION ON THE A.T.A CARNET FOR THE TEMPORARY ADMISSION OF GOODS
물품의 일시수입을 위한 일시수입통관증서에 관한 관세협약
CONVENTION ON TEMPORARY ADMISSION/일시수입을 위한 협약
(Before completing the Carnet, please read Notes on cover page 3./ 까르네에 기입하기 전에 표지3(계출)의 주의사항을 읽으시오)

INTERNATIONAL GUARANTEE CHAIN
국제보증조직
ICC W.C.F

ATA CARNET / ATA 까르네

A. HOLDER AND ADDRESS/명의인 및 주소 ?
HONG KIL DONG CO., LTD
45, NAMDAEMUNRO 4GA, JUNG-GU
SEOUL, KOREA

B. REPRESENTED BY*/사용인* ?
LEE YOUNG HEE AND/OR
ANY DULY AUTHORIZED REPRESENTATIVES

C. INTENDED USE OF GOODS/물품의 용도 ?
PROFESSIONAL EQUIPMENTS

G. FOR ISSUING ASSOCIATION USE/발급단체 기입란
FORNT COVER/표지

(a) CARNET No.
까르네 번호
Number of continuation sheets/속용목록의 용지 번호
KR SE

(b) ISSUED BY/발급단체
The Korea Chamber of Commerce and Industry

(c) VALID UNTIL/유효기간
year 년 month 월 day(inclusive) 일(당일포함)

P. This Carnet may be used in the following countries/Customs territories under the guarantee of the associations listed on page four of the cover:/이 까르네는 다음 단체의 보증하에 다음 국가에서 사용될 수 있다.

＊국명(ISO 국별코드)

ALGERIA(DZ)	ICELAND(IS)	ROMANIA(RO)
ANDORRA(AD)	INDIA(IN)	RUSSIA(RU)
AUSTRALIA(AU)	• IRELAND(IE)	SENEGAL(SN)
• AUSTRIA(AT)	ISRAEL(IL)	SINGAPORE(SG)
BELARUS(BY)	• ITALY(IT)	• SLOVAK REPUBLIC(SK)
• BELGIUM(BE)	JAPAN(JP)	• SLOVENIA(SI)
BULGARIA(BG)	KOREA(REP.of)(KR)	SOUTH AFRICA(REP.of)(ZA)
CANADA(CA)	LEBANON(LB)	• SPAIN(ES)
CHINA(CN)	• LATVIA(LV)	SRI LANKA(LK)
COTE D'IVOIRE(CI)	• LITHUANIA(LT)	• SWEDEN(SE)
CROATIA(HR)	• LUXEMBOURG(LU)	SWITZERLAND(CH)
• CYPRUS(CY)	MACEDONIA(REP.of)(MK)	TAIWAN
• CZECH REPUBLIC(CZ)	MALAYSIA(MY)	THAILAND(TH)
• DENMARK(DK)	• MALTA(MT)	TUNISIA(TN)
• ESTONIA(EE)	MAURITIUS(MU)	TURKEY(TR)
• FINLAND(FI)	MONGOLIA(MN)	• UNITED KINGDOM(GB)
• FRANCE(FR)	MOROCCO(MA)	UNITED STATES(US)
• GERMANY(DE)	• NETHERLANDS(NL)	
GIBRALTAR(GI)	NEW ZEALAND(NZ)	
• GREECE(GR)	NORWAY(NO)	
HONG KONG, CHINA(HK)	• POLAND(PL)	
• HUNGARY(HU)	• PORTUGAL(PT)	

The holder of this Carnet and his representative wil be held responsible for compliance with the laws and regulations of the country/Customs territory of departure and the countries/Customs territories of importation./이 까르네의 명의인과 그 사용인은 출발국 및 수입국의 법령을 준수하여야 한다.

TO BE RETURNED TO THE ISSUING CHAMBER IMMEDIATELY AFTER USE
사용後 대한상공회의소에 즉시 반환해 주시기 바랍니다.

H. CERTIFICATE BY CUSTOMS AT DEPARTURE/출발지 세관에 의한 증명

a) Identification marks have been affixed as indicated in column 7 against the following item No(s) of the General List/총괄목록중 다음 품목번호에 대하여는 제7란에 표시된 바와 같은 식별부호가 부여되었음

b) GOODS EXAMINED*/물품검사필*
Yes/예 ☐ No/아니오 ☐

c) Registered under Reference No*
정리번호*

d) / /
Customs Office 세관명 | Place 장소 | Date(year/month/day) 일자(년/월/일) | Signature and Stamp 서명날인

I. Signature of authorised official and Issuing Association stamp/발급단체의 권한있는 직원의 서명 날인

Seoul, Korea
Place and Date of Issue(year/month/day)
발급장소 및 일자 (년/월/일)

J.

X X
Signature of Holder/명의인 싸인

*If applicable/ *해당사항 있을 경우

■ 후면

A.T.A. CARNET — **GENERAL LIST / 총괄목록** — **A.T.A. 까르네**

Item No./ 품목번호	Trade description of goods and marks and numbers, if any/ 품명, 규격 및 고유번호(필요시)	Number of Pieces/ 개 수	Weight or Volume/ 중량 또는 기타수량	Value/* 가 격*	**Country of origin/ **원산국	For Customs Use/ 세관기재란 Identification marks/ 식별기호
1	2	3	4	5	6	7
1	ENG CAMERA BVW-400A S/N 20603	1		₩76,000,000	KR	
2	ZOOM LENS A15 × 8 S/N 304277	1		₩4,800,000	KR	
3	TRIPOO 7+7 S/N p44454	1		₩6,600,000	DE	
4	BATTERY CHARGER BC-L100 S/N 34253	1		₩1,200,000	JP	
5	BATTER BP-L60A S/N 34253	4		₩3,200,000	JP	
6	WIRELESS MIC SET			₩8,200,000	JP	
	- TRANSMITTER WRT-28H S/N 32088	1				
	- RECEIVER WRT-28H S/N 37624	1				
7	PIN MIC COS-11 S/N 28374	1		₩300,000	JP	
8	HAND MIC SN63L	1		₩300,000	JP	
9	BETA TAPE BETA 30	10		₩600,000	JP	
10	DC, LIGHTING SET CINE-60 S/N 86842	1		₩600,000	US	
	TOTAL NUMBER OF ITEMS : 10					
TOTAL or CARRIED OVER/ 합계 또는 누계						

*Commercial value in country/Customs territory of issue and in its currency, unless stated differently./ *반드시 원화로 물품가격 표기

**Show country of origin if different from country/Customs territory of issue of the Carnet, using ISO country codes./ **물품의 원산지는 ISO국별코드로 기재

[ATA 까르네 황색 수출 (재수입) 서류, 수출국 (국내) 세관 확인용]

■ 전면

A.T.A. CARNET / ATA까르네 CARNET No./ KR SE

FOR USE BY CUSTOMS OF COUNTRY/CUSTOMS TERRITORY OF TEMPORARY EXPORTATION

EXPORTATION 수출

1. The goods described in the General List under Item No(s). ... have been exported.
2. Final date for duty-free re-importation*/ year / month / day
3. Other remarks*/
4. Customs Office 5. Place 6. Date(year/month/day) 7. Signature and Stamp

Counterfoil No./

REIMPORTATION 재수입

1. The goods described in the General List under Item No(s). ... which were temporarily exported under cover of exportation voucher(s) No(s). ... of this Carnet have been re-imported.*
2. Other remarks*/
3. Customs Office 4. Place 5. Date(year/month/day) 7. Signature and Stamp

Counterfoil No./

EXPORTATION 수출

1. The goods described in the General List under Item No(s). ... have been exported.
2. Final date for duty-free re-importation*/ year / month / day
3. Other remarks*/
4. Customs Office 5. Place 6. Date(year/month/day) 7. Signature and Stamp

Counterfoil No./

REIMPORTATION 재수입

1. The goods described in the General List under Item No(s). ... which were temporarily exported under cover of exportation voucher(s) No(s). ... of this Carnet have been re-imported.*
2. Other remarks*/
3. Customs Office 4. Place 5. Date(year/month/day) 7. Signature and Stamp

Counterfoil No./

* If applicable /

DO NOT REMOVE FROM THE CARNET /

■ 후면

FOR USE BY CUSTOMS OF COUNTRY/CUSTOMS TERRITORY OF TEMPORARY EXPORTATION / 한국세관 사용란

A.T.A. CARNET / A.T.A까르네　　CARNET No./　KR　SE

EXPORTATION 수출

1. The goods described in the General List under Item No(s). ………… have been exported.
2. Final date for duty-free re-importation*/ year / month / day
3. Other remarks*/ 기타 사항* …………

Counterfoil No./

4. Customs Office	5. Place 장 소	6. Date(year/month/day)	7. Signature and Stamp

REIMPORTATION 재수입

1. The goods described in the General List under Item No(s). …………
which were temporarily exported under cover of exportation voucher(s)No(s). ………… of this Carnet have been re-imported.*
2. Other remarks*/ 기타 사항* …………

Counterfoil No./

3. Customs Office	4. Place 장 소	5. Date(year/month/day)	7. Signature and Stamp

---

EXPORTATION 수출

1. The goods described in the General List under Item No(s). ………… have been exported.
2. Final date for duty-free re-importation*/ year / month / day
3. Other remarks*/ 기타 사항* …………

Counterfoil No./

4. Customs Office	5. Place 장 소	6. Date(year/month/day)	7. Signature and Stamp

REIMPORTATION 재수입

1. The goods described in the General List under Item No(s). …………
which were temporarily exported under cover of exportation voucher(s)No(s). ………… of this Carnet have been re-imported.*
2. Other remarks*/ 기타 사항* …………

Counterfoil No./

3. Customs Office	4. Place 장 소	5. Date(year/month/day)	7. Signature and Stamp

* If applicable /

DO NOT REMOVE FROM THE CARNET / 동 용지는 절취불가

[ATA 까르네 백색 수입, 재수출 서류 (외국에서 입국/출국 전 사용)]

■ 전면

FOR USE BY CUSTOMS OF COUNTRY/CUSTOMS TERRITORY OF TEMPORARY IMPORTATION
상대국(까르네 사용국) 세관 사용란

A.T.A. CARNET / A.T.A.까르네　　CARNET No./ 까르네번호　KR　　SE

IMPORTATION 수입

1. The goods described in the General List under item No(s). ……… have been temporarily imported.
총괄목록의 품목번호 ……… 의 물품은 수입되었음.

2. Final date for re-exportation/production to the Customs of goods*/ 재수출 기한*　year 년 / month 월 / day 일　/　/

3. Registered under reference No.*/ 정리번호*

4. Other remarks*/ 기타 사항*

8.

Counterfoil No./ 수입증명 신고번호

5. Customs Office 세관명　6. Place 장소　7. Date(year/month/day) 일자(년/월/일)　Signature and Stamp 서명날인

REEXPORTATION 재수출

1. The goods described in the General List under item No(s). ……… which were temporarily imported under cover of importation voucher(s) No(s). ……… of this Carnet have been re-exported.*/
총괄목록의 품목번호 ……… 의 물품은 이 까르네의 수출증서번호 ……… 로 일시수입된 물품으로서 재수출되었음*

2. Action taken in respect of goods produced but not re-exported*
제시되었으나 재수출되지 않은 물품에 대한 조치*

3. Action taken in respect of goods not produced and not intended for later re-exportation*
제시되지 않고 추후 재수출되지 않을 물품에 대한 조치*

4. Registered under reference No.*/ 정리번호*

8.

Counterfoil No./ 재수출부 본신고번호

5. Customs Office 세관명　6. Place 장소　7. Date(year/month/day) 일자(년/월/일)　Signature and Stamp 서명날인

IMPORTATION 수입

1. The goods described in the General List under item No(s). ……… have been temporarily imported.
총괄목록의 품목번호 ……… 의 물품은 수입되었음.

2. Final date for re-exportation/production to the Customs of goods*/ 재수출 기한*　year 년 / month 월 / day 일　/　/

3. Registered under reference No.*/ 정리번호*

4. Other remarks*/ 기타 사항*

8.

Counterfoil No./ 수입증명 신고번호

5. Customs Office 세관명　6. Place 장소　7. Date(year/month/day) 일자(년/월/일)　Signature and Stamp 서명날인

REEXPORTATION 재수출

1. The goods described in the General List under item No(s). ……… which were temporarily imported under cover of importation voucher(s) No(s). ……… of this Carnet have been re-exported.*/
총괄목록의 품목번호 ……… 의 물품은 이 까르네의 수출증서번호 ……… 로 일시수입된 물품으로서 재수출되었음*

2. Action taken in respect of goods produced but not re-exported*
제시되었으나 재수출되지 않은 물품에 대한 조치*

3. Action taken in respect of goods not produced and not intended for later re-exportation*
제시되지 않고 추후 재수출되지 않을 물품에 대한 조치*

4. Registered under reference No.*/ 정리번호*

8.

Counterfoil No./ 재수출부 본신고번호

5. Customs Office 세관명　6. Place 장소　7. Date(year/month/day) 일자(년/월/일)　Signature and Stamp 서명날인

* If applicable / *해당사항 있을 경우

DO NOT REMOVE FROM THE CARNET / 동 용지는 절취불가

■ 후면

A.T.A. CARNET / ATA까르네 CARNET No./까르네번호 KR ____________ SE

FOR USE BY CUSTOMS OF COUNTRY/CUSTOMS TERRITORY OF TEMPORARY IMPORTATION
상대국(까르네 사용국) 세관 사용란

IMPORTATION 수입

1. The goods described in the General List under item No(s). .... have been temporarily imported.
총괄목록의 품목번호 .... 의 물품은 수입되었음.

2. Final date for re-exportation/production to the Customs of goods*/ 재수출 기한* year 년 / month 월 / day 일 / /

3. Registered under reference No.*/ 정리번호*

4. Other remarks*/ 기타 사항*

Counterfoil No./수입부분 신고번호

5. Customs Office 세관명 | 6. Place 장 소 | 7. Date(year/month/day) 일자(년/월/일) | 8. Signature and Stamp 서명날인

REEXPORTATION 재수출

1. The goods described in the General List under item No(s). .... 의 물품은
총괄목록의 품목번호
which were temporarily imported under cover of importation voucher(s) No(s). .... of this Carnet have been re-exported.*/
이 까르네의 수입증서번호 .... 로 일시수입된 물품으로서 재수출되었음*

2. Action taken in respect of goods produced but not re-exported*
제시되었으나 재수출되지 않은 물품에 대한 조치*

3. Action taken in respect of goods not produced and not intended for later re-exportation*
제시되지 않고 추후 재수출되지 않을 물품에 대한 조치*

4. Registered under reference No.*/ 정리번호*

Counterfoil No./재수출부분 신고번호

5. Customs Office 세관명 | 6. Place 장 소 | 7. Date(year/month/day) 일자(년/월/일) | 8. Signature and Stamp 서명날인

IMPORTATION 수입

1. The goods described in the General List under item No(s). .... have been temporarily imported.
총괄목록의 품목번호 .... 의 물품은 수입되었음.

2. Final date for re-exportation/production to the Customs of goods*/ 재수출 기한* year 년 / month 월 / day 일 / /

3. Registered under reference No.*/ 정리번호*

4. Other remarks*/ 기타 사항*

Counterfoil No./수입부분 신고번호

5. Customs Office 세관명 | 6. Place 장 소 | 7. Date(year/month/day) 일자(년/월/일) | 8. Signature and Stamp 서명날인

REEXPORTATION 재수출

1. The goods described in the General List under item No(s). .... 의 물품은
총괄목록의 품목번호
which were temporarily imported under cover of importation voucher(s) No(s). .... of this Carnet have been re-exported.*/
이 까르네의 수입증서번호 .... 로 일시수입된 물품으로서 재수출되었음*

2. Action taken in respect of goods produced but not re-exported*
제시되었으나 재수출되지 않은 물품에 대한 조치*

3. Action taken in respect of goods not produced and not intended for later re-exportation*
제시되지 않고 추후 재수출되지 않을 물품에 대한 조치*

4. Registered under reference No.*/ 정리번호*

Counterfoil No./재수출부분 신고번호

5. Customs Office 세관명 | 6. Place 장 소 | 7. Date(year/month/day) 일자(년/월/일) | 8. Signature and Stamp 서명날인

* If applicable / *해당사항 있을 경우

DO NOT REMOVE FROM THE CARNET / 동 용지는 절취불가

[ATA 까르네 황색 수출 세관 서류 (수출신고 시 수출 세관에서 보관용) ①]

■ 전면

A.T.A. CARNET

A.T.A. 까르네

EXPORTATION 수출

A. HOLDER AND ADDRESS / 명의인 및 주소

B. REPRESENTED BY*/ 사용인*

C. INTENDED USE OF GOODS / 물품의 용도

D. MEANS OF TRANSPORT*/ 운송수단*

E. PACKAGING DETAILS(Number, Kind, Marks etc.)/
포장명세(개수, 종류, 부호 등)*

F. TEMPORARY EXPORTATION DECLARATION
일시수출신고

I, duly authorised:/ 본인은 정당히 권한을 위임받아

a) declare that I am temporarily exporting the goods enumerated in the list overleaf and described in the General List under item No(s)./ 이면의 목록에 기재된 총괄목록의 다음 품목번호의 물품을 일시수출함을 신고하고

....

....

b) undertake to re-import the goods within the period stipulated by the Customs Office or regularize their status in accordance with the laws and regulations of the country/Costoms territory of importation./ 수입국의 법령에 따라 세관이 정한 기한내에 물품을 재수입할 것을 서약하며

c) confirm that the information given is true and complete./ 상기 내용이 진실하고 완전한 것임을 확인합니다.

FOR ISSUING ASSOCIATION USE/ 발급단체 기입란

G. EXPORTATION VOUCHER No
수출증서신고번호 ....

a) CARNET No.
ATA 까르네번호 KR SE

b) ISSUED BY / 발급단체

The Korea Chamber of Commerce and Industry

c) VALID UNTIL / 유효기간

year	month	day(inclusive)
년	월	일(당일포함)

FOR CUSTOMS USE ONLY / 세관 기입란

H. CLEARANCE ON EXPORTATION / 수출통관

a) The goods referred to in the above declaration have been exported./ 상기 신고물품은 수출되었음

b) Final date for duty-free re-importation/
재수입면세유효기간

/ /

Year	month	day
년	월	일

c) This voucher must be forwarded to the CustomsOffice at*:/
이 증서는

....다음 세관에 송부되어야 함*

d) Other remarks:*/ 기타사항*

At ....
Customs Office / 세관명

/ /
Date(year/month/day)
일자(년/월/일)

Signature and Stamp
서명날인

Place .... Date(year/month/day) ...... / / ......
장소 일자(년/월/일)

Name ....
성명

Signature X X
서명

* If applicable / *해당사항 있을 경우

■ 후면

A.T.A. CARNET **GENERAL LIST / 총괄목록** **A.T.A. 까르네**

Item No./ 품목번호	Trade description of goods and marks and numbers, if any/ 품명, 규격 및 고유번호(필요시)	Number of Pieces/ 개 수	Weight or Volume/ 중량 또는 기타수량	Value/* 가 격*	**Country of origin/ **원산국	For Customs Use/ 세관기입란 Identification marks/ 식별기호
1	2	3	4	5	6	7
TOTAL or CARRIED OVER/ 합계 또는 누계						

*Commercial value in country/Customs territory of issue and in its currency, unless stated differently./ *반드시 원화로 물품가격 표기

**Show country of origin if different from country/Customs territory of issue of the Carnet, using ISO country codes./ **물품의 원산지는 ISO국별코드로 기재

[ATA 까르네 백색 수입 세관 서류 (수입신고 시 수입 세관에서 보관용) ②]

■ 전면

A.T.A. CARNET A.T.A. 까르네

IMPORTATION 수입

A. HOLDER AND ADDRESS / 명의인 및 주소

B. REPRESENTED BY*/ 사용인*

C. INTENDED USE OF GOODS / 물품의 용도

D. MEANS OF TRANSPORT*/ 운송수단*

E. PACKAGING DETAILS(Number, Kind, Marks etc.)/
포장명세(개수, 종류, 부호 등)*

F. TEMPORARY IMPORTATION DECLARATION
일시수출신고

I, duly authorised:/ 본인은 정당히 권한을 위임받아

a) declare that I am temporarily importing in compliacne with the conditions laid down in the laws and regulations of the country/Customs territory of importation, the goods enumerated in the list overleaf and described in the General List under item No(s)./ 수입국의 법령에 규정된 조건에 따라 이면의 목록에 기재된 총괄목록의 다음 품목번호의 물품을 일시 수입함을 신고하고.

b) declare that the said goods are intended for use at/
상기 물품의 사용장소는 다음과 같음을 신고하고

c) undertake to comply with these laws and regulations and to re-export the said goods with in the period stipulated by the Customs Office or regularize their status in accordance with the laws and regulations of the country/Customs territory of importation./ 수입국의 법령을 준수할 것과 동 법령에 따라 세관이 정한 기한내에 상기 물품을 재수출할 것을 서약하며

d) confirm that the information given is true and complete./
상기 내용이 진실하고 완전한 것임을 확인합니다.

FOR ISSUING ASSOCIATION USE / 발급단체 기입란

G. IMPORTATION VOUCHER No.
수입증서신고번호

a) CARNET No.
ATA 까르네번호 KR SE

b) ISSUED BY / 발급단체

The Korea Chamber of Commerce and Industry

c) VALID UNTIL / 유효기간

year / month / day(inclusive)
년 / 월 / 일(당일포함)

FOR CUSTOMS USE ONLY / 세관 기입란

H. CLEARANCE ON IMPORTATION / 수입통관

a) The goods referred to in the above declaration have been temporarily imported./상기 신고물품은 일시수입되었음.

b) Final date for re-exportation/production to the Customs*:/
재수출 기한*

/ /

Year / month / day
년 / 월 / 일

c) Registered under reference No*:/
정리번호*

d) Other remarks:*/ 기타사항*

At
Customs Office / 세관명

/ /
Date(year/month/day)
일자(년/월/일)

Signature and Stamp
서명날인

Place ....
장소

Date(year/month/day) ..../......./.......
일자(년/월/일)

Name ....
성명

SignatureX X
서명

* If applicable / *해당사항 있을 경우

■ 후면

A.T.A. CARNET **GENERAL LIST / 총괄목록** **A.T.A. 까르네**

Item No./ 품목번호	Trade description of goods and marks and numbers, if any/ 품명, 규격 및 고유번호(필요시)	Number of Pieces/ 개 수	Weight or Volume/ 중량 또는 기타수량	Value/* 가 격*	**Country of origin/ **원산국	For Customs Use/ 세관기입란 Identification marks/ 식별기호
1	2	3	4	5	6	7
TOTAL or CARRIED OVER/ 합계 또는 누계						

*Commercial value in country/Customs territory of issue and in its currency, unless stated differently./ *반드시 원화로 물품가격 표기

**Show country of origin if different from country/Customs territory of issue of the Carnet, using ISO country codes./ **물품의 원산지는 ISO국별코드로 기재

[ATA 까르네 백색 재수출 세관 서류 (재수출신고 시 재수출 세관에서 보관용) ③]

■ 전면

A.T.A. CARNET — A.T.A. 까르네

REEXPORTATION / 재수출

A. HOLDER AND ADDRESS / 명의인 및 주소

B. REPRESENTED BY*/ 사용인*

C. INTENDED USE OF GOODS / 물품의 용도

D. MEANS OF TRANSPORT*/ 운송수단*

E. PACKAGING DETAILS(Number, Kind, Marks etc.)*/ 포장명세(개수, 종류, 부호 등)*

F. RE-EXPORTATION DECLARATION / 재수출신고

I, duly authorised:/ 본인은 정당히 권한을 위임받아

*a) declare that I am re-exporting the goods enumerated in the list overleaf and described in the General List under Item No(s)./ 이면의 목록에 기재되어 있는 총괄목록의 다음 품목번호

which were temporarily imported under cover of importation voucher(s) No(s)./ 의 물품이 이 까르네의 다음 수입증서신고번호

of this Carnet/ 에 의거 일시수입된 것을 재수출함을 신고하고.

*b) declare that goods produced against the following item No(s)./ are not intended for re-exportation:/ 다음 품목번호의 물품이 제시되었으나 재수출되지 않을 것임을 신고하고.

*c) declare that goods of the following item No(s). not produced, are not intended for later re-exportation:/ 다음 품목번호의 물품이 제시되지 않고 추후 재수출되지 않을 것임을 신고하고.

*d) in support of this declaration present the following documents:/ 본 신고와 관련하여 다음 서류를 제출하며

e) confirm that the information given is true and complete./ 상기 내용이 진실하고 완전한 것임을 확인합니다.

FOR ISSUING ASSOCIATION USE / 발급단체 기입란

G. RE-EXPORTATION VOUCHER No. 재수출증서신고번호

a) CARNET No. A.T.A 까르네번호 KR SE

b) ISSUED BY / 발급단체

The Korea Chamber of Commerce and Industry

c) VALID UNTIL / 유효기간

year 년 month 월 day(inclusive) 일(당일포함)

FOR CUSTOMS USE ONLY / 세관 기입란

H. CLEARANCE ON RE-EXPORTATION / 재수출 통관

a) The goods referred to in paragraph F. a) of the holder's declarated have been re-exported*/ 명의인의 신고 F란 a)항의 물품은 재수출되었음*

b) Action taken in respect of goods produced but not re-exported*/제시되지 않고 추후 재수출되지 않을 물품에 대한 조치*

c) Action taken in respect of goods NOT produced and NOT intended for later re-exportation*/ 제시되지 않고 추후 재수출되지 않을 물품에 대한 조치*

d) Registered under reference No.*/ 정리번호*

e) This voucher must be forwarded to Customs Office at*:/ 본 증서는 ... 다음 세관에 송부되어야 함.*

f) Other remarks:*/ 기타사항*

At ...
Customs Office / 세관명

Date(year/month/day) 일자(년/월/일) / /

Signature and Stamp 서명날인

Place 장소 ... Date(year/month/day) 일자(년/월/일) ... / /

Name 성명

SignatureX 서명 ... X

* If applicable / *해당사항 있을 경우

■ 후면

A.T.A. CARNET　　GENERAL LIST / 총괄목록　　A.T.A. 까르네

Item No./ 품목번호	Trade description of goods and marks and numbers, if any/ 품명, 규격 및 고유번호(필요시)	Number of Pieces/ 개 수	Weight or Volume/ 중량 또는 기타수량	Value/* 가 격*	**Country of origin/ **원산국	For Customs Use/ 세관기입란 Identification marks/ 식별기호
1	2	3	4	5	6	7
	TOTAL or CARRIED OVER/ 합계 또는 누계					

*Commercial value in country/Customs territory of issue and in its currency, unless stated differently./ *반드시 원화로 물품가격 표기
**Show country of origin if different from country/Customs territory of issue of the Carnet, using ISO country codes./ **물품의 원산지는 ISO국별코드로 기재

[ATA 까르네 황색 재수입 세관 서류 (재수입신고 시 재수입 세관에서 보관용) ④]

■ 전면

A.T.A. CARNET

A.T.A. 까르네

REIMPORTATION 재수입

A. HOLDER AND ADDRESS / 명의인 및 주소

B. REPRESENTED BY*/ 사용인*

C. INTENDED USE OF GOODS / 물품의 용도

D. MEANS OF TRANSPORT*/ 운송수단*

E. PACKAGING DETAILS(Number, Kind, Marks etc.)*/
포장명세(개수, 종류, 부호 등)*

F. RE-IMPORTATION DECLARATION/ 재수입신고

I, duly authorised:/ 본인은 정당히 권한을 위임받아

a) **declare that the goods enumerated in the list overleaf and described in the General List under Item No(s)./**
이면의 목록에 기재되어 있는 총괄목록의 다음 품목번호

....

were temporarily expored under cover of exportation voucher(s) No(s)./의 물품이 이 까르네의 다음 수출증서신고번호에 의하여 일시 수출되었던 것을 재수입됨을 신고하고

....

request duty-free re-importation of the said goods./
a) 상기 물품의 면세재수입을 요청하며

b) **declare that the said goods have NOT undergone any process abroad, except for those described under No(s).:*/**이면 목록의 다음 품목번호의 물품을 제외한 상기 물품이 외국에서 하등 가공되지 않았음을 신고하고*

....

c) **declare that goods of the following item No(s). have not been re-imported*:/**
다음 품목번호의 물품은 재수입되지 않았음을 신고하며*

....

d) **confirm that the information given is true and complete./**
상기 내용이 진실하고 완전한 것임을 확인합니다

Place .... **Date(year/month/day)** ...... / ...... / ......
장소 일자(년/월/일)

Name ....
성명

Signature X .... **X**
서명

* If applicable / *해당사항 있을 경우

FOR ISSUING ASSOCIATION USE/ 발급단체 기입란

G. RE-IMPORTATION VOUCHER No.
수출증서신고번호 ....

a) CARNET No. KR [ ] SE
A.T.A 까르네번호

b) ISSUED BY / 발급단체

The Korea Chamber of Commerce and Industry

c) VALID UNTIL/ 유효기간

year 년 **month** 월 **day(inclusive)** 일(당일포함)

FOR CUSTOMS USE ONLY / 세관 기입란

H. CLEARANCE ON RE-IMPORTATION / 재수입 통관

a) **The goods referred to in paragraph F. a) and b) of the holder's declarated have been re-imported/**
명의인의 신고 F란 a)항과 b)항의 물품은 재수입되었음

b) **This voucher must be forwarded to the Customs Office at*:/**
이 증서는
.... 다음 세관에 송부되어야 함*

c) **Other remarks:*/** 기타사항*

At ....
Customs Office / 세관명

...... / ...... / ......
Date(year/month/day)
일자(년/월/일)

....
Signature and Stamp
서명날인

■ 후면

A.T.A. CARNET **GENERAL LIST / 총괄목록** **A.T.A. 까르네**

Item No./ 품목번호	Trade description of goods and marks and numbers, if any/ 품명, 규격 및 고유번호(필요시)	Number of Pieces/ 개 수	Weight or Volume/ 중량 또는 기타수량	Value/* 가 격*	**Country of origin/ **원산국	For Customs Use/ 세관기입란 Identification marks/ 식별기호
1	2	3	4	5	6	7
TOTAL or CARRIED OVER/ 합계 또는 누계						

*Commercial value in country/Customs territory of issue and in its currency, unless stated differently./ *반드시 원화로 물품가격 표기

**Show country of origin if different from country/Customs territory of issue of the Carnet, using ISO country codes./ **물품의 원산지는 ISO국별코드로 기재

[ATA 까르네 녹색 마감 용지]

■ 전면

NOTES ON THE USE OF A.T.A CARNET

1. All goods covered by the Carnet shall be entered in columns 1 to 6 of the General List. If the space provided for the General List on the reverse of the front cover is insufficient, continuation sheets shall be used.
2. In order to close the General List, the totals of columns 3 and 5 shall be entered at the end of the list in figures and in writing. If the General List (continuation sheets) consists of several pages, the number of continuation sheets used shall be stated in figures and in writing in Box G of the front cover.
3. Each item shall be given an item number which shall be entered in column 1. Goods comprising several separate parts (including spare parts and accessorise), may be given a single item number. If so, the nature, the value and, if necessary, the weight of each separate part shall be entered in column 2 and only the total weight and value should appear in columns 4 and 5.
4. When making out the lists on the vouchers, the same item numbers shall be used as on the General List.
5. To facilitate Customs control, it is recommended that the goods (including separate parts thereof) be clearly marked with the corresponding item number.
6. Items answering to the same description may be grouped, provided that each item so grouped is given a separate item number. If the items grouped are not of the same value, or weight, their respective values, and, if necessary, weights shall be specified in column 2.
7. If the goods are for exhibition, the importer is advised in his own interest to enter in Box C of the importation voucher the name and address of the exhibition and of its organiser.
8. The Carnet shall be completed legible and using permanent ink.
9. All goods covered by the the Carnet should be examined and registered in the country/Customs territory of departure and, for this purpose should be presented together with the Carnet to the Customs there, except in cases where the Customs regulations of that country/Customs territory do not provide for such examination.
10. If the Carnet has been completed in a language other than that of the country/Customs territory of importation, the Customs may require a translation.
11. Expired Carnets and Carnets which the holder does not intend to use again shall be returned by him to the issuing association.
12. Arabic numerals shall be used throughout.
13. In accordance with ISO Strandard 8601, dates must be entered in the following order:year/month/day.
14. When blue transit sheets are used, the holder is required to present the Carnet to the Customs office placing the goods in the transit and subsequently, within the time limit prescribed for transit, to the specified Custom "office of destination". Customs must stamp and sign the transit vouchers and counterfoils appropriately at each stage.

A.T.A까르네의 사용상 유의사항

1. 까르네가 대상으로 하는 모든 물품은 총괄목록의 제1란에서 제6란까지에 기재되어야 한다. 만약 표지이면의 총괄목록의 기입란이 부족한 경우에는 소정양식과 동일한 계속용지가 사용되어야 한다.
2. 총괄목록을 마감하기 위하여 제3란과 제5란의 합계는 목록의 말미에 숫자 및 문자로 기재되어야 한다. 만약 총괄목록이 여러 페이지로 되어있는 경우, 사용된 계속 용지의 수는 앞표지이면 목록의 말미에 숫자 및 문자로 기입되어야 한다.
3. 각 품목은 하나의 품목번호를 가지고 이를 제1란에 기입하여야 한다. 수개의 부품(예비부품 및 부속품 포함)으로 구성된 물품은 단일 품목번호를 부여할 수 있다. 이러한 경우에는 개별부품의 품명 및 가격과 필요하다면 중량도 제2란에 기입되어야 하고 제4란과 제5란에는 중량, 가격 및 총계만 표시되어야 한다.
4. 증서의 목록을 작성할 때에는 총괄목록의 품목번호와 동일한 품목번호가 사용되어야 한다.
5. 세관의 통제를 용이하게 하기 위하여 물품(부품 포함)은 그에 대응하는 품목번호로 명확히 표기될 것이 요망된다.
6. 동일 품명을 갖는 품목은 각 품목에 개별품목번호를 부여하는 것을 조건으로 하여 1조로 할 수 있다. 만약 1조로 된 품목의 가격또는 중량이 동일하지 않은 경우에는 각각의 가격과 필요하다면 중량이 제2란에 명기되어야 한다.
7. 물품이 전시용인 경우 수입자는 수입증서의 C항에 동 전시회 및 주최자의 명칭과 주소를 기입하여야 한다.
8. 까르네는 읽기쉽고 지울 수 없도록 기입되어야 한다.
9. 까르네에 기재된 모든 물품은 출발국에서 검사하고 등록되어야 하며 이를 위해 출발국의 세관당국에 까르네와 함께 제출되어야 한다. 단, 출발국의 관세법규가 동 검사를 규정하고 있지 않는 경우는 예외로 한다.
10. 까르네가 수입국의 언어 이외의 언어로 기재되어 있는 경우 세관당국은 번역을 요구할 수 있다.
11. 유효기간이 만료된 까르네와 명의인이 재사용할 의도가 없는 까르네는 발급단체에 반납되어야 한다.
12. 숫자는 반드시 아라비아 숫자로 표시되어야 한다.
13. ISO(국제표준기구)표준 8601호에 따라, 일자는 년/월/일 순으로 기재되어야 한다.
14. 청색 보세운송용지 사용시 명의인은 보세운송물품 입지세관에 까르네를 제시해야 하며 보세운송의 지정된 기한내에 목적지세관에 재차 제시해야 한다. 세관에서는 각 단계에서 적절히 보세운송증서와 부본에 서명하고 날인해야 한다.

국제상업회의소
세계상공회의소연맹

■ 후면

Guaranteeing Associations members of WCF/A.T.A. International Guarantee Chain

세계상공회의소연맹/국제보증조직

ALGERIA(DZ)	Chambre Nationale de Commerce, Alger.
ANDORRA(AD)	Chambre de Commerce, d'Industrie et des services d'Andorre, Andorra la Vella.
AUSTRALIA(AU)	Victorian Employers' Chamber of Commerce and Industry, Melbourne.
• AUSTRIA(AT)	Wirtschaftskammer Österreich, Wien.
BELARUS(BY)	Belarusian Chamber of Commerce and Industry, Minsk.
• BELGIUM(BE)	Fédération Nationale des Chammbres de Commerce et d'Industrie de Belgique, Bruxelles.
BULGARIA(BG)	The Bulgarian Chamber of Commerce and Industry, Sofia.
CANADA(CA)	The Canadian Chamber of Commerce, Ottawa.
CHINA(CN)	China Chamber of International Commerce, Beijing.
COTE D'IVOIRE(CI)	Chambre de Commerce et d'Industrie de Côte, d'Ivoire, Abidjan.
CROATIA(HR)	Croatian Chamber of Economy, Zagreb.
• CYPRUS(CY)	Cyprus Chamber of Commerce & Industry, Nicosia.
• CZECH REPUBLIC(CZ)	Hospodarska Komora Ceské Republiky, Praha.
• DENMARK(DK)	Danish Chamber of Commerce, Copenhagen.
• ESTONIA(EE)	Estonian Chamber of Commerce and Industry, Tallinn.
• FINLAND(FI)	The Central Chamber of Commerce of Finland, Helsinki.
• FRANCE(FR)	Chambre de Commerce et d'Industrie de Paris, Paris.
• GERMANY(DE)	Deutscher Industrie-und Handelskammertag, Berlin.
GIBRALTAR(GI)	Gibraltar Chamber of Commerce, Gibraltar.
• GREECE(GR)	Athens Chamber of Commerce and Industry, Athens.
HONG KONG, CHINA(HK)	The Hong Kong General Chamber of Commerce, Hong Kong.
• HUNGARY(HU)	Magyar Kereskedelmi és Iparkamara, Budapest.
ICELAND(IS)	Iceland Chamber of Commerce, Reykjavik.
INDIA(IN)	Federation of Indian Chambers of Commerce and Industry, New Delhi.
• IRELAND(IE)	Dublin Chamber of Commerce, Dublin.
ISRAEL(IL)	Federation of Israel Chambers of Commerce, Tel-Aviv.
• ITALY(IT)	Unione Italiana delle Camere di Commercio, Industria e Agricoltura, Rome.
JAPAN(JP)	The Japan Chamber of Commerce and Industry, Tokyo. (Consignee: The Japan Commercial Arbitration Association)
KOREA(REP.of)(KR)	Korea Chamber of Commerce & Industry, Seoul.
LEBANON(LB)	Beirut Chamber of Commerce and Industry, Beirut.
• LATVIA(LV)	Latvian Chamber of Commerce and Industry, Riga.
• LITHUANIA(LT)	Association of Lithuanian Chamber of Commerce and Industry and Crafts, Vilnius.
• LUXEMBOURG(LU)	Fédération Nationale des Chamber de Commerce et d'Industrie de Belgique, Bruxelles.
MACEDONIA (REP.of)(MK)	Economic Chamber of Madedonia, Skopje.
MALAYSIA(MY)	The Malaysian International Chamber of Commerce and Industry, Kuala Lumpur.
• MALTA(MT)	The Malta Chamer of Commerce, Valletta.
MAURITIUS(MU)	The Mauritius Chamber of Commerce and Industry, Port Louis.
MONGOLIA(MN)	Mongolian National Chamber of Commerce and Industry, Ulaanbaatar.
MOROCCO(MA)	Chambre de Commerce, d'Industrie et des Services de la Wilaya du Grand Casablanca, Casablanca.
• NETHERLANDS(NL)	Kamer van Koophandel en Fabrieken voor Amsterdam, Amsterdam.
NEW ZEALAND(NZ)	Wellington Regional Chamber of Commerce, Wellington.
NORWAY(NO)	Oslo Chamber of Commerce, Oslo.
• POLAND(PL)	Polish Chamber of Foreign Trade, Warsaw.
• PORTUGAL(PT)	Camora de Comercio e Industria Portuguesa, Lisboa.
ROMANIA(RO)	Chamber of Commerce and Industry of Romania, Bucarest.
RUSSIA(RU)	Chamber of Commerce and Industry of the Russian Federation, Moscow.
SENEGAL(SN)	Chambre de Commerce et d'Industrie de la Région de Dakar, Dakar.
SINGAPORE(SG)	Singapore International Chamber of Commerce, Singapore.
• SLOVAK REPUBLIC(SK)	Slovenská obchodaná a priemyselná komora, Bratislava.
• SLOVENIA(SI)	Gospodarska Zbornica Slovenije, Ljubljana.
SOUTH AFRICA (REP.of)(ZA)	South African Chamber of Business, Saxonwold.
• SPAIN(ES)	Consejo Superior de las Cámaras Oficiales de Comercio, Industria y Navegación de Espana, Madrid.
SRI LANKA(LK)	ICC Sri Lanka, Colombo.
• SWEDEN(SE)	The stockholm Chamber of Commerce, Stockholm.
SWITZERLAND(CH)	Alliance des Chambres de Commerce Suisses, Genève.
TAIWAN	China External Trade Development Council, Taipei.
THAILAND(TH)	Board of Trade of Thailand, Bangkok.
TUNISIA(TN)	Chambre de Commerce et d'Industrie de Tunis, Tunis.
TURKEY(TR)	Union of Chambers of Commerce, Industry, Maritime Commerce and Commodity Exchanges of Turkey, Ankara.
• UNITED KINGDOM(GB)	London Chambers of Commerce & Industry, London.
UNITED STATES(US)	United States Council for International Business, New York.

Box reserved for use by the issuing Chamber of Commerce
발급상공회의소

As a user of this A.T.A. Carnet, you are entitled to the assistance of your A.T.A. contact person at the Chamber of Commerce and Industry of :
ATA 까르네 사용자는 필요시 대한상의에 연락하시기 바랍니다.

Mr/Mrs: 성명 — **Jun Lee / Mr.**

THE KOREA CHAMBER OF COMMERCE & INDUSTRY

Address: 주소 — **1st Fl, of City Tower Bldg, 581, Namdaemunro 5ga, Jung-gu, Seoul, 100-741, Korea**

Tel (전화번호): **TEL : (82-2)753-7156**
Fax(팩스번호): **FAX : (82-2)779-8889**
E-mail(이메일): **E-mail : ata@korcham.net**

TO WHOM YOU MUST RETURN THIS CARNET AFTER USE
사용후 대한상의에 즉시 반환해 주시기 바랍니다.

아. ATA 까르네 사용 방법

(1) 한국에서의 출국 전 유의사항

- 발급받은 ATA Carnet 서류의 이상 유무를 확인한다.
- ATA Carnet표지(녹색용지)의 우측하단에 "명의인 싸인"이 되어 있는지를 확인한다.
- 공항에 일찍 도착하여 세관에서 반출물품과 함께 수출신고용 황색 용지로 수출신고를 하고 ATA Carnet표지(녹색용지)의 좌측하단의 "세관에 의한 증명"란에 세관의 확인을 받아야 ATA Carnet 서류가 유효하다.

(2) 외국에 입국 전 유의사항

- 백색 수입 세관서류의 F항(일시수입신고)의 a) 란에 일시 수입되는 물품의 총괄목록상의 품목번호를 기재한다.
- ATA Carnet서류의 총괄목록상의 품목중 일시 수입되지 않는 품목이 있을 경우에는 해당품목에 횡선을 그어 삭제한다.
- 백색수입 재수출서류에 세관에서 기재한 사항(일시 수입된 물품의 품목번호, 수입일자, 세관의 스탬프 등)을 확인하고, 백색수입세관서류 우측 하단부에 서명한다.
- 세관에서는 사용인이 서명한 수입 Voucher를 보관한다.

(3) 외국에서의 출국 전 유의사항

- 백색 재수출 세관서류 수출 Voucher의 F항(재수출신고) a)란에 재수출되는 물품의 총괄목록상의 품목 번호를 기재한다.
- 공항에 일찍 도착하여 세관을 찾아 재수출신고를 하여야 하며 세관이 문을 여는 시간이 아닐 경우에는 사전에 세관에 전화를 하여 재수출신고 방법을 문의하여 출국수속을 하여야 한다.
- Voucher에 서명하기 전에 수입 시와 마찬가지로 세관에서 기재한

사항(재수출된 물품의 품목번호, 재수출일자, 세관의 스탬프 등)을 확인하고 서명한다.

- 세관에서 사용인이 서명한 재수출 Voucher를 보관토록 세관원에게 주의를 환기 시킨다.
- 입국 시 세관이 지정한 재수출일은, ATA증서의 유효기간이 유효할 지라도 까르네 소지인은 반드시 재수출일 이전에 반출 하여야 한다.

(4) 한국으로의 입국 전 유의사항

- 황색 재수입용지에 세관의 재수입 물품 확인을 반드시 받아야 한다.
- 이는 불가피한 사유로 재수출신고를 필하지 못하였을 경우 우리나라 세관의 재수입 확인이 방문국에서의 재수출을 입증 할 수 있는 최후의 방법이기 때문이다.

(5) 까르네 사후관리

- ATA Carnet는 사용(물품의 재수입)후 즉시 발급기관에 반납하여야 한다. 이는 사용내역의 검토를 통하여 하자가 있을 경우에는 발급기관의 관계자와 사전 대책을 수립하여 조치함으로써 사용자의 불이익을 최소화할 수 있기 때문이다.
- 또한 사용상의 하자가 없을 경우에는 발급 시 가입한 이행(지급)보증보험을 해지하여 보험의 잔여기간에 대한 보험료를 보험회사에서 환불받는 등 금전상의 이득도 거둘 수 있다.
- 보증보험을 해지 시 발급기관의 확인을 받은 후 보험료 환급청구서를 작성하여 반환금 입금계좌의 통장사본을 첨부하여 보증보험회사에 제출한다.

(6) 클레임의 발생을 예방하자

- 클레임은 외국세관에서 ATA Carnet의 사용방법을 준수하지 않았다고 판단할 경우 관세 및 제세의 환수를 목적으로 제기 되는 것

이다. 예를 들면 ATA Carnet의 유효기간 또는 입국 시 세관에서 정한 재수출 기간내에 재수출이 이루어지지 않았을 경우에 발생한다.

- ATA Carnet로 재수출신고를 하지 않고 물품을 반출하였을 경우에는 당연히 클레임이 제기되므로 재수출신고를 반드시 하여야 한다.
- 또한 총괄목록상의 물품에 관해 부정확하게 기재하였을 경우에도 클레임이 발생되므로 정확하게 기재하여야 한다.
- 세관신고를 필할 수 있도록 공항에 일찍 가고 또 세관에 신고를 할 수 있는지 사전에 전화로 확인하는 것은 명의인의 의무이다.
- 분실, 도난 시 관련기관에 신고하였을 경우에도 클레임이 제기되니 각별한 주의가 요구된다.

(7) 관련법규

- ATA 까르네에 의한 일시 수출입통관에 관한 고시 (관세청 고시)

참고사항 3 ATA 까르네 관련 질의 응답[17]

1. ATA 까르네를 이용해서 통관을 하고자 합니다. 어떻게 해야 하는지 구체적으로 알려주세요.

답변 a. 우리세관에서의 수출 통관

① 상공회의소로부터 발급 받은 ATA 까르네 증서와 물품을 출국세관에 신고합니다. 예를 들어 인천공항의 경우, 출국장의 세관을 방문해 ATA 까르네 표지(녹색)의 하단 (세관에 의한 증명란)에 우리세관의 확인을 받습니다.

② 뒷장 수출양식(황색)에 수출확인을 받은 후 출국수속을 받아야 합니다.

※ 운송사가 물품을 운송할 경우 ATA 까르네 표지(녹색)와 수출, 재수입증서(황색)의 명의인 서명란에 ATA 까르네 발급신청기업의 명판 및 사용인감을 미리 찍어서 통관을 진행하면 더욱 원활하게 통관을 할 수 있다.

---

17) 대한상공회의소 홈페이지 F&Q에서 발췌

b. 일시수입국 세관에서의 수입 및 재수출 통관

① 상대국에 물품이 수입될 때에는 수입양식(백색)에 수입신고를 합니다.

② 방문국에서 다시 출국할 때에도 상대국 출국장의 세관을 방문해 반드시 재수출 양식(백색)에 신고를 이행해야 합니다.

※ 수입 신고와 재수출 신고가 일치하지 않을 경우 클레임이 제기되어 상당한 불이익을 받을 수도 있으니 유의하시기 바랍니다.

c. 우리세관의 재수입 통관

최종적으로 우리나라에 물품이 재수입될 때 정확하게 재수입 신고절차를 행해야 합니다. 이때 우리 세관은 재수입 신고 ATA 까르네 서류에 재수입된 물품이 정확하게 기재되었는지 확인합니다.

2. ATA 까르네를 발급받았습니다. 그런데 갑작스럽게 가지고 갈 물품이 변경되었습니다. 어떻게 해야 하나요?

답변 원래 예정했던 물품이 축소되었거나 늘어났을 경우에는 기 발급받은 ATA 까르네를 상공회의소에 반납하고 신규로 ATA 까르네를 발급받아야 합니다. 이 경우 기 발급된 ATA 까르네에 대한 수수료는 반납되지 않으며 보증보험은 해지가 가능합니다.

물품의 변경이 발생할 경우에는 반드시 상공회의소 ATA 까르네 담당자와 상담한 후 조치를 해야 합니다.

3. 지방에 소재한 기업인데 ATA 까르네를 발급받고자 합니다. 어디로 가면 되나요?

답변 ATA 까르네 업무는 서울, 부산, 대구, 안양의 4개 상공회의소에서만 하고 있습니다. 이 중 가까운 상공회의소에서 서명등록을 하고 ATA 까르네를 신청하면 됩니다.

4. 사용한 ATA 까르네를 상공회의소에 반납하지 않으면 어떻게 되나요?

답변 사용한 ATA 까르네는 물품의 반입, 반출 여부를 확인할 수 있는 증빙서류로서 ATA 까르네 유효기간이 지난 후 일시수입국으로부터 부당한 클레임이 제기된 경우 상공회의소가 제시할 수 있는 서류입니다.

ATA 까르네를 반납하지 않으면 물품의 반입, 반출 여부를 상공회의소가 확인할 수 없으므로 보증보험을 해지하여 보험료를 환급받을 수 없음은 물론 일시수입국으로부터 클레임이 제기될 경우 기업을 보호할 방법이 없습니다. 따라서 사용한 ATA 까르네는 반드시 상공회의소에 반납해야 합니다.

쉬어 가기

■ **새로운 전시 메카로 떠오르고 있는 라스베가스**

흔히들 뉴욕을 미국에서 뿐 아니라 세계 경제의 중심지라고 부른다. 이에 걸맞게 뉴욕에서는 세계적으로 유명한 전시회들이 많이 개최되고 있다. 그러나 최근 몇 년전부터 미국 전시산업의 중심지가 뉴욕에서 환락의 도시, 도박의 도시로 유명한 라스베가스로 급격히 이전되고 있다. 이미 알려진바와 같이 미국 네바다주 남동부의 사막도시인 라스베가스는 19세기 말까지는 소규모의 광업과 축산업을 하는 마을이었으나 20세기 초 철도 개통과 1936년, 당시로서는 세계 최대의 후버댐이 완성되고 도박장이 늘어나면서 관광 환락지로서 각광을 받게 되었다. 그러나 도박과 관광산업만으로 발전에 한계를 느낀 라스베가스는 전시컨벤션산업 육성을 위해 대대적인 투자를 아끼지 않았다. 그 결과 라스베가스에서는 『소비재가전제품전시회 (CES)』, 『자동차부품전시회 (AAPEX)』, 『남성의류박람회 (Magic Shows)』 등 세계적으로 유명한 전시회들이 잇따라 개최되고 있을 뿐 아니라 연 400만명 이상이 참가하는 2만개 이상의 각종 회의가 열리고 있는 전시컨벤션도시로 탈바꿈하고 있다. 반면 뉴욕은 점점 더 심각해져 가는 교통난, 치솟는 호텔비 그리고 부족한 전시장 면적 등으로 전시회를 찾는 비즈니스맨들로부터 외면 받고 있는 형편이다.

라스베가스가 미국의 새로운 전시 메카로 떠오르고 있는 이유를 살펴보자면 무엇보다도 라스베가스는 세계 최고 호텔부터 저렴한 호텔까지 풍부하고 다양한 호텔을 보유하고 있다는 점이다. 약 150,000개의 객실을 보유하고 있는 라스베가스 호텔들 덕분에 전시회 참가 또는 참관을 위해 라스베가스를 찾는 사람들에게 호텔 예약 걱정은 할 필요가 없도록 해주고 있다. 반면 미국이나 유럽 대부분의 도시에서는 전시회 기간 중 호텔비가 천정부지로 오르고 그나마 서두르지 않으면 방도 구할 수 없어 가기도 전부터 호텔 확보라는 전쟁을 치루어야 하는 등 많은 스트레스를 주고 있다.

두 번째로 라스베가스는 라스베가스 컨벤션센터, 샌드엑스포 컨벤션센터, 만다래이 컨벤션센터 등 세계적 규모의 다수 전시장들을 확보하고 있다는 점이다. 라스베가스의 생동감 있는 환경은 더 많은 전시회 참가업체와 참관객들을 이쪽으로 끌어들이고 있다. 평균적으로 전시회나 컨벤션을 라스베가

라스베가스 컨벤션센터

라스베가스 야경

스에서 개최하면 다른 지역에 비해 참가업체와 참관객수가 13% 가량 늘어나는 것으로 나타났다. 또한 라스베가스로 회의 장소나 전시장을 옮기게 되면 그 전보다 방문객의 체류시간 역시 늘어나는 것으로 조사되었다.

세 번째로 라스베가스는 미국의 변방인 네바다주 밑퉁이에 위치하고 있지만 다양한 항공편이 취항하고 있다는 점이다. 라스베가스 McCarran 국제공항은 매일 900여 항공편이 운행되고 미국 내 130개 도시와 연결되어 있어 시간과 비용 면에서 가장 유리한 환경을 제공하고 있다. 또한 이 공항은 라스베가스 번화가인 Boulevard에서 1마일, 라스베가스 컨벤션센터에서 3.5마일, 호텔 밀집지역으로부터 15분 거리에 있어 접근성이 매우 뛰어나다.

네 번째로 라스베가스의 호텔들은 서로 가까운 지역에 밀집되어 있어 대부분의 경우 사람들은 걸어서 모든 곳을 다닐 수 있을 뿐 아니라 버스, 택시, 셔틀차량, 미국 최초의 자동 모노레일 등 다양한 대중교통 수단이 발달되어 있다는 점도 외부인들에게 좋은 인상을 주고 있다.

다섯 번째로 라스베가스에서는 일년 내내 쾌적한 날씨가 지속된다는 점이다. 연중 320일 맑은 날이 계속되며 연간 강수량은 5인치 미만에 그치고 있다. 따뜻하고 건조한 날씨는 연중 열리는 전시회나 회의에 가장 좋은 기상조건을 제공하고 있다.

여섯 번째로 라스베가스에서는 마음껏 먹을 수 있는 뷔페에서 최고급 레스토랑까지 세계적으로 다양한 요리를 맛 볼 수 있다. 많은 유명 세프들이 라스베가스에서 레스토랑을 운영하고 있으며 방문객들은 어디서나 훌륭한 요리를 기대할 수 있고 세계의 모든 요리가 가능하다.

마지막으로 라스베가스 부근에는 그랜드 캐니언과 같은 명승지, 다양한 볼거리 및 쇼핑센터가 있고 레크레이션, 쇼 및 카지노 등을 저렴한 가격으로 즐길 수 있다는 점이다. 따라서 아빠는 전시회 기간 중 비즈니스를 하고 가족들은 라스베가스에서 각종 엔터테인먼트를 즐기며 휴가를 보낼 수 있는 것도 다른 지역에서는 쉽게 찾아 볼 수 없는 매력적인 요인이 되고 있다.

이제 라스베가스는 더 이상 『도박의 도시』만이 아니다. 라스베가스가 주어진 여건을 잘 활용하고 시설 확충을 통해 굴뚝 없는 새로운 황금산업이라 불리는 MICE 산업의 중심지로 급부상하고 있다는 점은 훌륭한 전시장 보유에도 불구하고 주변 인프라 및 볼거리 열악으로 외국 참가업체 및 참관객들로부터 호평을 받지 못하고 있는 우리에게 시사하는 바가 크다고 할 수 있다.

주요국 인증제도

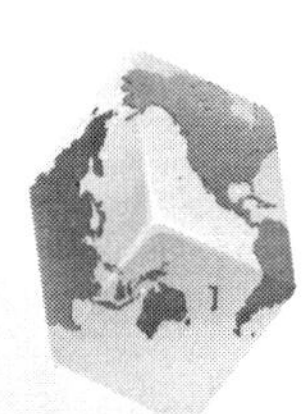

제 6 장

주요국 인증제도

대부분의 국가에서는 국민 보건과 안전을 위해 일부 품목에 대해서는 자국으로 반입 전 관련 인증이나 허가를 요구한다. 주로 식음료, 의약품, 의료기기, 화장품, 전기 및 전자제품, 소방기기 등이 이에 해당되는데 전시품이라 하더라도 요구되는 인증이나 허가를 받지 못한 제품이라면 전시회 종료 후 전량, 발송국으로 반송처리해야 한다. 따라서 전시품을 전시회 기간 중 현지에서 처리 (판매, 기증, 파기)하고자 한다면 사전에 관련 인증이나 허가를 받아야 한다. 주요 국가별 인증제도는 다음과 같다.

1. 미 국

가. 주요 인증제도

미국에서는 산업별로 생산자 적합성 선언 (자체인증으로 자사 제품이 기 수립된 안전이나 품질 등에 관한 기준을 충족했다는 자체 선언)이나 산업별 협회의 자발인증제도가 보편적으로 활용되며 정부 차원의 강제 인증은 드물게 사용된다. 미 정부는 제품이 강제 준수 요건을 충족하지 못했을 경우 생산자나 공급자 및 유통업체에 제재 조치를 취하며, 산업별 협회의 자발적 인증 활동이 효과적이지 않거나 적합하지 않다고 판단할 시에만 제품의 강제 요건 준수 판정에 직접 관여한다.

나. 주요 인증 획득 절차

(1) FDA 승인

제도의 성격은 강제 승인 및 관리이다. 본 제도는 1930년 도입되었고 연방식약품 및 화장품법에 근거하여 규정되었다. 미국 전역으로 의약품, 의료기기, 식품첨가물, 저장성 통조림, 산화식품에 적용된다. 주요 목적은 의약품, 식품, 화장품에 대한 사전, 사후 검사 및 승인 수입품 검사를 통해 해당 제품의 안전성을 확보한다는 것이다. 소비자 보호 차원의 목적으로 일반식품이나 화장품, 보청기, 콘텍트렌즈 등 의료제품과 전자파나 자외선을 발산하거나 몸에 해로운 물질을 뿜어내는 휴대폰, 레이저, 전자레인지, 의료기기 등 전자제품 등에도 규제가 적용된다. 식품의약청 (FDA)에서 검사 및 승인을 주관하고 있다. 신청 시 필요한 서류에는 공장등록, 시판전신고서 (510K), 시판전승인신청서 (PMA)가 있으며 공장검사 여부는 사후에 검사된다. 승인 획득에는 해당 품목 및 검사방법에 따라 상이한데 사전승인 대상 제품의 경우 6개월 이상이 소요된다. FDA 승인제도를 이행하지 않을 경우 미국 내 합법적인 마케팅이 금지된다. 각 제품에 대한 규제와 정보는 FDA 웹사이트 (www.fda.gov)에서 얻을 수 있다.

[U.S. FDA 의료기기 인증 등급별 절차]

FDA는 의료기기의 안전성과 효능 확인에 필요한 규제수준을 기반으로 일반규제 (Class 1), 일반규제 및 특별규제 (Class 2), 일반규제 및 시판 전 허가 (Class 3)로 등급을 구분한다.

■ 일반규제 (General Control) : Class 1,2,3에 해당하는 의료기기
- 공장시설 등록 (Form FDA 2891) → 의료기기 리스트 제출 (Form FDA 2892) → 501K (시판 전 신고서) 제출 → FDA 심사→ 승인 → 시판

■ 특별규제 (Special Control) : Class 2에 해당하는 의료기기
- FDA 심사에 사용자 모니터링 및 사용설명서 제작 등의 특별규제가 추가

■ 시판 전 허가 (Premarket Approval) : Class 3에 해당하는 의료기기
- 일반규제 외에 임상자료, 동물실험자료, 임상실험자료 및 공장시설에 대한 GMP (Good Manufacturing Practices) 심사가 요구됨.

(2) UL 마크제도

UL 마크는 강제성이 없는 자율규제제도이다. UL 마크제도는 원칙적으로 자율규제로 여겨지고 있으나 지방정부 차원에서 UL 인증을 필수 사항으로 요구할 수 있다. UL 인증은 전기/전자 제품, 소방기기, 건축구조물 등에 적용된다. 주요 목적은 미국에서 사용되는 전기/전자제품에 대한 표준을 제정하고 시험검사 및 인증 기증을 수행하는 것이다. Underwriters Laboratories Inc. (UL)사에서 주관하고 있으며 한국 내 주관기관은 UL의 국내지점 UL KOREA[18]에서 인증서비스를 대행하고 있다. 신청 시 필요사항은 제품 관련 정보, 계약서 (신청서), 예치금, 샘플제품이며 또한 공장 검사를 실시한다. 승인 획득 기간이나 비용은 제품 종류 및 사용기간에 따라 크게 차이가 난다. UL 마크 인증을 받지 않은 제품은 미국 정부조달 시장 입찰이 불가능하고 미 대형유통 업체 구매 대상에서 제외된다.

18) UL Korea 홈페이지 : http://www.ul.com/korea/kor/pages/index.jsp?null

[UL KOREA 제품 및 부품 인증절차/신청절차]

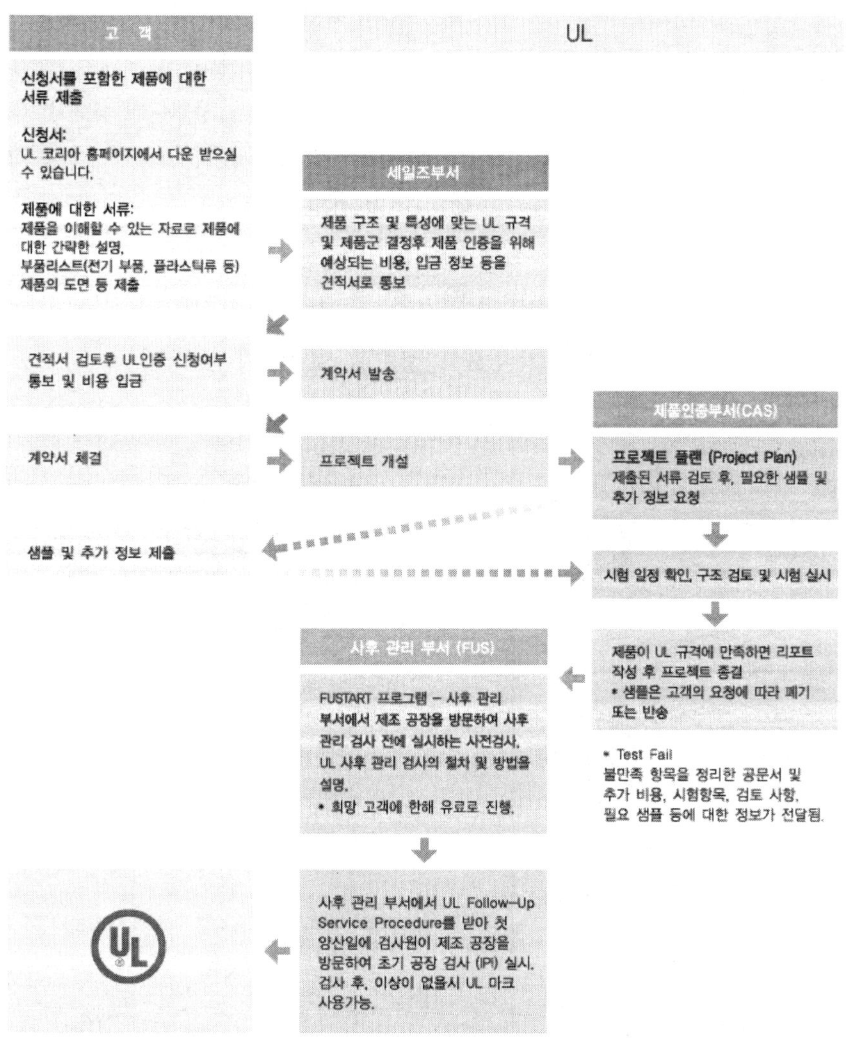

2. 캐나다

가. 주요 인증제도

캐나다 정부는 국내에서 판매되는 상품 및 서비스에 대한 성능과 안전성을 일정 수준으로 유지할 것을 업체들에게 요구하고 있다. 특히 감전의 위험이 높은 전선을 설치하는 업체나 전기 장비, 기기 등에는 더욱 엄격한 규제가 적용된다. 캐나다 국내 판매를 위해서는 제품의 성능 및 안전성 보장을 증명할 수 있는 지정 인증을 취득해야 한다. 대부분의 전기제품 및 서비스의 안전기준과 관련하여 모든 주정부들은 공인된 인증을 취득한 제품에 대해서만 판매를 허용하고 있으며 이 중에서도 가장 선호하는 인증은 CSA를 꼽을 수 있다.

[캐나다 주요 인증기관 및 마크]

기관명	인증마크	인지도	주요사항	홈페이지
Canadian Standard Association	CSA	상	- 캐나다에서는 가장 기본적인 인증 으로, 대부분의 가전제품이 CSA 를 취득 - 검사비용 과다 및 인증 취득에 장기간 소요 - 한국 산업 기술 시험원(KTL)이 업무제휴를 맺고 CSA인증발급을 위한 검사를 대행	www.csa-international.org
Underwriter's Laboratories of Canada	UL	상	- 미국의 검사기관으로 캐나다 사무소 설치 - 캐나다에서는 CSA에 이어 2번째로 많이 사용 되는 인증 - CSA와 협약을 체결, UL인증을 기 취득한 제품의 경우 호환 인증 취득 용이	www.ulc.ca
Intertek	Intertek	중	- 미국의 검사기관으로 캐나다 사무소 설치 - 바이어들의 CSA 선호로 인해 인 지도가 낮음.	www.intertek-etlsemko.com
Met Laboratories	NEBS MET CERTIFIED	하	- 미국의 검사기관으로 캐나다 사무소는 없음. - 바이어들의 CSA 선호로 인해 인 지도가 낮음.	www.metlabs.com
Quality Auditing Institute	없음	하	- 캐나다의 검사기관으로 자체 인증은 발급하지 않음. - 동 기관의 검사결과를 토대로 CSA에서 인증을 발급	www.qai.org

나. 인증 획득 절차

(1) 인증 적용대상

전기, 기계, 환경, 경영관리 등 9가지 대분류와 1,800개 이상의 품목에 적용된다.

[CSA 품목별 분류]

대분류	품목군
환기장치, 냉난방시설 및 부품	- 실내 냉난방기 및 환기 장치
상업/가정용 전자제품	- 냉장고, 식기세척기, 전자레인지, 건조기 소형주방가전, 세탁기
IT 제품, 의료기기, 실험기기, 자료 처리장치 등의 정밀전자기기	- IT 산업 관련 기기, 의료용 기기, 실험실 및 연구소용기기, 측정기기
산업/가정용 전기전자 제품	- TV, 컴퓨터, 오디오, 영상 출력 장치
연관류 제품 및 부품	- 밸브, 변기, 상하수도관, 정화조 및 정화 장치
천연가스/액체프로판가스로 작동하는 기기와 부품	- 조경기계, 벽난로, 온수 공급장치, 가스장비, 바비큐 그릴
동력기, 엔지, 전선, 조명기기 등	- 동력기, 전력기, 동력제어장치, 동력축 케이블
화공업, 건축, 기계, 운동기기 등	- 화학물품보관용기, 건설장비, 안전도구
유전시설, 섬유제조업 등 위험성이 높은 산업체에서 사용되는 제품	- 사용자 안전도구

(2) 획득절차

최소 6주에서 8주 소요, 취득 비용은 최소 2천달러 이상

순서	내 역	세 부 내 역
1	예비신청	예비신청 의뢰서신, 제품사양서, 구조도, 배선도, 부품목록표, 제품의 내외부사진, 최종조립공장명을 CSA에 송부
2	CSA 신청서 송부	CSA는 검토작업 개시 후 5일내 본 신청서를 작성, 인증비용 견적금액, 시험 샘플의 종류 및 수량, 담당자를 결정하여 신청자에게 통보
3	신청서 제출	신청서 서명, 시험비용과 샘플 제출
4	시험실시	담당기사/작업일정 결정, CSA 고유번호 부여 인증취득 신청제품이 구조 및 성능면에서 캐나다 규격에 일치하는지 여부 확인
5	평가서 송부	시험검사 후 CSA는 평가서를 작성하여 신청자에게 송부
6	승인심의 및 인증결과 통보	CSA는 정식 승인을 위해 승인심의회 (CSA Approval Council)에 보고서 제출, 승인심의회의 정식승인을 거쳐 인증서와 함께 신청자에게 통보
7	협약서 체결	CSA 마크사용 관련 지침을 담은 협약서를 CSA와 체결
8	공장 검사	사후관리 차원에서 공장검사 실시. 한국의 경우, 산업기술시험원 (www.ktl.re.kr) 이 대행
9	CSA 공장검사 보고서	검사원은 보고서를 작성하여 공장 담당자에게 결과 통보. 검사 결과 불합격 판정을 받으면 CSA측으로부터 경고를 받고 경고 누적되거나 기준에 크게 미치지 못하면 인증 정지 또는 취소 가능.

3. EU

CE 마크는『Conformity to European』의 약자로 지난 '93년 유럽연합 시장이 단일화 되면서 역내 기술 장벽을 제거하기 위해 만들어진 인증제도이다. 이 마크를 취득한 제품은 소비자의 안전과 건강, 위생, 환경보호와 관련된 유럽의 규격 조건을 준수한다는 의미로 받아들여진다. 기본규격을 분석해 제품의 시험성적서가 필요할 경우, 공인시험기관에 의뢰해 시험과 수정보안을 거쳐 기술 문서를 작성해야 한다. 이 인증은 유럽연합 27개국에 적용되고 있으며 그 중 프랑스, 독일, 이탈리아, 벨기에, 네델란드, 룩셈부르크, 영국, 스페인, 포루투갈, 아일랜드, 덴마크, 그리스, 오스트리아, 스웨덴 그리고 핀란드는 시장 진출 시 반드시 요구하고 있는 인증이다. EU 회원국 시장 내에서 제품을 유통, 판매하고자 하는 제조업체는 그 제품이 EU 규정에 부합한다는 의미의 CE마크를 제품에 부착해야 한다. CE 마크는 보건, 안전, 환경 및 소비자 보호 등에 관한 EU 회원국 내 적용되는 필수 요구 사항을 충족한다는 의미의 안전 인증마크이다. 따라서 품질에 대한 보증을 의미하는 마크는 아니다. CE 마크가 없는 제품은 유럽시장에서 반입 및 판매를 할 수 없도록 되어 있으며 위반 시에는 벌금, 제품회수 및 징역형을 받을 수 있으나 국가별로 차이가 있다. CE 마킹 시, 제품 상에 붙이는 것이 원칙이고 포장, 인증서, 사용설명서에 삽입도 가능하며 글자의 크기는 세로 길이가 5mm 이상 되도록 하고 있다.

※ CE 마크

공산품에 대해 EU 회원국 전체에 적용되는 강제 기술규격 인증으로 27개 EU 회원국들과 스위스, 노르웨이, 아이슬란드의 EFTA 국가에 수출하려면 다음과 같은 22개 카테고리의 품목에 CE 마킹 지침(93/68/EEC)에 의거, CE 마크를 획득 부착해야 한다.

[EC 마크 대상품목 및 적용모듈]

품　　목	적용모듈
가스기기 (Appliance Burning Gaseous Fuels)	B+C, B+D, G, B+E, B+F
사람수송용 케이블 (Cableway Installation to Carry Persons)	
저압 전기기기 (Law Voltages Electrical Equipment)	A, Aa
건설자재 (Construction Products)	적용 안되며 본 지침서의 부속서에 따라 적합성평가
폭발용기기 및 보호제품 (Equipment and Protective Systems for used in potentially Atmospheres)	A, B+C, B+D, B+E, B+F, G
민간용 폭발물 (Explosive for Civil Uses)	B+C, B+D, B+E, B+F, G
온수보일러 (Hot Water Boiler)	B+C, B+D, B+E
가전 냉장, 냉동고 (Household Refrigerators & Freezer)	A
승강기 (Lift)	B+C, B+D, H
기계 (Machinery)	A, B+C
선박 (Marine Equipment)	
의료기기 (Medical Devices)	B+D, B+F, H
의료용 임플란트 (Active Implantable Medical Devices)	B+D, B+F, H
시험관 치료용 기기 (In Vitro Diagnostic Medical Devices)	B+C, B+D, H
수동저울 (Non-automatic Weight Instruments)	B+D, B+F, G
무선기기 및 통신 말단기기 (Radio Equipment & Telecommunication Terminal Equipment)	A, H 및 부속서 IV 참고
개인보호장비 (Personal Protective Equipment)	A, B+C, B+D, B+E
단순압력용기 (Simple Pressure Vessels)	B+C, B+F
압력기기 (Pressure Equipment)	압력기기의 등급에 따라 적용
여가용 보트 (Recreational Craft)	B+C, B+D, B+F, G, H
장난감 (Toys)	A, Aa, B+C
Trans-European Conventional Rail System	

제조업자, 대리인 혹은 수입업자는 다음 단계를 거쳐 CE 마크를 제품에 부착할 수 있다.

적합성 평가 (conformity assessment) 실시 → 제조기술파일 (technical constructional file) 제출 → 적합선언서 (declaration of conformity) 작성 → CE 마크 획득

[EU 인증 체계19)]

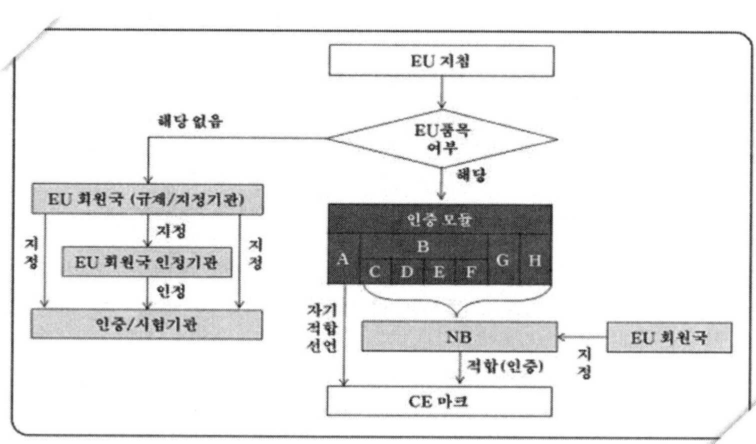

해당품목에 따라 EU 인증기관의 검사를 거치지 않고 자체 적합성 평가 실시 후 CE 마크를 부착할 수 있는 경우가 있고 반드시 EU에서 공인하는 인증기관의 평가를 거쳐야 하는 2개의 절차가 있다. 이 2개의 절차는 또한 세부적으로 7개 취득 절차로 나눠진다. 해당 품목이 자체 평가대상인지 인증기관의 검사 대상인지를 파악하기 위해서는 해당 제품에 해당하는 지침서 (Directive)를 입수하여 지침에서 규정한 적합 절차 모듈에 따라 인증절차를 밟아야 한다.

19) 표준기술연구소 홈페이지에서 발췌

[적합성 평가절차 (8개 모듈)]

절차	내역	세부내역
1	모듈 A (적합선언)	제조자가 제품이 지침의 요구사항에 적합한지를 스스로 선언한다. 적합성 평가 방법 중에 가장 일반적으로 사용되는 방법으로 제조업자는 제조방법, 감사수순, 검사결과 등을 기재한 기술문서를 작성한다. * 모듈 Aa (Self Certification with limited Involvement by a notified body) : EU인증기관의 시험을 받아 적합선언을 함.
2	모듈 B (EU 형식시험)	의료기기 등 일부 지침에서 사용되는 적합성 평가 방법으로 모듈 C, D, E, F,에 의해 보충되어 CE 마크를 부착할 수 있다. 이 모듈은 설계제조계획에 따라 제조되고 있는 제품의 검증 및 제출된 설계단계의 시료에 대한 필수 요구사항에의 적합성 시험을 포함한다.
3	모듈 C (형식적합선언)	제조자는 모듈 B EU 형식시험 증명서를 취득한 뒤에 제품 형식의 적합선언을 한다. 가맹국에 따라 인증기관 (NB, Notified Body)에 의해 무작위 추출검사를 동반한다.
4	모듈 D (제조품질보증)	제조자는 제조와 시험에 관련된 품질시스템을 운영하고 있어야 하며 승인된 형식과의 적합성선언을 한다.
5	모듈 E (제품품질보증)	제조사는 검사 외 시험에 관련된 품질시스템 (EN ISO 9001)을 운영하고 있어야 하며 승인된 형식과의 적합성 선언을 한다. 모듈 B를 보완하는 생산단계 모듈이다.
6	모듈 F (제품검정)	모듈 B를 보완하는 생산단계 모듈로 품질시스템 (EN ISO 9001)에 기초하여 NB에 의해 제조자의 품질시스템이 승인되어야 한다.
7	모듈 G (유니트검정)	설계단계와 생산단계에서 개별 제품에 대한 적합성 시험을 인증기관이 시행한다.
8	모듈 H (종합품질보증)	제품설계, 생산, 최종검사 등의 일련의 과정을 EN ISO 9001 품질시스템에 따라 적합성 평가를 함.

[모듈별 CE 적합성 인증 방법]

<table>
<tr><th>모듈</th><th>A
자체생산관리</th><th colspan="4">B
형식검사(TypeExamination)</th><th>G
단위검증</th><th>H
완전품질보증
EN29001</th></tr>
<tr><td>설계</td><td>제조자
-공인기관필요시열람이가능토록기술문서보존

Aa
-공인기관(NB)의특정항목시험필요</td><td colspan="2">제조자는공인기관에
-기술문서
-샘플제출</td><td colspan="2">공인기관은
-필수항목적합성확인
-필요시시험및검사
-EC형식검사인증서발급</td><td>제조자
-기술문서제출</td><td>제조자
-설계에대한품질시스템운영

공인기관
-품질시스템감독
-설계의적합성확인
-EC설계검사인증서발급</td></tr>
<tr><td rowspan="2">생산</td><td rowspan="2">제조자
-필수요건에대한적합성선언
-CE마크부착

Aa공인기관
-제품특정항목시험
-불특정간격의제품확인</td><td>C
형식적합성</td><td>D
생산품질보증
EN29002</td><td>E
제품품질보증
EN29003</td><td>F
제품검증</td><td rowspan="2">제조자
-제품제출
-적합성선언
-CE마크부착

공인기관
-지침서요건과각제품과의적합성확인
-적합성인증서발급</td><td rowspan="2">제조자
-제조및시험에관한품질시스템운영
-적합성선언
-CE마크부착

공인기관
-품질시스템감독</td></tr>
<tr><td>제조자
-승인된형식과의적합성선언
-CE마크부착

공인기관
-제품특정항목시험
-불특정간격의제품확인</td><td>제조자
-제조와시험에관한품질시스템운영
-승인된형식과의적합성선언
-CE마크부착

공인기관
-품질시스템승인
-품질시스템감독</td><td>제조자
-인증받은제조및최종시험에관한품질시스템운영
-적합성선언
-CE마크부착

공인기관
-품질시스템승인
-품질시스템감독</td><td>제조자
-각제품과형식승인인증서에기술된형식또는필수요건에대한적합성선언
-CE마크부착

공인기관
-적합성확인
-적합성인증</td></tr>
</table>

BCT

Bontek Compliance Testing Laboratory Ltd.

CE Certificate of Conformity

Bontek Compliance Testing Laboratory Ltd hereby declares that testing has been completed and reports have been generated for

Applicant: Shenzhen Boge Technology Co., Ltd.

Manufacturer: Shenzhen Boge Technology Co., Ltd.

Product: Electronic Cigarette

2004/108/EC Electromagnetic Compatibility (As Amended)

EMC

EN 61000-6-3: 2007

EN 61000-6-1: 2007

Attestation by:

❁ CE 마크 획득 인증서

4. 러시아

러시아는 유럽의 CE와 같은 러시아 국가표준규격인 GOST-R (Government Standard - Rusia) 인증제도를 시행하고 있다. GOST-R은 강제 여부에 따라 자율인증과 강제인증으로 구분되나 거의 모든 품목에 적용되는 것으로 해석해도 무리가 없다. 즉 일부 품목의 경우 GOST-R 인증을 받지 않아도 되나 품질관리 시스템과 제품의 품질이 러시아 정부의 품질 기준에 부합한다는 것을 증명하고 경쟁제품에 대한 우위를 정하기 위한 마케팅 수단으로 작용하여 러시아로 수출되는 모든 품목이 GOST-R 인증제도를 받고 있다.

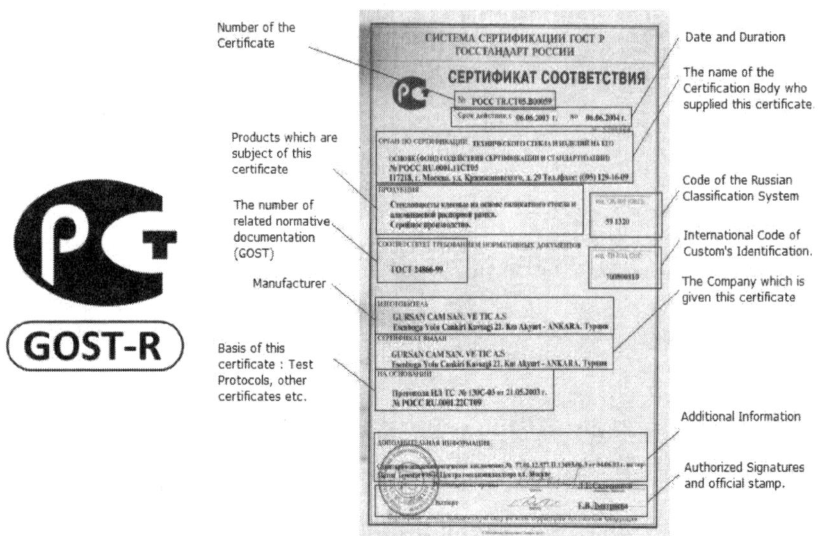

GOST-R 인증마크 및 인증서

한편, 소비자의 생활 및 건강에 대한 안전과 관련된 식음료, 의약품, 화장품, 장난감 등의 생활소비재와 가전제품, 화학물질, 석유가스, 건설 등을 위한 설비 등에는 의무적으로 GOST-R을 득해야 한다. 이 경우 해당 제품의 인증이 없는 경우 러시아내로의 통관이 불가하고 미인증 상태로 판매될 경우, 처벌 대상이 되므로 각별한 주의가 요구된다.

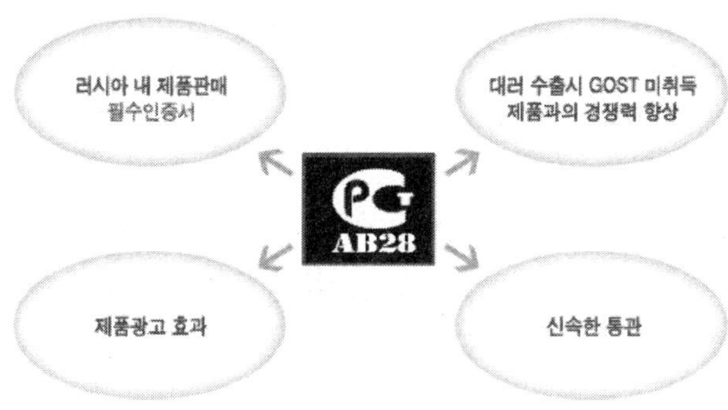

❀ GOST-R의 의미

[의무적으로 GOST-R 인증을 받아야 하는 품목]

■ 식품류 (육류, 어패류, 채소류, 과일류, 곡물류, 유지류, 주류 및 음료 등) ■ 화학제품 (비료, 세제류, 기타 화학제품, 고무 및 고무제품 등) ■ 목재류 (원목 및 가공품) ■ 신발류 ■ 의류 및 편물제품 ■ 금속제품 (동, 알루미늄, 철, 금속제품 등) ■ 기계류 (원자로, 보일러, 각종 제품 생산기기, 후 가공기기, 기타 기계부속품) ■ 난방기구류 ■ 전기, 전자 제품 및 부품류 ■ 지상 운송기기류 ■ 가구 및 가구 부속품류 ■ 스포츠용품류 ■ 아동용품 ■ 의료용품 ■ 기타 안전장구 및 관련 제품류

GOST-R을 주관하는 기관은 러시아 국가표준위원회 (Federal Agency on Technical Regulation and Metrology)이다. 러시아 국가표준위원회는 자체 조직을 통해 동 인증제도를 운영하고 있으며 여러 부속기관 및 위임을 부여한 기관을 통해서도 인증서를 발급하고 있다. 한편, 인

증에 필요한 항목 중에서 CE 등 다른 인증에서 이미 통과한 경우에는 GOST-R 인증 시 해당 항목에 대해 면제해준다.

또한 한국 내에 인증획득을 대행하는 기관은 한국산업기술시험원(www.ktl.re.kr), 한국SGS (www.kr.sgs.com) 등이다.

GOST-R 마크 승인을 받기까지 걸리는 시간은 구비서류와 인증비용을 수령 후 제품성격에 따라 약 5 ~ 10일 정도가 소요된다. GOST-R 인증 유효기간은 두가지가 있는데 첫째로 당해 선적에 대한 인증으로 계약서 상의 계약 이행기간 까지만 유효하며 주로 플랜트 프로젝트와 단발성인 물품일 경우에 해당된다. 둘째로 1년 또는 3년 동안 장기간 유효한 인증인데 한번의 인증으로 유효 기간 안에 추가적인 인증이 필요없다. 이와 같은 인증은 일정 기간 안에 지속적인 수출이 예상되는 경우에 이용한다.

최근에는 삼국관세동맹국간의 공동인증제도인 CU(Custom Union) 인증이 도입되고 있다. CU인증이란 러시아, 카자흐스탄, 벨라루스 3국 관세동맹의 공동인증제도로서 CU인증서를 발급 받으면 3개국 내에서 공통으로 사용 가능한 인증으로 2013년 2월 14일부터 도입되었으며 2015년 3월 15일부터 기존 인증 (GOST-R)을 일률적으로 대체키로 법령 공포되었다. 그러나 2013년 8월 현재, CU인증 발급 대행기관에 정확한 지침이 내려지지 않아 CU인증이 이루어지지 않고 있는 상황이다.

러시아 인증을 직접 업체가 발급받기 위해서는 모든 제출 서류를 러시아어로 작성하여야 하고 현지 창구에서 제출해야 하므로 인증 발급대행 기관을 통해 받는 것이 비용과 시간 면에서 수월한 것으로 판단된다.

5. UAE

UAE는 제조업 기반이 미미하여 인증제도 역시 잘 발달되어 있지 않으며 대부분의 제품을 수입에 의존하고 있다. 선진국에서 발급해주는 인증서를 취득했을 경우, UAE 수출에 도움이 될 수 있다. UAE에서 판매되거나 수입되는 모든 국내생산품과 수입품은 UAE 표준도량형청 (www.esma.ae)이 승인한 공식 표준을 준수해야 한다. 표준도량형청은 이러한 규제를 엄격히 적용하여 보건, 안전, 환경보호 표준 준수를 평가하고 이를 관리하는 책임을 맡고 있다.

표준도량형청에는 2,000개 이상의 표준이 있으며 이준 95%는 대체로 국제표준에 따른 걸프협력회의 표준에 근거하고 나머지 5%는 UAE 표준에 근거한다. UAE에서 시행되고 있는 2,000개 이상의 표준 중 약 30%는 필수적이다. 국내 표준이 없는 제품의 경우, 그 공급업체가 국제적으로 인정되는 표준을 준수했음을 자진신고할 수 있다. 단, 자동차, 에어컨 등의 경우에는 GCC Specifications을 충족시켜야만 수출이 가능하며 아울러 식료품 (농수산물, 육류 등), 의약품 등은 해당기관 (Ministry of Agriculture & Fisheries, Ministry of Health)으로부터 승인을 받아야 한다.

(1) 저전압 제품의 인증제도

Emirates Authority for Standards & Metrology는 2010년 6월 1일부터 저전압 제품 관련 인증제도를 적용하고 있다. 저전압 제품은 교류전원 (AC), 직류전원 (DC)의 경우 각각 50 ~ 1,000볼트, 75 ~ 1,500볼트에서 사용이 가능하여야 한다.

(2) 할랄 인증제도

할랄 인증은 전 세계적으로 공인된 인증기관에 의해 시행되고 있

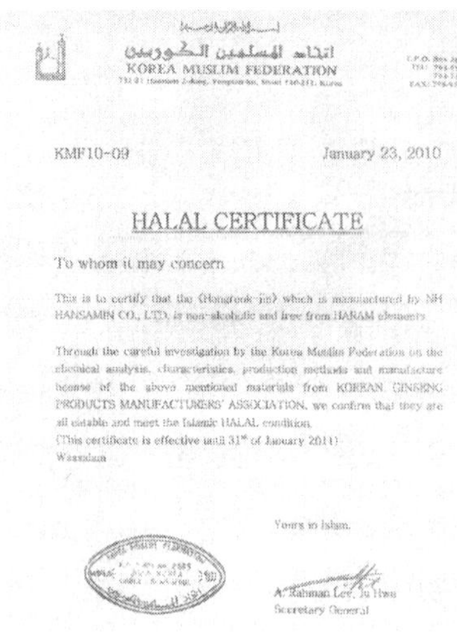

KOREA MUSLIM FEDERATION

KMF10-09 January 23, 2010

HALAL CERTIFICATE

To whom it may concern

This is to certify that the (Hongrook-jin) which is manufactured by NH HANSAMIN CO., LTD. is non-alcoholic and free from HARAM elements

Through the careful investigation by the Korea Muslim Federation on the chemical analysis, characteristics, production methods and manufacture license of the above mentioned materials from KOREAN GINSENG PRODUCTS MANUFACTURERS' ASSOCIATION, we confirm that they are all eatable and meet the Islamic HALAL condition.
(This certificate is effective until 31st of January 2011)
Wassalam

Yours in Islam,

A. Rahman Lee, Ju Hwa
Secretary General

❁ 할랄인증서

다. UAE에 수입이 되는 식품의 할랄 인증은 공인된 이슬람협회(약 30개 국가내 60여개 이상)에서 발행되며 발행된 증명서는 UAE 대(영)사관, GCC 또는 무슬림 국가로부터 인증을 받아야 효력이 발행한다. 한국에서의 할랄 인증 공인 이슬람 협회는 Korea Muslim Federation (한국이슬람중앙회 www.koreaislam.org)이다. 이때 구비서류는 성분분석표, 제조공정도, 생산허가서 및 품목제조보고서, 할랄 인증서 발급 신청서 등이다. 품목당 30만원의 인증비용이 들어가며 인증서 발급 기간은 서류 접수 후 1개월 가량 소요되나 품목에 따라 그 이상이 될 수도 있다. 인증서 유효기관은 발급일로부터 1년이며 매 해 동일 제품에 대해 인증 갱신이 필요하다.

[할랄 인증조건]

육류, 가금류 제품	샤리아에서 적합한 방식으로 도살, 가공되어야 함.
할랄 화장품	돼지 콜라겐, 젤라틴, 동물의 단백질, 라스틴, 스테아르산, 히알루론산 등 동물성 물질 첨가가 금지됨.
제과류	동물성 유화제, 가죽반죽 조정제는 반드시 식품성 기름으로 만든 것이어야 하며 빵을 구울 때에는 에틸 알코올 사용이 금지됨. 또한 쇼트닝도 식물성을 써야 하고 바닐라 추출물도 금지되며 건조 효모가 들어간 빵 또한 하람 (식용금지품)으로 구분된다. 제과류는 돼지에서 추출한 젤라틴이 사용되어서는 안됨.

그 밖에 UAE로의 수출 시 도움이 되는 인증서는 다음과 같다.

[對 UAE 수출 시 도움이 되는 인증서]

품 목	인 증 서
전자제품	CE, US standards
전기, 기계류	UL, BS, TUV
의약품	USFAD, EU, GCC specs

한편 탈석유화 정책과 함께 탄소제로도시인 마스다르 시티 건설 등 최근 UAE에서 환경 보험에 대한 관심이 고조되고 있으며 이러한 트랜드의 일환으로 아부다비 정부 소속 품질준수관리위원회 (Quality and Conformity Council, QCC)는 녹색 제품 구매 장려를 위해 인증마크를 발급하고 있다. 이 인증마크의 공식명칭은 『Trust for Environmental Performance』이다. 인증마크는 UAE 내 수출 시 반드시 필수요소는 아니지만 인증마크가 안전과 에너지 효율성을 보장하는 만큼, 녹색소비자에게 큰 호응을 얻을 수 있을 것으로 기대된다.

6. 중 국

중국은 2002년 5월 1일부터 중국강제인증 (China Compulsory Certificate)제를 도입하여 중국 내에 유통되는 물품 중 주로 전기 전자제품, 자동차 등의 제품에 대해 안전 및 품질에 대해 인증을 받도록 강제하고 있다. 중국은 그 동안 자국 생산품에 대하여는 국가품질기술감독국이 CCEE 마크를 부여하고 수입품에 대해서는 국가수출입검역국이 CCIB 마크를 부여하여 차별을 두어왔으나 WTO 가입을 계기로 '내국민 대우의 원칙'에 위배된다는 지적에 따라 양 제도를 통합하여 중국강제인증제를 운영하고 있다. 따라서 중국 내에서 생산, 유통되거나 중국으로 수출되는 제품 및 부품 가운데 강제인증품목에 해당하는 제품은 반드시 IEC (국제전기표준협회) 및 중국국가표준에 준하여 안정 및 품질 인증을 통해 반드시 CCC 마크를 획득해야 한 중국 내 판매가 가능하다.

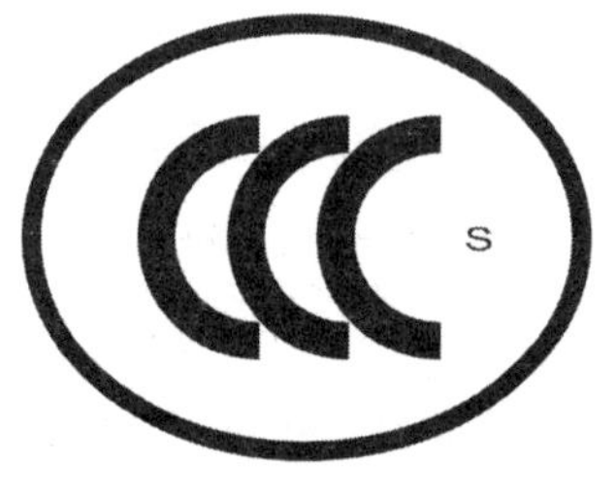

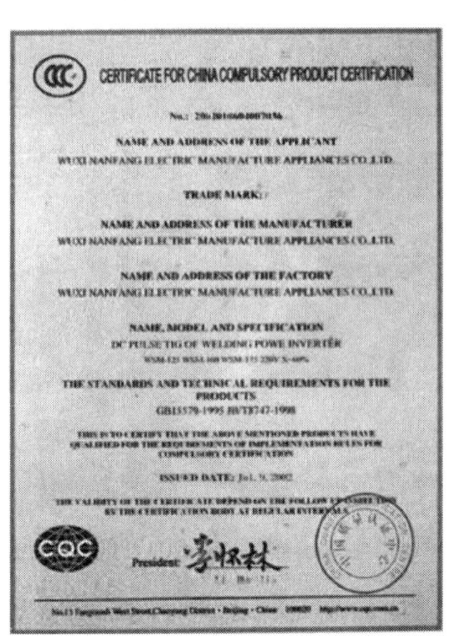

CERTIFICATE FOR CHINA COMPULSORY PRODUCT CERTIFICATION

NAME AND ADDRESS OF THE APPLICANT

WUXI NANFANG ELECTRIC MANUFACTURE APPLIANCES CO.,LTD.

TRADE MARK:

NAME AND ADDRESS OF THE MANUFACTURER

WUXI NANFANG ELECTRIC MANUFACTURE APPLIANCES CO.,LTD.

NAME AND ADDRESS OF THE FACTORY

WUXI NANFANG ELECTRIC MANUFACTURE APPLIANCES CO.,LTD.

NAME, MODEL AND SPECIFICATION

DC PULSE TIG OF WELDING POWE INVERTER

THE STANDARDS AND TECHNICAL REQUIREMENTS FOR THE PRODUCTS

GB15579-1995 JB/T8747-1998

ISSUED DATE:

President:

❀ 중국강제인증마크 및 인증서

2006년 7월 말 전선 및 케이블, 전기스위치, 가정용 전기제품, 정보기술장비, 영상음향설비, 조명장비, 자동차 및 부품, 타이어, 전동공구, 의료기기, 완구류, 소방설비, 농기계, 정보통신기기 등 22개 분류에 해당하는 159개 품목[20]이 대상 품목으로 선정되었다.

20) 2013년 7월 현재, CCC 인증이 필요한 품목은 172개로 늘어났고 소요기간도 6개월~1년이 걸려 국내기업들의 대중국 수출에 최고 애로사항으로 부각하고 있다. (이데일리뉴스 2013.8.1)

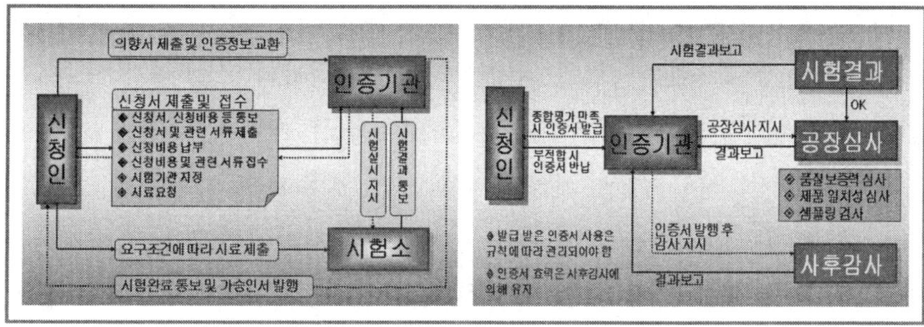

❁ CCC 인증절차

[최초 도입 시 적용품목 : 19분류 132개 품목]

	분 류(영문)		품목수
1	전선 및 케이블	Electrical wires and cables	5
2	전기스위치 및 보호장비, 전기접속장치	Switches for circuits, Installation protective and connection devices	6
3	저압형 전기장비	Low-voltage Electrical Apparatus	9
4	저공률 전동기	Small power motors	1
5	전동공구	Electric tools	6
6	전기용접기	Welding machines	15
7	생활용 전기제품	Household and similar electrical appliances	18
8	음향제품 (단, 라디오방송 및 자동차용 음향설비 제외)	Audio and video apparatus (not including the acoustics apparatus for broadcasting service and automobiles)	16
9	정보기술장비	Information technology equipment (IT)	2
10	조명장비	Lighting apparatus (not including the lighting apparatus with the voltage lower than 36V)	2
11	정보통신 단말기 설비	Telecommunication Terminal equipment	9
12	자동차 및 안전부품	Motor vehicles and Safety Parts	4
13	자동차 타이어	Motor vehicle Tyres	3
14	안전용 유리	Safety Glasses	3
15	농기계 제품	Agricultural Machinery	1
16	라텍스 제품	Latex Products	1
17	의료기기	Medical Devices	7
18	소방기기	Fire Fighting Equipment	3
19	기술안전보호제품	Detectors for Intruder Alarm Systems	1

CCC 마크 획득을 위해서는 우선 정부지정 인증기관 (DCBs)에 신청서, 기술문서 및 검사시료를 제출한다. 도매업자나 소매업자 또는 수입업자가 신청인이 될 경우에는 제조업자와의 계약서 사본을 추가로 제출해야 하며 제3자에게 신청을 위임하는 경우에는 위탁증명, 위임계약서 사본과 기타 관련 계약서를 송부한다. 지정인증기관은 신청서를 검토한 후, 인증모델에 따라 필요한 검사 또는 시험을 수행하고 운용규정에 의거하여 인증서 발급 여부를 결정한다. 이 결정은 특별한 경우를 제외하고는 신청 후 90일 이내에 신청자에게 통보된다. 발급 받은 인증서에는 신청자, 제품명/형식 및 시리즈, 제조사 및 그 공장, 인증의 모델, 근가가 된 기술 기준 및 표준, 인증서 발급 일자 및 유효기간, 인증서를 발급한 지정 인증 기관명이 기재된다. 한편 인증을 획득한 제조업자, 수입업자 및 판매자들은 인증을 위해 필요한 작업환경과 인증제품이 관련 국가 표준 및 기술기준에 지속적으로 적합할 뿐 아니라 수입되거나 판매되는 모든 제품이 인증을 획득한 제품임을 보장하여야 한다. 또한 관련 규정에 따라 인증마크를 인증제품에 부착해야 하고 인증서 및 인증마크를 양도하거나 판매해서는 안된다. 아울러 AQSIQ (국가품질감독검험검역총국) 지방조직의 사후 관리 및 지정인증기관 사후 검사를 수용하여야 한다.

7. 홍 콩

홍콩은 자유무역항이기 때문에 기본적으로 수출입촉진정책을 표방하고 있어 수입허가나 인증에 대한 제한이 거의 없는 편이다. 다만 국민건강, 안전, 환경보호 등과 관련이 있는 일부 품목에 대하여 WTO 조례를 따르고 있다. 홍콩공업무역부에서 전체 무역에 대한 관리 및 정책실행을 주관하고 있으며 수입신고, 소비세 및 관세 등을 책임지고 있다. 홍콩공업무역부는 국제무역협정 원칙에 따라 건강, 안전, 환경

보호 및 소비세 징수 항목에 대하여 수입허가증을 발급하고 있다.

[홍콩 수입허가증 발급대상 품목]

ㅇ 마약류	ㅇ 광학디스크기기
ㅇ 의약품	ㅇ 복사기
ㅇ 동물	ㅇ 화학약품
ㅇ 살충제	ㅇ 멸종위기 동식물
ㅇ 폭발물	ㅇ 무기
ㅇ 쌀	ㅇ 섬유
ㅇ 냉동육	ㅇ 가금류
ㅇ 오존파괴물질	ㅇ 라디오운송장비
ㅇ 좌측 운전용 차량	ㅇ 방사성 물질 및 기기(X-ray 장치 등)
ㅇ 엔진(111.9Kw 초과)	ㅇ 전략물자(메모리칩, 광섬유, 핵무기 관련 물질 등)

한편, 홍콩은 제품인증을 취급하는 별도의 부서를 가지고 있지 않으며 각 부서별로 품목별 제품인증을 담당하고 있다[21]. 예컨대 전자제품의 경우 『機電工程署』에서 안전관련 인증을 실시하고 있으며 『食物環境衛生署』에서 식품안전의 인증을 담당하고 있다.

이와 별도로 최근에는 환경마크 인증획득이 증가하고 있다. 홍콩정부는 건축물에 대한 환경 평가를 의무적으로 하고 있지 않으나, 일부 건설사들이 마케팅과 기업 이미지 제고를 위해 자발적으로 환경마크 인증을 받고 있다. 홍콩건축협회는 자발적 환경평가 및 그린라벨 인증을 장려하기 위해 그린빌딩위원회를 구성하고 그릴빌딩 라벨제도 의무화를 추진하고 있다. 또한 그린위원회[22] (Green Council)는 친환

21) www.itc.gov.hk 참조

22) Green Council: 주소 - Room 710 New World tower I, 18 Queen's Road Central, Hong Kong
전화: (852) 2810 1122, 팩스 : (852) 2810 1998
홈페이지 : www.greencouncil.org

경제품의 확산을 위해 그린라벨링제도 〈Hong Kong Green Label Scheme, (HKGLS)〉를 도입하여 그린위원회에서 인정한 기준을 통과한 제품에 대해 그린라벨을 부착시켜주고 있다. 홍콩 기업들은 기업 이미지와 상품의 가치제고를 위해 그린위원회에서 인증 받은 그린라벨이 부착된 제품의 사용을 늘려갈 것으로 보인다.

HKGLS를 신청하기 위해서는 관련 증빙자료 (예 다른 환경라벨인증서, 신뢰할 만한 기관에서 발행한 제품 테스트보고서/인증서 및 적합한 증명)을 첨부하고 HKGLS-A01 양식을 작성하여 그린위원회로 보낸다. 동 양식은 www.greencouncil.org에서 다운로드 받을 수 있다. 신청비용은 인증비 모두 포함하여 8천 홍콩달러이고 갱신비용은 3,800 홍콩달러이나 제품수가 많을수록 할인혜택이 주어진다.

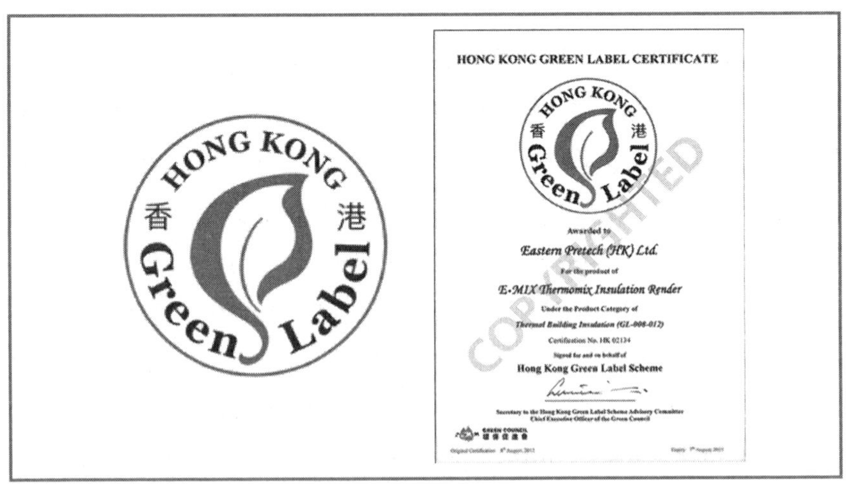

그린라벨마크 및 인증서

[그린라벨 신청자격]

ㅇ HKGLS는 그린라벨을 통해 경쟁력을 높이려는 현지기업과 외국기업 모두 신청할 수 있다. ㅇ 라벨은 HKGLS가 규정한 제품들만 신청할 수 있다. ㅇ 신청인은 합법적인 단체나 개인이어야 한다. ㅇ 라벨을 신청한 제품은 HKGLS에서 정한 환경기준을 만족시켜야 하며, 만약 적용가능하다면 다른 법적 기준 역시 심사한다. ㅇ 라벨을 신청한 제품은 품질과 안전기준을 만족시켜야 한다.

8. 싱가포르

(1) 소비자 보호 등록제도

싱가포르에서는 소비자의 신체 및 생명에 위험을 끼칠 수도 있는 제품의 경우 강제적으로 안전 감사를 받게 하고 이를 받지 않은 제품이나 검사 기준을 충족시키지 못하는 제품의 판매를 금지함으로써 소비자 및 공공 장소에서의 안전사고를 사전에 방지하기 위해 소비자 보호 등록제도를 실시하고 있다. 즉, 안전 검사 대상 품목을 『통제물품』으로 지정해 두고 통제물품은 안전 검사를 통과하여 당국에 등록된 이후에야 싱가포르에서 판매 및 광고가 가능하다는 일종의 강제 검사제도 이다.

근거 법규는 소비자보호법 및 소비자 보호 규정이며 통제물품으로 지정된 품목의 광고, 전시 또는 판매를 희망하는 당사자 (수입업자, 소매업자, 제조업자 등)는 안전검사 당국인 SPRING Singapore에서 지정한 적합성 평가기관 (CAB : Conformity Assessment Bodies)에서 안전검사증명서 (COC : Certificate of Conformity)를 발급받아 SPRING Singapore에 제품을 등록하고 인증마크를 받아야만 싱가포르에서 해당 제품의 광고, 전시, 판매 등을 할 수 있다. 위반 시 벌금 및 징역형을 부과하게 된다.

CERTIFICATE OF CONFORMITY

Product Listing Scheme*: Class 1B

This Certificate is issued to

AL-SUS Industries Pte Ltd
6 Chin Bee Road
Singapore 619820

FOR

Product: Fire Rated Lift Landing Door
Brand: Al-Sus
Model: 2PCO-Vision-E
Country of Origin: Singapore
Product Details: Integrity : 60 mins
A two panel centre opening lift landing doorset with vision panels

which has complied with the requirements of the scheme and based on the following:

Standard(s)	Test Report(s)
British Standard 476 : Part 22 : 1987	TÜV SÜD PSB No. 54S066256/TSM TÜV SÜD PSB Assessment No. 54S073680/JC, S07MEC00556/IHN, S08MEC06774/TSM & 719185574-MEC-MW TÜV SÜD PSB Opinion Letter dated 23 February 2010

Vice-President (Certification Department)
TÜV SÜD PSB

Certificate No:	Date of Original Issue:	Date of Last Revision:	Date of Expiry:
011673	04/01/2007	25/02/2010	31/01/2013

PSB TEST

* All products listed under Class 1A/1B must have this mark affixed / printed on them. Failure to comply with this requirement may result in revocation of this certificate.

This Certificate is part of a full report and should be read in conjunction with it. This Certificate remains the property of TÜV SÜD PSB Pte Ltd and shall be returned upon request. The use of this Certificate is subjected to the terms and conditions of the Product Listing Scheme. The manufacturer is solely responsible for compliance of any product that has the same designation as the product type-tested. Persons relying on this Certificate should verify its validity by checking TÜV SÜD PSB's website at www.tuv-sud-psb.com.

TÜV SÜD PSB Pte Ltd • 1 Science Park Drive • Singapore 118221

❀ Certificate of Conformity (COC) Singapore

싱가포르 정부는 1992년부터 단계적으로 통제물품을 지정해 왔는데 전기, 전자, 가스 가전제품 및 부속부품 등 45개 제품군을 통제물품으로 분류하여 관리하고 있다.

[싱가포르 통제물품 예]

어댑터, LPG 시스템, 조리레인지, 전기다리미, 가스 요리기구, 헤어드라이어, 전자레인지, 텔레비전, 비디오플레이어, 비디오 카세트 레코더, 선풍기, 고주파장비, 온수기, 주전자, 냉장고, 밥솥, 에어컨, 진공청소기, 세탁기 등

(2) 의약품 관련 사항

싱가포르 정부는 등록된 사항과 실제 판매 약품의 동일 여부 및 품질 시험 등을 위해 시중에서 판매되는 약품을 수시로 샘플 수거하여 검사하고 있다. 제약업자 또는 약품 수입상은 해당 약품에 대해 책임을 지며 판매상은 유통과정에서 변질되지 않도록 저장 등에 주의를 기울여야 한다. 약품의 유통에 관한 정보는 보건부의 약품관리국에서 확인할 수 있다. 싱가포르에서 판매되는 모든 의약품은 건강과학부(HAS www.has.gov.sg) Health Products Regulation Group의 라이센스를 받아야 하며 한약, 전통약, 건강기능식품 등은 Complementary Health Products Branch의 관리를 받는다.

(3) 식품, 약품, 주류 관련 라벨 규정

싱가포르는 포장이나 라벨, 마킹과 관련한 일반적 규정을 가지고 있지 않으나 식품, 약품, 주류, 도료 등에 대해서는 특별한 라벨 규정을 운영하고 있다. 이에 따르면 라벨에 원산지를 표시해야 하며, 포장된 식품의 경우 최소한 1/16인치 이상의 영문 대문자로 식품 내용물이 명기되어야 하고, 식품의 가공 처리 방법, 내용물의 최소수량, 제조업자 또는 판매업자 연락처 등이 표시되어야 한다. 화장품의 경우, 상품 용기나 포장에 아래 10가지 내용이 모두 표기되어야 한다.

1	화장품의 이름
2	화장품의 기능
3	사용법
4	모든 성분 목록 (큰 중량의 성분부터 순서대로 기재함. 단, 농도가 1% 미만인 성분은 농도 1% 이상인 성분 아래에 기재함. 색조성분은 다른 성문들 다음에 기재 함)
5	제조국
6	함량 (중량/부피)

7	제조번호
8	제조일 및 유효기한 (제품이 30개월 미만의 유효기간을 가질 경우)
9	싱가포르 시장에 제품을 전시/판매하는 회사의 이름과 주소
10	유의사항 (특히 ASEAN 규격 별첨 3,6,7에 기재된 내용과 관련)

(4) 그린마크 인증제도

싱가포르는 최종 전력소비의 막대한 부분을 차지하는 빌딩 에너지 효율 개선 및 비용 절감을 목적으로 2005년, 『BCA (Building and Construction Authority) 그린마크 제도』를 도입하였다. BCA 그린마크 제도는 에너지 및 수자원 사용 효율성, 내부 환경등급, 환경보호, 그린 기술 및 특징 적용 등의 측면에서 싱가포르의 기존 및 신규 빌딩 등을 평가하고, 빌딩의 그린화 평가 결과에 따라 '그린마크 인증, 골드, 골드 플러스 플래티넘'등 4개의 그린마크 등급 중에서 하나를 부여하는 그린빌딩 평가시스템이다.

싱가포르 정부는 2030년까지 싱가포르의 기존 빌딩 80%를 그린빌딩화하는 것을 목표로 네 차례에 걸쳐 인증기준을 강화한바 있으며, 그린마크 제도를 통해 빌딩의 에너지 소비량과 환경적 영향을 줄이기 위한 그린빌딩 설계, 기술 및 제품 도입 확산을 유도하고 있다.

9. 일 본

(1) JIS 제도

JIS (일본공업규격)는 일본에서 공업표준화 촉진을 위한 공업표준화법 (1949년)에 의해 제정된 일본의 국가 규격이다. JIS 마크 표시제도

는 1949년 공업표준화법 제정 이래 60년 이상의 역사를 갖고 있으며 일본의 광공업제품의 품질향상에 크게 기여해왔다. 2005년 부터 JIS 마크의 인정은 정부에 등록된 민간 인증기관 (등록인증기관)이 실시하게 되었으며 2008년부터 신JIS 마크 제도로 전면 변경되었다. JIS 인증 대상 품목은 토목, 건축, 기계, 전자기기 및 전기기계, 자동차, 철도, 선박, 철강, 비철금속, 화학, 섬유, 광산, 펌프, 종이, 관리시스템, 생활용품, 의료안전용구, 항공, 정보처리 및 요업 분야이다.

❀ JIS 마크

JIS 마크 인증 획득을 위해서는 사내 표준화 및 품질관리를 조직적으로 추진함으로써, JIS에 적합한 제품을 안정적으로 계속 제조할 수 있는 능력을 보유할 것을 요구하고 있다. JIS 마크를 제품 등에 표시할 수 있는 국가 등록인증기관 관련 정보는 일본공업표준조사회 홈페이지 (http://www.jisc.go.jp) 내 데이터 베이스에서 검색할 수 있다. 인증 대상 사업자는 제조업자 또는 가공업자 (일본 국내외), 수입업자 (일본국내), 판매업자 (일본국내), 수출업자 (해외)이다.

(2) JAS 제도

JAS 제도는 '농림물자의 규격화 및 품질 표시의 적정화에 관한 법률' (1950년 법률 제 175호 : JAS법)에 근거하여 농산물의 품질개선, 생산 합리화, 거래의 단순공정화 및 사용 또는 소비의 합리화 도모를 위해 농림수산성 대신이 제정한 일본 농림 규격 검사에 합격한 제품에 대해 JAS 마크 부착을 인정하는 'JAS 규격 제도'와 일반 소비자의 선택에 도움을 주기 위해 농림수산성 대신이 제정한 품질 표시 기준에 따른 표시를 모든 제조업자 또는 판매업자에게 의무화하는 '품질 표시 기준 제도'의 2가지를 목적으로 하는 제도이다. 대상 품목은 모든 음료 및 식료품이다.

[JAS 마크]

마 크	명칭 및 설명
JAS 食品環境検査協会	일반 JAS 규격의 마크, 품위, 성분, 성능 등에 관한 JAS 규격을 충족한 식품이나 임산물 등에 표시
JAS	특정 JAS 마크, 특별한 생산이나 제조 방법에 관한 JAS 규격 (특정 JAS 규격)을 충족시킨 식품이나 동종의 표준적인 제품에 비해 품질 등에 특색이 있는 것을 내용으로 한 JAS 규격을 충족시킨 식품에 부착
JAS ACO Australian Certified Organic	유기 JAS 마크, 유기 JAS 규격을 충족시킨 농산물 등에 부착, 유기 JAS 마크가 부착되어 있는 않은 농산물과 농산품 가공 식품에는 『유기 00』 등으로 표시 불가
JAS	생산 정보 공표 JAS 마크, 생산 정보 공표 JAS 규격을 충족시키는 방법에 의해 사료를 주거나 동물용 의약품을 투여하는 등에 관한 정보가 공표되어 있는 소고기나 돼지고기, 원재료나 제조 과정 등의 정모가 공표되어 있는 가공식품 등에 부착

(3) PSE 마크

2001년 4월부터 시행되고 있는 일본의 '전기용품 안전법' (舊 전기용품 단속법)에 의하면 동 법에 적용되는 450개 전기용품을 일본 국내에서 판매하기 위해서는 PSE 마크 부착을 의무화하고 있다. PSE 마크는 지정된 인증기관에서만 승인을 받을 수 있는 Diamond Mark와 지정승인기관 또는 제조사 스스로 관련 규격에 맞추어 평가하고 부착할 수 있는 Circle Mark가 있으며 일본 내 통관을 위해서는 두 개의 마크가 모두 필요하다. 인증을 위해서는 두 가지 마크 모두 안전시험(Japan Safety Standard 적용평가, CB Test Report 중 택 1), 전자파시험, 공장검사의 인증절차를 거치게 된다.

[PSE 마크 표시 대상 품목]

구 분	주요 품목	유예 기간	마 크
특정전기용품 (112품목) * 2개 품목은 유예 기간 대상 제외	온수기, 온장고 등 32 품목	2206.3.31	PSE
	전기 마사지기, AC어댑터 등 36 품목	2008.3.31	
	형광등용 소켓, 스위치 등 42 품목	2011.3.31	
특정 이외 전기용품 (338품목)	냉장고, 세탁기, TV, 음향기기 등 227 품목	2006.3.31	PSE
	전기스탠드, 에어컨 등 65 품목	2008.3.31	
	전선관 등 45품목	2011.3.31	

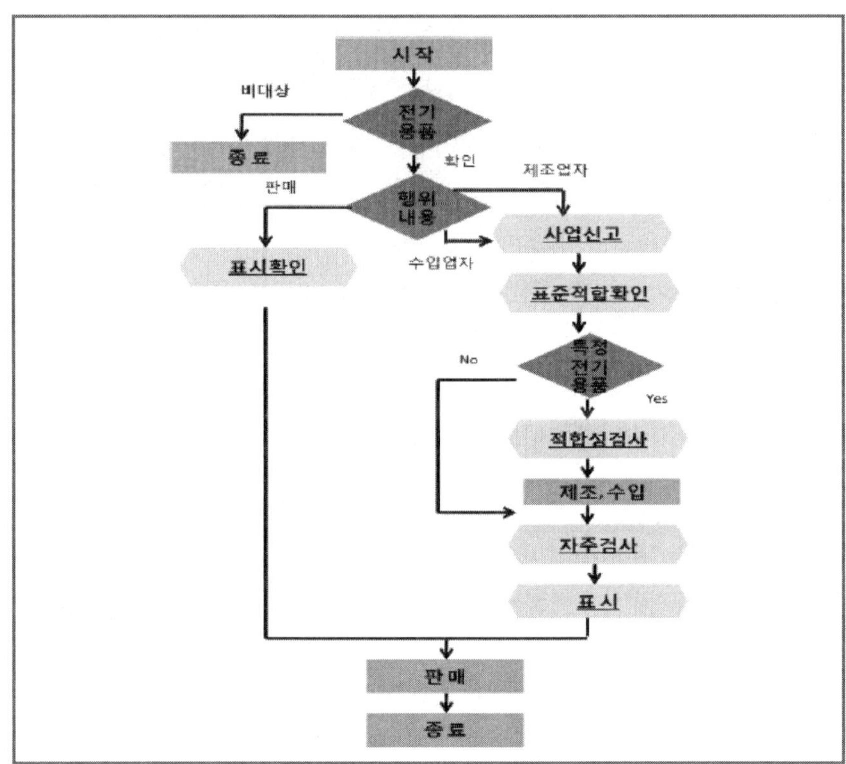

❀ PSE 마크 표시인증 취득 흐름

(4) 가정용품 품질 표시

가정용품 품질 표시법에 근거한 것으로 일반 소비자가 제품의 품질을 올바르게 인식하여, 제품 구입 시에 예측하지 못한 손실을 입는 일이 없도록 사업자에게 가정용품의 품질에 관한 표시를 적정하게 하도록 요청하여, 일반 소비자의 이익을 보호할 것을 목적으로 1962년 제정되었다. 대상 품목은 섬유제품 35개 품목, 합성수피 가공품 8개 품목, 전기 기계 기구 17개 품목, 잡화 공업품 30개 품목이다. 표시 내용은 성분, 성능, 용도, 사이즈와 표시자의 명칭, 소재지, 전화번호를 기재하여 책임 소재를 명확히 하도록 되어 있다. 표시 장소는 정해져 있지는 않으며 소비자의 눈에 쉽게 띌 수 있는 곳이면 된다.

(5) SG 마크

1973년 10월에 '소비 생활용 제품 안전법'에 근거하여 통상산업성의 특별 인가 법인으로 설립된 제품 안전협회가 안전을 보증하는 마크로 제도화한 것이다. 대상 제품별로 안전성 품질에 관한 인정 기준을 설정해 그 기준에 적합한 제품에만 SG (Safety Goods의 약어) 마크를 표시한다. 또 만일 제품의 결함에 의한 인명 손상 및 사망 사고가 있을 시에는 이에 대해서도 소비자 보호의 입장에서 배상 조치가 실시된다. 대상 품목은 유아용품, 복지용품, 가구 및 가정용품, 주방용품, 원예용품, 가정용 피트니스용품, 스포츠 레저용품, 자전거 용품 등이다.

❁ 일본의 SG 마크 (왼쪽) 및 에코마크

(6) 에코마크

에코마크란 다양한 상품 (제품 및 서비스) 중에서 생산에서 폐기에 이르기 까지 상품의 라이프 사이클 전체의 환경 부하가 적으며 환경 보전에 도움이 된다고 인정된 상품에 붙여지는 환경 라벨이다. 재단법인 일본환경협회가 담당하고 있는 에코마크 사업을 국제표준화기구의 규격 ISO 14020 (환경라벨 및 선언 일반원칙) 및 ISO 14024 (환경라벨 및 선업 타입 : 환경라벨 표시 원칙 및 절차)에 따라 운영되고 있다. 이 제도는 자주적이며 다양한 기준에 근거한 제 3의 기관에 의해 라벨의 사용이 인정되는 제도이다. 환경보전을 위해 적절하다고 인정된 상품을 대상으로 산업계, 소비자, 학자들로 구성된'에코마크 유형 기준 제정위원회'에서 에코마크의 대상이 되는 상품유형을 선정한다. 또한 상품유형별 인정기준서는 상품의 일생 (자원채취, 제조, 유통, 사용, 폐기, 재활용에 이르는 전 단계)에 있어서의 환경부하를 고려해 책정, 제정하고 있다. 해당하는 상품유형의 인정기준서에 근거하여 에코마크의 사용을 신청하면 에코마크 심사위원회에서 상품 인정 심사가 실시되며, 인정된 경우에는 인정상품마다 재단법인 일본환경협회와 에코마크 사용계약을 체결해야 한다. 사용 계약 체결일 이후부터 해당 인정기준서에 표기된 유효 기한일까지 그 인정상품에 대해서 에코마크를 사용 및 표시할 수 있다.

(7) 후생노동성인증 (MHLW)

약사법에 따라 관리되고 있는 의료기기, 의약품 및 화장품 등의 경우 후생노동성인증 및 관할 도청, 지자체 승인이 필요하다. 특히 의료기기의 경우에는 잠재적 위험도에 따라 클래스 1-4로 분류하고 있으며 클래스에 따라 달리 적용되는 인증이 필요하다.

- 클래스 1 : 일반의료기기 (위험도 낮음)
- 클래스 2 : 관리의료기기 (위험도 비교적 낮음)
- 클래스 3, 4 : 고도관리의료기기 (위험도 높음)

일본 내 의료기기 판매를 위한 심사 및 절차는『의약품 및 의료기기 종합기구 (PMDA)』를 통해 행해지고 있다. 일본 수입업체의 경우에는 의료기기, 제조/수입, 판매업자로서의『제조판매업허가』가 필요하며, 제조 또는 수입하는 제품마다의 승인, 인증, 신고를 규제 당국 (후생노동성, 각지자체)에서 획득해야 한다. 또한 외국 수출업체의 경

우에도 해외 제조업체는 약사법 제 13조 3항에 따라 『외국제조업자인증』을 획득하여야 하며, 인증의 유효기간은 5년으로 갱신이 필요하다.

[의료기기 클래스 분류표]

분류	해당제품 예	분류	위험성	제조판매규제
클래스 1	체외진단용기기, X선필름, 치과기공용용품 등	일반 의료기기	낮음	승인인증불필요 (신고/자기인증)
클래스 2	MRI, 전자식혈압계, 전자내시경, 초음파진단장치, 치과용합금 등	관리 의료기기	비교적 낮음	등록인증기관에 의한 인증 (인증기준에 적합한 것에 한함.)
클래스 3	투석기, 인공뼈, 관절, 인공호흡기	고도관리 의료기기	높음	대상에 의한 승인 (종합기구에 의한 심사)
클래스 4	페이스메이커, 인공신장			

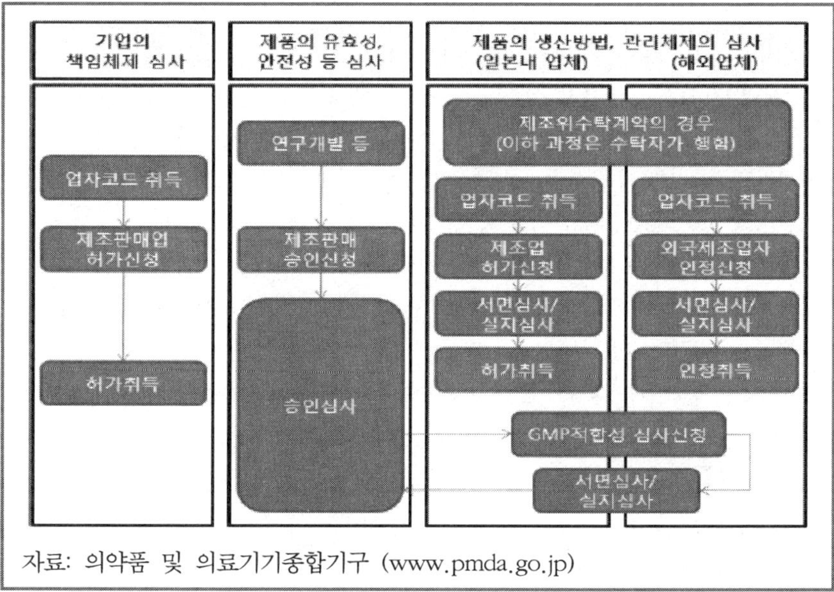

자료: 의약품 및 의료기기종합기구 (www.pmda.go.jp)

❁ 의료기기 인증절차

참고사항 4 할랄 인증제도

1. 말레이시아

❀ 말레이시아 할랄 인증 로고

말레이시아의 할랄 인증은 세계적으로 널리 인정받고 있어 말레이시아 또는 기타 이슬람국 할랄 제품 수출을 위해 말레이시아 할랄 인증을 받는 것이 유리하다. 한국 이슬람교 중앙회 및 한국 이슬람 협회에서도 할랄 인증을 해주고 있으나 국제적으로 인지도가 낮아 인정하지 않는 국가들도 있다. 따라서 아직 세계 할랄 인증 표준이 없어 국제적인 인지도가 있는 할랄 인증기관의 인증을 받는 것이 유리하다. 말레이시아 할랄 인증기관은 말레이시아 이슬람개발국 (Department of Islamic Development Malaysia, JAKIM)이다.

[JAKIM 할랄 인증서 및 말레이시아 할랄 로고 사용 조건 및 조항]

- 할랄 인증서는 모든 형태의 매매, 임대, 교환, 위조, 남용, 수정 등을 금함.
- 할랄 로고의 사용은 현존하는 법규 및 현지 국가 규제의 관할 아래 있음.
- 회사명 및 주소, 공장부지, 상품명, 재료, 제조업자 및 기타 관련 사항에 대한 모든 형태의 변경은 서면으로 JAKIM에 보고하여 추가 대응을 해야 함.
- 할랄 인증서 보유자는 인증서의 분실 및 손상에 책임을 져야하며, 빠른 시일 내에 도난 증명서 (Police Report)를 발급받아 서면으로 보고를 해야 함.
- 할랄 인증서에서는 유효기간 이전에도 항상 철회하거나 만료할 수 있음. 회사가 할랄 인증 절차를 위배하거나 이슬람 법 (Shariah Law) 위배의 소지가 있을 경우 할랄 로고 사용을 금함.
- JAKIM은 할랄 인증 절차의 조건 및 조항을 위배하는 기업의 블랙리스트를 작성하여 공고할 수 있음.

□ **인증절차**

(1) 신청서 접수

– 외국 생산품의 경우 '국제신청서 (International application)'을 작성, 제출

- 인증기관 연락처 : Department of Islamic Development Malaysia (JAKIM)
  - 주소 : Ground Floor, Block 2200, Enterprise Building 3, Persiaran APEC, 63000 Cyberjaya, Selangor, Malaysia
  - 전화 : +6 (03) 8315 0200
  - 팩스 : +6 (03) 8318 7044
  - 홈페이지 : www.islam.gov.my

  신청서는 인증기관 웹 주소에서 다운로드 가능

[신청서 접수 시 구비서류]
- 기업/사업체 등록증
- 공장 및 창고 설비 위치도
- 주요 재료에 대한 할랄 인증서 및 제품 상세 정보
- 공정 도표 및 생산 절차
- 현지 당국의 생산 허가증
- 화장품 및 의약품 관련 당국의 생산허가증 (건강용품 및 화장품에 해당)
- HACCP, ISO, GHP, GMP, TQM 등의 서류 (해당 경우)

(2) 검사료 납부 후 검사 진행
- 서류 신청 완료 후 검사료가 청구 됨
- 동남아 지역 회사와 비 동남아 지역 회사간 신청료가 다르며, 한 공장 당 1건으로 부과
- 한국 회사의 경우 공장별 US$ 2,100이며, 만약 생산 공정에 3개의 공장을 검사해야 할 경우 US$ 6,300 소요
- 항공료, 숙박 등 기타 비용은 신청자 부담.

[지역별 할랄 인증 검사료]

신청기업 출신지역	신청료
동남아국 (말레이시아, 브루나이, 싱가폴, 태국, 인도네시아, 캄보디아, 라오스, 미얀마, 필리핀, 베트남, 동티모르)	US$ 677
동남아 이외 국가	US$ 2,100

(3) 검사 통과 시 할랄 인증 획득

2. 인도네시아

인도네시아 인구 (약 2억 3천만명)의 88% 가량이 무슬림이며 전 세계 무슬림 인구의 약 12%가 인도네시아인인 점을 고려, 단일 시장 기준 인도네시아의 할랄 시장 규모는 세계 1위로 추정된다. 인도네시아의 할랄 인증 식품 수는 약 13,000여 개, 의약품 및 화장품을 포함할 경우 인증 제품수는 약 20,000여 품목으로 시장규모만 연 700억 달러로 추정된다. 따라서 인도네시아 할랄 시장 공략을 위해 세계 각국에서 인도네시아 할랄 인증을 따르는 추세이며 인도네시아 할랄 인증 도 전 세계적으로 인정받고 있다.

(1) 인증 절차

인도네시아 할랄 인증 절차는 크게 3단계로 볼 수 있다.

【1단계 : Pre-Audit】 인증을 신청한 업체의 서류 검토, Audit 일정 확정. 그리고 공장 방문으로 구성된 단계

【2단계 : Process Audit】 2명의 심사위원이 제품/생산공정/공장을 Audit 하는 단계

【3단계 : Post Audit】 매 6개월 마다 인증을 받은 업체는 LPPOM-MUI에 변경사항을 보고

(사전 통보 없이 해당 업체를 방문 Audit하기도 함)

(2) 인증기관 연락처 : LLPOM-MUI (Secretariat Office)

- 주소 : Indonesian Ulema Council Building Jl. Proclamation No.51 Menteng Jakarta Pusat
- 전화 : +62 21 3918890
- 팩스 : +62 21 3918915
- 홈페이지 : www.halalmui.org

[신청서 접수 시 구비서류]

• 기업/사업체 등록증
• 공장 및 창고 설비 위치도
• 주요 재료에 대한 할랄 인증서 및 제품 상세 정보
• 공정 도표 및 생산 절차
• 현지 당국의 생산 허가증
• 화장품 및 의약품 관련 당국의 생산허가증 (건강용품 및 화장품에 해당)
• HACCP, ISO, GHP, GMP, TQM 등의 서류 (해당 경우)
• 신분증, 여권사본
• 기타 사업 허가증 사본 (해당 경우)
• 사업명과 사업 유형 정보
• 기업 지사 위치 정보
• 제품명, 메뉴명 정보
• 생산업체, 재료 공급업체 정보
• 포장 재료 정보
• 제품 프로세스 흐름도
• 사업 장소 위치 지도

3. 아랍에미레이트

아랍에미레이트 관련 당국이 직접 할랄 인증서를 발급하지 않고 해외에 소재한 이슬람협회에 할랄 인증 발급 권한을 위임하여 운영하고 있다. UAE 식품 당국이 할랄 인증 권한을 위임한 해외 이슬람 관련 단체는 30개국 60여 단체가 있다.

예 호주 (Supreme Islamic Council of Halal Meat in Sustralia, Sydney)
미국 (The Islamic Food & Nutrition Council of America, Chicago)
한국 (한국이슬람교중앙회 : Korean Muslim Student Association)

발행된 인증서는 UAE 대사관 (또는 영사관), GCC (걸프연안회원국) 또는 무슬림 국가로부터 인증을 받아야 효력이 발생한다.

4. 기타 중동 이슬람국

UAE의 경우 육류 등 식품류에 한정 할랄 인증을 요구하나 요르단의 경우 할랄 제품에 대한 가이드 라인을 제시할 뿐 강제하지 않고 있다. 할랄 인증을 위한 국제 표준이 없기 때문에 국가의 성격에 따라 적용 기준이 상이하다. 사우디아라비아, UAE, 쿠웨이트 등 걸프지역은 대다수 국민이 무슬림이며 이슬람 원리주의의 영향으로 할랄에 대한 인식이 매우 높아 할랄 인증에 대한 강제성이 큰 반면 이집트, 요르단, 레바논 등 무슬림 뿐 아니라 기독교인이 상당히 분포하고 있는 국가의 경우 할랄 강제성이 상대적으로 약하다.

5. 한 국

한국의 경우, 한국 이슬람사원 (이태원동 소재)에서 검사 및 인증 발급 업무를 수행하고 있다. 최근 이슬람국 진출을 위해 많은 한국기업들은 할랄 인증을 받고 있으며 매년 증가 추세를 보이고 있다. 그러나 일부 국가에서는 한국 할랄 인증을 인정하지 않고 있음을 유의해야 한다.

(1) 신청서 접수

신청은 자체 내부 공문과 구비서류를 통해 신청한다.

[신청서 접수 시 구비서류] 모든 서류는 국문으로 작성

- 성분분석표 또는 품목 제조보고서 (보고서내에 성분 분석내역 포함)
- 제조공정도
- 생산허가서 또는 영업허가서 (영업신고증)
- 할랄인증 신청서 - 별도 양식은 없으며 신청자가 내부 공문으로 대표 직인날인 후 신청 (신청인 이름 및 연락처 기재)
- 샘플

(2) 인증기관 연락처 : 한국 이슬람교중앙회

- 주소 : 서울 용산구 한남동 732-21 한국이슬람교
- 전화 : 02 793 6908
- 팩스 : 02 798 9782
- 홈페이지 : www.koreaislam.org

(3) 서류 검토 후 현장 실사

한국 이슬람교 할랄 담당자를 통한 자체 실사 후 할랄 인증 부여를 결정하며 인증서 발급기간은 품목에 따라 서류 접수 후 1개월에서 수개월이 소요된다.

(4) 인증서 발급 후 인증료 납부

인증료는 인증서 발급 후 1품목당 3십만원이며 유효기간은 1년이다.

쉬어 가기

■ **좋은 전시회, 이렇게 찾아라**

연간 전 세계에서 개최되는 3만건이 넘는 전시회들 중에서 자사에 적합한 가장 좋은 전시회를 찾아 참가해야 한다는 것은 아무리 강조해도 지나치지 않는다. 여기에서 『좋은 전시회』란 참가기업의 품목과 참가 목적에 부합되고 좋은 성과를 기대할 수 있는 전시회를 말한다. 여기에 참가비와 장치비 등 투입 비용이 적게 드는 전시회라면 금상첨하이다. 좀 더 구체적으로 말하면 좋은 전시회가 되기 위해서는 많은 구성 요건이 있겠지만 그 중에서도 ① 주최 측이 출품대상으로 선정한 대표 품목에 우리 회사의 전시제품이 포함되어 있는지, ② 우리 회사의 참가 목적이 해당 전시회의 개최 성격과 목적에 부합되는지, ③ 동종 업계에서 유명한 국내외 기업들이 많이 참가하는 전시회인지, ④ 접근이 용이하고 잘 알려진 전시장에서 개최되는 전시회인지, ⑤ 국내외 전시 관련 기관으로부터 인증을 받은 전시회인지와 ⑥ 끝으로 KOTRA가 추천하는 전시회인지가 가장 중요한 요건이라 할 수 있다.

전시회에 대한 구체적인 정보 없이 막연히 소문이나 기대만 갖고 참가했다가 별 성과없이 시간과 예산, 인력만 낭비하고 돌아오는 경우도 흔히 있다. 10여년 전, 터키 이스탄불에서 개최되었던 TurkChem 이라는 전시회는 직물 염색제 위주의 전시회였는데 막연히 모든 화학 관련 제품이나 원료 전시회인 줄 알고 건설용 화학제품 국내 수출기업이 개별 참가하여 상담다운 상담도 해 보지 못하고 떠난 적도 있다.

❀ 직물 염색제 위주 전시회인 TurkChem

그렇다면 좋은 전시회를 찾는 방법은 무엇인가? 우선 전시회 정보를 수집할 수 있는 인터넷 사이트를 활용한다. 우리나라에서 운영하는 대표적인 전시회 관련 포탈 사이트로는 KOTRA가 운영하고 있는 GEP(www.gep.or.kr)이 있다. GEP의 『해외전시회정보』 메뉴에는 KOTRA 발굴, 추천하는 약 4천개의 전시정보가 수록되어 시기, 장소, 분야별로 검색이 가능하다. 수록된 전시회에는 『전시회 지명도』 및 『부스 배정 난이도』를 ★ 수로 표기하였으며 최근 3개년 참가국가, 참가업체 및 참관객 수가 그래픽으로 나타나있고 전시회 기본 정보 및 주최자 정보도 수록되어 있다. 아 울러 전시회 참가 또는 참관 후 KOTRA 해외무역관이 작성한 『해외전시현장정보』도 볼 수 있다. 또한 중소기업중앙회가 관리하는 www.sme-expo.go.kr에서도 중소기업청에서 지원하는 해외전시회 정보를 검색할 수 있다.

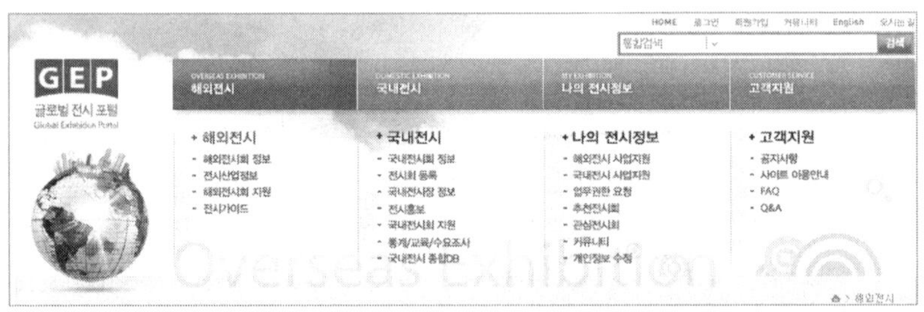

❀ KOTRA가 운영하고 있는 전시포탈사이트 GEP

이외 해외전시정보를 수집할 수 있는 유명 전시 사이트로는 독일 전시산업협회인 『AUMA』가 운영하고 있는 www.auma.de (약 5천개의 전시회 정

보 검색 가능)을 비롯하여 미국의 전시잡지회사인 『Exhibitor Magazine』이 운영하고 있는 www.exhibitiononline.com 등이 있다.

최근에는 해외 유명 전시주최사들이 한국에 에이전트를 두고 참가대상 국내 기업들에게 각종 정보를 제공하고 전시회 홍보와 함께 모집 활동을 활발하게 전개하고 있다.

따라서 이들 국내 에이전트를 통해 참가대상 전시회를 발굴하는 것도 바람직하다. 해외 전시주최사의 대표적인 국내 에이전트로는 메세프랑크푸르트코리아, IPR포름, KEM, 프로모살롱코리아 및 K-Fairs 등이 있다. 그러나 역시 KOTRA가 매년 발표하는 한국관 구성 단체 전시회가 가장 신뢰할 만한 좋은 전시회라 할 수 있다. 이들 전시회는 KOTRA 해외무역관의 추천, 전시회 참가고객 만족도 평가 결과와 전시회별 수요조사, 전문전시회의 인증실적 등을 반영한 전시회 평가와 수출품목 성장성, 현지시장 적합성 등 수출시장성 및 정책평가 등을 감안하여 선정된 전시회이기 때문이다. 아울러 지자체, 각 조합이나 협회가 단체로 참가하는 전시회도 나름대로 기준을 갖고 선정된 전시회이므로 첫 참가에 따른 위험을 최소화할 수 있는 방법이다.

각 기업들이 개별적으로 발굴하여 참가하는 해외전시회도 처음 참가하는 전시회라면 참가신청 전, KOTRA 해당 무역관에 전시회 관련 정보와 참가 타당성을 조사 요청하는 것이 바람직하다. 또한 가능하다면 과거에 참가해 본 경험이 있는 국내업체를 찾아 전시회 성격과 성과를 파악하는 것도 좋은 방법이다. 최근에는 민간 여행사에서 해외전시회 참관단을 모집하여 참관을 주선하는 여행 프로그램도 있으므로 전시회 참가 전, 직접 참관해 보는 것도 실수를 줄일 수 있는 방법이라 할 수 있다.

제7장 운송방법 및 운임

제 7 장

운송방법 및 운임

성공적인 전시회 참가를 담보하기 위해서는 준비된 전시품을 전시회 개막일에 맞추어 참가기업에서 전시장까지 안전하게 운반하고 전시회 종료 후에는 다시 참가기업으로 되갖고 오기까지 모든 과정을 차질없이 진행시켜야 한다. 여기에다 시간과 운송비 부담을 극소화하기 위해서는 운송방법과 운송사를 신중하게 선택해야 한다. 전시품은 대부분 해상운송으로 발송하지만 시간이 촉박하거나 무게가 많이 나가지 않는 경우 항공으로 발송하기도 하고 참가업체 출장자가 직접 휴대하기도 한다.

대부분의 전시품은 해상운송을 통해 운반된다. 최근에는 선박 속도도 빨라지고 선박편수도 크게 늘어나 과거와는 달리 운송기간이 많이 단축되었다. 따라서 우리나라와 가까운 중국, 일본, 대만, 홍콩 등은 1주이내면 도착되며 아무리 먼 남미라 하더라도 40일 내외가 소요된다. 해상운송은 항공편에 비해 운송기간이 길고 기후의 영향을 받기도 하지만 대량화물 운송이 용이하고 비용이 저렴한 장점을 갖고 있다. 그러나 이따금씩 항만 파업으로 인해 전시품 운송에 차질을 빚는 경우도 있다. 무겁지 않고 부피가 크지 않은 전시품을 출품하거나 또는 전시품 준비 기한이 촉박한 경우, 항공편으로 발송되기도 한다. 항공운송의 장점은 기본적으로 운송 기간이 짧다는 점이다. 그러나 운임이 상대적으로 고가이고 무거운 화물, 긴 화물, 부피가 많이 나가는 전시품은 항공운송을 이용하기에 한계가 있다. 전시장이 항구나 공항에서 먼 경우, 내륙운송을 이용할 수 밖에 없다. 특히, 미국이나 중국과 같이 내륙 깊숙한 곳에 전시장이 있는 경우, 내륙운송비가 매우 많이 나온다. 육지로 국경이 접해 있고 국경선 개념이 거의 없는 유럽에서는 도로운송을 통해 전시품을 운반하기도 한다.

전시품이 많지 않고 그다지 무겁지 않은 경우, 운송비 절감을 위해 전시회 파견자가 직접 휴대하기도 한다. 직접 휴대 시 (핸드캐리) 별도의 운반비용이 들지 않고 신속하게 운반할 수 있는 장점이 있지만 항공사가 무료로 실어주는 화물 허용량의 한계가 있고 통관에 필요한 서류를 제대로 갖추고 가지 않으면 입국 시 과도한 세금을 물어야 하거나 압류되어 전시회 참가에 막대한 차질을 빚을 수 있으므로 유의해야 한다. 특히, 핸드캐리의 경우, 통관 시 휴대전시품 반입 불허에 대비하여 주최자가 발행한 참가확인서를 휴대하는 것이 바람직하다.

[서울국제식품산업대전 주최자인 KOTRA가 발행한 참가확인서]

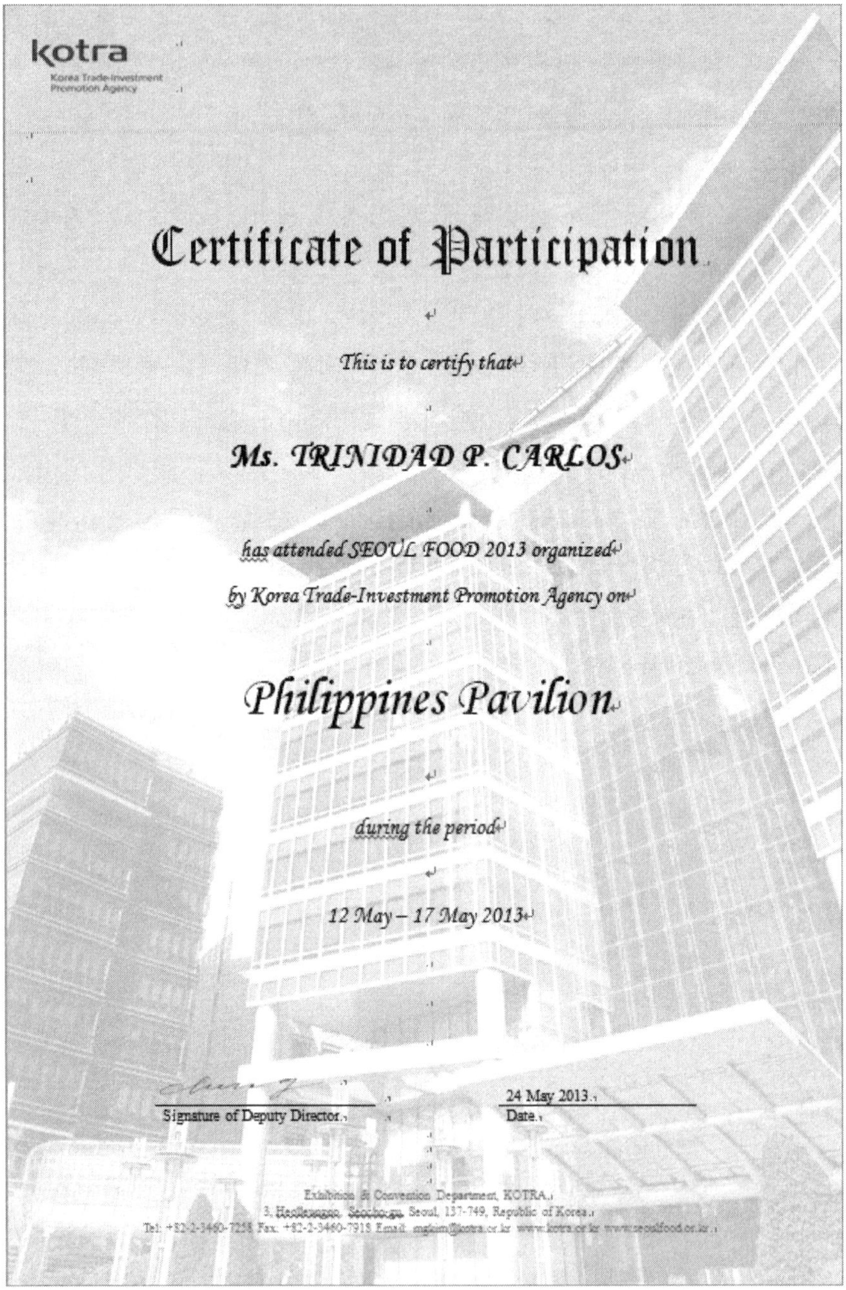

kotra
Korea Trade-Investment Promotion Agency

Certificate of Participation

This is to certify that

Ms. TRINIDAD P. CARLOS

has attended SEOUL FOOD 2013 organized

by Korea Trade-Investment Promotion Agency on

Philippines Pavilion

during the period

12 May – 17 May 2013

Signature of Deputy Director

24 May 2013
Date

Exhibition & Convention Department, KOTRA
3, Heolleungno, Seocho-gu, Seoul, 137-749, Republic of Korea
Tel: +82-2-3460-7258 Fax: +82-2-3460-7918 Email: [illegible]@kotra.or.kr www.kotra.or.kr www.seoulfood.or.kr

[국내주요 항공사별 무료 운반 수화물 규정 (2013년 10월 현재)]

■ 대한항공

지역	국제선		국내선
	미주 구간	미주 외 구간	
일등석	각 수하물의 무게가 32kg/70lbs 이하이며 최대 3변의 합이 158cm/62ins이내의 짐 3개		-
프레스티지석	각 수하물의 무게가 32kg/70lbs 이하이며 최대 3변의 합이 158cm/62ins 이내의 짐 2개		30kg
일반석	각 수하물의 무게가 23kg/50lbs 이하이며 최대 3변의 합이 158cm/62ins 이내의 짐 2개 ※ 브라질 출도착 여정은 32kg/70lbs 이하의 짐 2개 적용	각 수하물의 무게가 23kg/50lbs 이하이며 최대 3변의 합이 158cm/62ins 이내의 짐 1개	20kg
소아 (만 12세 미만)	성인과 동일 + 접는 유모차, 소아용 카시트 중 1개		성인과 동일
유아 (만 2세 미만)	접는 유모차, 운반용 요람, 유아용 카시트 중 1개 + 크기가 115cm/45ins 이하이면서 무게가 10kg/22lbs 이하인 가방 1개		접는 유모차, 운반용 요람, 유아용 카시트 중 1개

* 미주노선 : 미국, 캐나다, 멕시코, 브라질 등 괌, 코로르 (팔라우)는 미주외 노선에 포함

■ 아시아나 항공

좌석등급	미주 구간 (태평양 횡단)
퍼스트 클래스 (성인, 소아) 비즈니스 클래스 (성인, 소아)	· 무게 : 32kg(70lbs)이내 · 크기 : A+B+C=158cm이내 · 개수 : 2개
트래블 클래스 (성인, 소아)	· 무게 : 23kg(50lbs)이내 · 크기 : A+B+C=158cm이내 · 개수 : 2개
Infant (유아)	· 무게 : 23kg(50lbs)이내 · 크기 : A+B+C=158cm이내 · 개수 : 1개+접을 수 있는 유모차 1개

좌석등급	미주 외 구간
퍼스트 클래스 (성인, 소아)	• 40kg(88lbs)
비즈니스 클래스 (성인, 소아)	• 30kg(66lbs)
트래블 클래스 (성인, 소아)	• 20kg(44lbs)
Infant (유아)	• 10kg(22lbs) • 접을 수 있는 유모차나 유아보조기 종류 1개 추가 가능

[각국별 핸드케리 시 현지 공항에서 유의사항]

국가명	유의사항
남아공	• 직접 운반 전시품의 경우, 공항 세관원들은 관례에 따라 관세 면제를 조건으로 뒷돈을 요구하는 경우가 있는데 상황에 따라 과도하게 요구하지 않는다면 적절하게 대응한다. • 공항 세관원들은 비즈니스 출장자들을 대상으로 샘플 반입을 집중 단속하므로 관광객들 틈에 섞여 세관검사대를 통관하면 비교적 덜 노출될 수 있으며 샘플은 여러 가방에 분산 휴대하는 것이 좋다.
네델란드	• 전시회 참가기업은 대부분 관광비자로 입국하기 때문에 전시물품의 경우에도 일반적으로 정상 관세를 납부해야 한다. • 영문송장과 무관세임시통관증서 (ATA Carnet)를 필히 지참하여 입국 시 출입국관리소 직원에게 보여주면 세관 직원이 확인증을 발급하고 면세가 확정된다. 이 확인증은 출국 시에 제출해야 하므로 잘 보관한다. • ATA Carnet로 들여온 물품은 바이어에게 제공 및 판매하였을 경우 세관출장소 또는 주최 측에서 지정한 운송업체에 당초 송장과 차이나는 양을 확인하고 세금을 납부한다.

국가명	유의사항
독 일	• 핸드캐리 전시품의 경우에는 반드시 관련 전시회가 기재된 영문 샘플인보이스와 대한상공회의소에서 발행하는 무관세임시통관증서를 준비해야 한다.
러시아	• 전시를 위한 임시 통관일 경우, 일반적인 구비서류는 송장, 선하증권 또는 항공화물운소장과 Packing List이며 품목별 추가 필요서류는 매번 상이하기 때문에 별도의 확인이 필요하다. • 임시 통관이라도 농수산물, 식품, 음료, 세정/세척제품이나 개인/가정 위생 관련 각종 종이제품, 유아의류 등은 필히 위생 인증관련 서류 (국제인증서 등)를 구비해야 반입이 가능하다.
미 국	• 핸드캐리 전시품에 대한 구비서류로는 Invoice, Packing List가 있으며 세관원이 서류를 요구하면 제시해야 한다. 구비서류에는 'Not for sale'또는 'Only 000전시회'와 같이 기입하고 또한 전시품 제조회사명, 주소, 원산지 등도 표기해야 한다. • 전시물품과 개인용품을 혼합하여 같은 가방에 넣지 말아야 하며 핸드캐리 물품이 미국 FDA에 저촉되는지 사전 파악해야 한다. 인보이스 금액이 US$ 250을 초과할 경우, 더 까다로운 검색을 받게 된다.
베트남	• 공항 세관원들이 특별히 전시품 샘플을 단속하지 않으며 핸드캐리 규정인 7Kg이하와 액체 100ml 미만으로 가져온다면 추가 비용없이 직접 운반이 가능하다.
스위스	• 전시목적 물품은 ATA Carnet가 구비되면 무관세로 반출입할 수 있다. ATA Carnet를 휴대하고 스위스 공항에 도착하여 짐을 찾은 후, 공항 내 세관에 가서 자진신고하고 세관 확인도장을 받는다. 반출 시에도 전시장내에서 운영되고 있는 세관 사무실에서 도장을 받아야 한다. • 전시용 샘플인 경우 가격이 100CHF 미만이면 무관세로 반입이 가능하나 고급품인 경우, 샘플로 인정 못 받을 수도 있다.
스페인	• 핸드캐리 시 전시품에 대한 인보이스와 함께 ATA Carnet를 발급받아 준비해야 한다. 공항의 세관신고대에서 관련 서류를 보여주어 면세통관을 받을 수 있으며 전시회 종료 후 출국 시에 반출내역을 신고한다. 전시품 기증, 판매 등으로 당초 신고한 내역과 반출내역이 다를 경우에는 이에 대한 세금을 납부해야 한다. • 통관절차를 거치지 않고 들어온 전시물품이 적발 될 경우, 적접한

국가명	유의사항
	세류를 제출할 때 까지 (관세를 납부하고 통관을 완료할 때 까지) 관세 당국에 압류되어 전시회를 망칠 수도 있다.
싱가포르	• 전시회 참가업체가 전시품을 직접 운반할 경우에도 선박이나 항공편으로 운송하는 경우와 동일한다. • 싱가포르는 일부 품목을 제외하고는 관세를 부과하지 않고 부정부패가 없는 것으로 유명해 공항에서 통관 관련 뒷돈을 요구하는 경우는 없다.
UAE	• 직접 운반 전시품의 경우, 공항 세관원들은 비즈니스 출장자들을 대상으로 샘플 반입을 집중 단속하므로 관광객들 틈에 섞여 세관 검사대를 통과하면 비교적 덜 노출될 수 있으며 샘플은 여러 가방에 분산 휴대하는 것이 좋다. • 전시주최자로부터 아랍어, 영어로 작성된 전시회 참가 확인 레터를 휴대하는 것이 바람직하다.
영 국	• 전시품 종류에 따라 상이하지만 일반 소비재의 경우, 정상 관세를 납부하여야 한고 특히 방위산업체 무기류의 경우, 전시회 주관사와 사전 협의하여 영국 국방부의 불법 반입류 리스트에 있는 제품은 아닌지 확인한다. • 전시회 주관사로부터 사전에 확인 및 협의된 서류와 전시회 참가 확인서를 휴대한다.
이탈리아	• 보통 전시회 기간 동안 관광비자로 입국하면서 전시품을 직접 운반해오는 경우, 공항 입국 심사 전 서류를 작성하여 신고해야 한다. 불시 심사 시 위법 사항이 적발되면 많은 벌금이 부과된다.
인 도	• 핸드캐리 전시품도 관세를 납부해야 하나 공항 세관원들이 관례적으로 관세를 면제해주는 조건으로 뒷돈 (천-이천루피)를 요구하는 경우가 있는데 적절히 대응한다. • 공항 세관원들은 비즈니스 출장자들을 대상으로 샘플 반입 등을 집중 단속하므로 핸드캐리 시에는 전시품을 종이상자에 담지 않고 수트케이스에 담는 것이 좋다. 또한 샘플 가격이 적힌 인보이스와 전시주최자로부터 현지어로 작성된 전시회 참가를 확인하는 서류를 휴대한다.
일 본	• 전시품을 직접 운반할 경우, 영문송장, ATA Carnet 등을 필히 지참한다.

국가명	유의사항
중국	• 전시품의 경우에도 정상관세를 납부해야 한다. 주로 Packing List, Invoice, HS Code를 제출해야 하는데 500불 이상은 반드시 세금을 납부해야 하므로 Invoice 작성 시 샘플 금액은 가능한 500불 미만으로 작성한다. • 공항에서 문제 발생 시 물류업체를 찾아 직접 통관하는 것이 빠르다.
캐나다	• 전시품은 정식 통관을 거쳐 전시장으로 운송하는 것이 바람직하나 휴대화물로 반입하는 경우, 원칙적으로 입국 시 세관에 관련 사항을 신고하고 세관 안내에 따라 절차를 거쳐 반입하는 것이 가장 확실한 방법이다. • 그러나 이 경우 재반출 계획 여부에 따라 보증금 또는 세금 부과 등의 부담이 있을 수 있으며 반입자체가 불허되는 사례가 발생할 수도 있다. 휴대물품 반입 시 최소한의 샘플만 준비하고 별도 박스 포장보다는 여행용 트렁크를 활용하는 것이 바람직하다.
태 국	• 태국 정부는 국제회의, 전시회 유치를 위해 통관 절차를 간소화하였다. 전시품의 경우, 6개월 안에 해외로 재반출하면 관세를 부과하지 않는다. 다만 전시회 기간 동안 사용된 소모품 (홍보물, 기념품, 판촉물 등)에 대해서는 관세를 납부해야 한다.
프랑스	• 현지 공항에서 문제가 되지 않기 위해 Invoice, Packing List, ATA Carnet를 구비해야 한다. • 또한 휴대전시품 무관세 통관 허용 수량 및 금액, 인보이스 작성 시 유의사항 (예 언더밸류), 핸드캐리 금지물품에 대한 충분한 사전 점검이 필요하다. • 비상 시 대비 대사관, 무역관, 참가예정 전시회 주최자 및 체류호텔 연락처를 준비한다.
홍 콩	• 원칙적으로 전시품 핸드캐리 시, 세관신고를 필히 해야 하며 Invoice, Packing List 및 전시회 참가증빙서류 (전시신청서)등을 준비해야 한다. • 홍콩 공항의 보안이 강화되고 있어 knives, cutter, razor blades, household cutler와 같은 품목은 가급적 핸드캐리 하지 않는다.

[운송방안별 장단점]

구분	장점	단점
해상운송	• 대량화물 운송 용이 • 비용 저렴	• 타 운송 수단에 비해 운송속도 느림 • 기후의 영향을 많이 받음
항공운송	• 신속한 운송 • 파손율 낮음	• 고가 운임 • 중량 제한
철도운송	• 대량화물 운송 가능 • 사고율 낮고 기후 영향 적음	• 근거리 운송에서는 운임이 비교적 비싼 편
도로운송	• Door to Door 서비스 • 배차시간에 제한 없음	• 대량화물 운송에 부적합 • 원거리 운송에서는 운임이 비쌈 • 폭설시 운송 지연 또는 불가 가능성 높음
복합운송	• 단일 운송을 2가지 이상 조합하여 운송	
직접휴대	• 운송비 절감 • 신속한 운송	• 휴대량 제한 • 철저한 서류 준비 없으면 공항에서 압류, 통관불허 가능성 높음

한편 2013년 9월 현재, 국내운송사인 F사가 제시한 전시품에 대한 편도 기준 항공운임과 해상운임은 다음과 같다.

목적지	최저운임 (원)	Kg당 추가요금 (원)	건당 부대비용 (원)	건당 현지비용 (US$)	항공사 및 운송기간
LA	66,470	6,520	55,220	1,050	KE, 1일
뉴 욕	66,470	7,740	55,220	1,050	KE, 1일
프랑크푸르트	75,900	11,780	55,220	980	KE, 1일
밀라노	75,900	11,780	55,220	1,150	KE, 1일
모스크바	75,900	11,780	55,220	1,450	KE, 1일
상하이	37,500	4,500	55,220	570	KE, 1일
베이징	37,500	4,850	55,220	600	CA, 1일
광저우	37,500	5,850	55,220	620	OZ, 1일
홍 콩	37,500	4,130	55,220	580	KE, 1일
도 쿄	33,900	2,210	55,220	1,050	JL, 1일
싱가포르	37,500	6,630	55,220	660	OZ, 1일
상파울루	101,500	19,920	55,220	1,650	KE, 3일
두바이	75,900	12,310	55,220	1,150	KE, 2일

예를 들어 LA까지 항공으로 전시품을 발송할 경우, 최저운임 (66,470원)을 Kg당 운임 (6,520원)으로 나누어 이 수치 (10.195Kg)까지는 몇 Kg을 발송하든 최저운임이 적용되고 이 수치를 넘어서게 되면 Kg당 6,520원이 가산된다. 또한 발송 중량에 관계없이 건당 부대비용과 현지비용을 추가하면 총 운임이 산출된다.

[해운운임]

목적지	운임/CBM (US$)	건당 부대비용 (원)	건당 현지비용 (US$)	운송기간	비고
LA	65	15,000	1,050	15일	- 현지비용은 MIN(4CBM) 기준임. - 해상운임 변동가능
뉴 욕	85	15,000	1,050	29일	
프랑크푸르트	80	12,000	1,150	36일	
밀라노	65	12,000	1,450	35일	
모스크바	165	12,000	1,950	42일	
상하이	5	14,000	630	4일	
베이징	15	14,000	680	7일	
광저우	85	14,000	780	12일	
홍 콩	5	14,000	780	5일	
도 쿄	10	14,000	1,200	4일	
싱가포르	15	14,000	980	8일	
상파울루	140	19,920	2,350	39일	
두바이	65	14,000	1,150	22일	

참고사항 5 해외전시회 부가세 환급[23)]

1. 독 일

독일지역에서 열리는 각종 전시회에 참가하거나 참관하는 과정에서 지출한 각종 경비 예컨대 호텔 요금, 전시부스 임대료 및 장치비, 독일 현지에서의 택시비 및 항공료, 기차 및 버스, 전차 요금 등에 대해서 까지 독일 정부로부터 부가세 16%를 환급받을 수 있다. 독일정부는 외국인들이 독일 현지에서 직접 지불한 항공요금, 호텔요금, 전시부스 임대요금 등에 대해 징수한 16%의 부가가치세를 환급해주고 있는데 단, 독일 현지업체를 통해 지불된 부가가치세는 환급대상에서 제외된다.

따라서 독일 현지법인의 이름으로 전시회에 참가하는 업체들은 부스임대료 등에

23) 전시마케팅 성공가이드 P98-99 (한국무역협회) 발췌

대해 부과됐던 부가가치세를 환급 받을 수 없다. 한국 본사 이름이 아닌 독일 현지 법인으로 전시회에 참가하는 업체들은 그만큼 손해를 보는 것이라 할 수 있다. 또한 독일의 현지 관광안내 업체를 고용해 단체참관을 하는 경우 독일 현지관광 안내 업체를 통해 호텔 요금이나 현지에서 이용한 항공요금이 지출되는 형태를 취해서도 부가가치세 환급을 받을 수 없다. 독일정부로부터 부가가치세 환급을 받으려면 세금 환급 신청서를 작성해야 하는데 세금 환급 신청서는 모두 독일어로 기재해야 하는 등 작성이 어렵다. 한독상공회의서는 독일전시회 참가 혹은 참관업체들의 독일 현지에서 발급받은 각종 영수증을 근거로 16%의 부가가치세 환급 서류를 작성해주는 서비스를 제공해주고 있는데 소정의 수수료를 받고 있다.

독일 세법상 부가가치세를 환급받기 위해서는 독일 공급자 즉 청구서를 발행한 독일 회사의 상호 및 주소, 한국측 구매자, 즉 환급 신청인의 상호 및 주소, 납품된 상품의 내역 및 금액 (예 전시장에 필요한 회전의자 두 개) 또는 제공된 서비스의 형태 및 범위 (예 3일간 호텔비), 상품 서비스가 제공된 날짜 및 청구서 발행일자, 청구서상의 상품 혹은 서비스의 순금액 (부가가치세를 제외한 금액), 순금액에 대한 부가가치세액 등이 별도로 기재돼야 한다. 특히 순금액과 부가가치세액이 청구서나 영수증에 각기 별도로 정확하게 기재되는 것은 매우 중요하다.

[독일상공회의소 홈페이지 (korea.ahk.de) 부가가치세(VAT) 환급서비스 안내문]

한독상공회의소는 한국기업이 전시회 참가 및 각종 비즈니스 관련으로 독일을 비롯한 유럽국가에서 지불한 비용의 부가가치세를 환급받을 수 있도록 지원해 드립니다. 부가가치세 환급 신청이 가능한 국가는 현재 네덜란드, 노르웨이, 덴마크, 독일, 벨기에, 스웨덴, 영국, 오스트리아, 프랑스, 핀란드입니다. 또한 국내에 사업장이 없는 외국법인 또는 비거주자로서 외국에서 사업을 영위하는자가 재화 또는 용역과 관련된 한국의 부가가치세를 환급받고자 할 경우에도 도움을 드리고 있습니다.

2. 기타 국가

미국의 경우 부가가치세 제도를 시행하고 있지 않아 미국 현지에서 지출한 각종 경비에 대해 부가세 환급을 신청할 수 없다. 또한 나라마다 부가세율이 다르고 부가세 환급대상이 상이하므로 부가세 환급대행 전문업체에게 일임하는 방법이 가장 무난하다 할 것이다. 단 업체마다 수수료율이 상이한 관계로 최소한 2-3개소의 환급대행전문업체에 문의한 후 대행업체를 결정하는 것이 좋다.

[주요국별 부가세율]

국가명	캐나다	영국	네델란드	스웨덴	노르웨이
세율	7%	17.5%	17.5% (6%)	25% (12%)	23%
국가명	덴마크	스위스	핀란드	프랑스	일본
세율	25%	6.5%	22% (6%)	19.6%	5%

유럽·캐나다 지역 사업자 부가세 환급 6월까지 신청

국민일보 | 기사입력 2002-05-24 11:38 | 최종수정 2002-05-24 11:38

'유럽에서 사업하시는 분 부가세 돌려받으세요'

부가세환급 대행사인 인세텍스(INSATAX)는 24일 유럽 22개국과 캐나다에서 사업경비와 함께 지출한 부가세를 환급받기 위해서는 다음달 말까지 해당 국가에 신청해야 한다고 밝혔다.

유럽에서 출장 무역박람회 등 각종 비즈니스를 하고 있는 사업자는 통상 15~25%의 부가세,캐나다에서는 15%의 연방 및 지방세가 포함돼 있지만 지난해 사용금액에 대한 부가세는 다음달까지 신청할 경우 되돌려받을 수 있다는 것.

이와 관련,인세텍스(www.insatax.com)는 지출내역이 담긴 영수증 원본만 보내면 모든 환급신청 업무를 대행해주며 수수료는 환급액의 18%,환급에 실패했을 경우에는 수수료를 받지 않는다고 밝혔다.

▲ 유럽, 캐나다 사업자 부가세 환급 관련 기사 (국민일보 2002.5.24)

쉬어 가기

■ 전시회에서 있었던 이런 일, 저런 일

【사례 1】 계약금 없이 전시품 판매 약속했다가 바이어 안 나타나 낭패

2011년 6월 5일부터 8일까지 레바논 베이루트에서 개최되었던 『레바논 국제 건설자재 및 장비박람회』에 국내 기업 9개사가 참가하였다. 그런데 그 중 한 국내참가기업 (A사)이 100Kg이 훨씬 넘는 대형 산업용 냉장·냉동기기 1대를 전시하였는데 전시회 첫날 좋은 바이어을 만나 전시회 마지막 날 오후, 5천불에 넘겨주기로 약속을 하였다. 이 기업은 이미 통관 시 관세를 부담하였기 때문에 판매에 아무런 제약이 없었다. 이와 같이 무게가 많이 나가는 대형 전시품은 전시회 종료 후, 한국으로 다시 가져오려면 운송비가 많이 들고 번거러워 대부분 현지에서 판매하는 경우도 흔히 있다.

전시회 기간 중 여러 바이어들이 판매를 요청해오자 이 기업은 해당 전시품에 『Sold Out』이라고 표기한 후, 이미 팔려 판매가 불가능하다며 바이어들의 양해를 구했다. 그러나 전시회 마지막 날, 약속시간이 되어도 바이어는 나타나지 않았다. A사 파견자는 그 바이어에게 전화를 하여 왜 와서 인수해 가지 않느냐고 묻자 그 바이어는 사정이 생겨 인수할 수 없다고 답변하고 전화를 끊었다. A사는 이 바이어로부터 제품 인수와 관련 계약금은 물론이고 계약서도 받지 않고 구두약속만 믿었기 때문에 전시회 기간 중 다른 바이어에게 매각할 수 있는 기회를 놓치고 말았다.

【사례 2】 도덕적 해이로 다른 국내 기업 인기박람회 참가 기회 박탈

✽ 파나마 종합박람회 미국관

2008년 3월, 4일간 파나마에서 개최된 『파나마 종합박람회』에 국내 16개사가 참가하였다. 이 박람회는 1983년 3개국 140여개 전시업체로 시작하여 현재는 30여개국 500개 이상의 전시업체가 참가하고 있는 중미 최대 종합박

람회로 자리매김하고 있어 국내 많은 기업들이 참가를 희망하고 있었다.

당시 KOTRA는 16개 부스를 배정받아 참가기업 모집에 들어갔는데 20개사가 넘는 신청기업 중 심사를 거쳐 16개사를 선정하였고 그중 7개 부스를 수도권 A시 지자체 관내기업들에게 배정하였다. A시 관내기업들은 중앙정부와 A시로 부터 전시회 참가비는 물론이고 통역료까지 전액 지원받게 되어 각 기업들은 출장비만 부담하면 되는 상황이었다. 그러나 A시 관내 7개 기업 중 한 기업은 개별적으로 현지 도착하겠다고 하고는 실제 전시회 기간 중 현지 출장을 오지 않고 미리 보낸 전시품만 A시 관내 다른 참가업체에게 전시토록 요청하였다. 따라서 출장을 오지 않은 기업부스는 출장자 없이 카탈로그와 샘플 몇 점만 전시하고 그 회사와 아무런 상관이 없는 바로 옆 부스 출장자가 찾아오는 바이어들의 명함만 수집하였다. 결국 한국관은 한 부스가 비어있는 상태로 운영되었고 그 박람회에 참가하고자 했던 다른 국내 기업들에게 돌아갈 기회를 박탈하는 도덕적 해이의 모습을 연출하였다.

【사례 3】 전시품 준비 소홀로 실패한 사례

해외전시회 참가 시 전시회 개최국이나 인근국가들에서 경쟁력이 있고 판매 가능성이 높은 상품으로 엄선해야 한다. 이들 국가의 소비자나 구매자의 구입특성, 소득수준, 이자인 및 색상, 소재, 경쟁국과 경쟁 기업들의 진출 동향, 유통구조, 수입 규제, 인증 필요성도 감안한다. 특히 패션상품의 경우, 향후 유행할 제품을 충분한 시간 여유를 갖고 준비한다. 또한 특허나 디자인 도안 침해로 문제가 발생할 가능성이 있는 품목은 출품에서 제외해야 한다.

그러나 전시품에 대한 준비 소홀로 전시회 참가에 따른 소기의 성과를 올리지 못하고 돌아오는 경우도 흔히 있다. 일례로 뉴욕에서 매년 개최되는 섬유전인 Preview in New York에 중동 소비자들이 주로 찾는 디자인과 소재 원단을 출품한 기업은 제대로 된 바이어 한명 못 만나고 짐을 쌓아야 했다. 레바논에서 개최된 건축박람회에 참가했던 한 국내기업은 개최국에 건축기자재 생산 공장 부재로 건축기자재를 제작하는데 필요한 원재료 수요가 없는데도 모르고 출품했다가 실망하고 돌아갔으며 세계적인 시계박람회인 스위스 바젤월드에 참가했던 한 중국기업은 디자인을 모방한 짝퉁 제품을 전시했다가 적발되어 벌금을 물고 전시회 기간 중 전시장에서 철수해야 했다. 이밖에도 전시회가 개최되는 해당 국가가 요구하는 인증을 취득하지 않은 상태에서 의료기기를 전시했다가 오더를 못 받아가는 사례도 있었고 특히 중동지역에서는 종교적인 이유로 소비자들이 먹거나 마시지 않고 소비하지도 않은 제품을 출품하여 (예 중동 식품전에 돼지고기 향료가 함유된 라면 출품, 중동 화장용품전에 돼지 콜라겐 성분이 함유된 화장품 출품) 상담조차 하지 못하는 경우도 있었다.

또한 전시품의 양은 임차한 부스 면적을 고려하여 결정하되 임차 부스에 비해 너무 많은 전시품을 갖고 가게 되면 운송비도 많이 들 뿐 아니라 부스에 모두 전시하지 못할 수도 있고 오히려 혼란스러워 바이어들에게 좋은 이미지를 주지 못하는 경우도 있다. 또한 전시회 통관이나 전시회 종료 후, 처치 곤란할 수도 있으므로 적당한 양을 준비하도록 한다.

국별 전시품 운송 및 통관 유의사항

제 8 장 국별 전시품 운송 및 통관 유의사항

1. 남아공

남아공에서의 전시품 통관 방법으로는 임시수입통관 (Temporary)과 완전수입통관 (Permanent) 등 2가지 방법이 있다. 전시품 통관의 약 65% 가량이 임시통관방식으로 이루어지는데 전시회 종료 후 재 반출 조건으로 현지 수입통관 시 관세 및 부가세를 납부하지 않는다. 반면, 완전수입통관은 전시회 종료 후 재 반출조건이 아니므로 현지 수입통관 시 관세 및 부가세를 납부하게 된다. 임시수입통관 된 전시품이 현지 판매, 기증, 폐기되어 전시회 종료 후 반송되지 않는 경우, 소량의 인쇄물을 제외하고 현지 관세 및 부가세를 납부해야 한다.

이때 부과되는 관세는 전시품의 HS Code에 따라 상이하며 부가세는 (CIF Value+현지 관세)의 14%이다. 이때 현지 관세 및 부가세는 제출된 서류상의 CIF Value를 기준으로 하지 않고, 현지 세관 검사 후 재 산정된 CIF Value를 기준으로 부과된다. 현지 임시수입통관 이후 제품 판매로 인한 완전수입통관으로의 변경은 가능하나, 전시회 종료 후 현지 바이어가 전시장 내 부스에서 직접 픽업은 불가하며, 우선 세관관할 보세 창고에 입고시키고 관세 및 부가세 납부와 완전 수입통관 절차가 완료되고 나서야 보세 창고에서 픽업이 가능하다. 또한

관련 비용 (부스와 세관 보세 창고 간 운송 및 작업비, 보세 창고료 등)을 추가 지불한다.

2. 네델란드

한국에서 선박을 통해 전시품을 운송할 경우, 통상 인천항에서 로테르담 항구까지 운송시간만 45일 정도 소요된다. 전시품의 경우, 전시품 통관과 관련된 프로세스 이해가 중요하기 때문에 전시회 주최측에서 지정한 운송사 또는 전시품 운송 경험이 풍부한 업체를 지정하는 것이 바람직하다. 전시품 통관을 위해서는 운송업체에서 요청한 포장명세서(Packing List), 송장 (Commercial Invoice), 선하증권 (Bill of Landing, B/L), 항공운송 시 항공화물운송장 (Air way Bill), 수출보험 (Export Insurance) 등을 제출해야만 한다.

전시품의 경우, 도난 및 분실의 우려가 있으므로 각 전시품마다 회사명, 부스번호, 전시회명을 필히 기재해야 한다. 또한 포장한 상자 겉면에 간단한 제품정보를 표기하는 것이 좋다. 참가기업은 전시품의 관세를 줄이기 위해 송장 (CI)내 신고가격을 정상가격보다 낮게 기록하는 경우가 일반적인데, 전시품이 도난당할 경우 신고가격을 기준으로만 보상받게 될 우려가 있다.

네덜란드는 유럽의 물류기지인 만큼 통관절차는 신속하게 이루어지기 때문에 전시품은 운송업체 보세창고에 보관되었다가 1 ~ 2일 이내에 전시장내 부스로 운송되게 된다.

3. 독 일

전시품은 파손예방을 위하여 가급적 Wooden Box로 포장하며, 부득이 종이박스에 포장해야 할 경우 테이프 밀봉과 노끈처리를 단단히 하는 것이 좋다. 전시품이 아닌 카탈로그, 브로슈어, 선물용품 등은 반드시 전시품과 별도로 포장하며, 선적서류에 표기되지 않은 물품은 전시품으로 운송하지 않는다.

최근 독일세관에서는 전시품 밀반출 사례가 잦아 통관심사 (전시품 중량, 실측, 지적 재산권 위반상품 포함 여부)를 엄격하게 진행하고 있다. 따라서 선적서류 작성 시 상세한 전시품 정보 (전시품 모델명, 시리얼 넘버, HS 코드)를 반드시 기입해야 한다.

전시품 통관방법에는 2가지가 있다. 첫째, 수입통관의 경우 전시회 종료 후 전시물품의 바이어 인도 및 판매가 가능하다. 둘째, 보세통관의 경우 반드시 선적서류에 기재된 무게 및 수량 전량을 한국으로 재반출하며, 재 반출은 독일 반입 통관 신고 후 60일 이내에 이루어져야 한다. 통관 절차는 전시품목에 따라 다르지만 대게 해상물품은 14일, 항공물품을 7일정도 소요된다. 보세통관 전시품을 판매 등 현지 처분할 경우에는 사전에 통관업체를 접촉, 수입관세를 납부하여 수입통관 전시품으로 변경해야 한다. 세관 통과 시 전시품의 중량 및 총액은 전시회 유형, 방문객 수, 전시업체의 참여 정도에 따라 산정된다. 전시품 운송을 위한 Wooden Box와 Carton Box는 반드시 분해 또는 펼쳐서 폐기해야 하며, 포장박스가 전시품반송을 위해 필요한 경우 운송업체에 유료로 보관을 의뢰할 수 있다.

4. 러시아

러시아 운송 및 통관 시스템은 매우 낙후되어 있으며 관료주의가 심한 편이다. 따라서 운송 및 통관 문제는 무역통상 진행의 가장 큰 애로사항 중 하나라고 볼 수 있다. 특히, 제품의 정식 통관 시 요구되는 서류가 운송하는 제품에 따라 매번 변경되는 관계로 사전에 구비서류 목록과 작성 방법 등을 사전에 면밀히 검토할 필요가 있다. 그러나 전시를 위한 임시 통관일 경우 일반적인 구비서류는 송장(invoice),

선하증권 (B/L) 또는 항공화물운송장 (Airway Bill), 물품리스트(Packing List) 등이다. 한편 전시품 운송과정은 "전시업체" → "운송업체" → "전시품 공항/항구 도착" → "세관" → "통관" → "운송업체" → "창고(전시 주최자 지정)" → "전시장"이다.

해상운송으로 전시품을 운송하는 경우 우리나라에서 러시아 현지에 도착하기까지 최소 한달 이상이 소요되며 완전히 통관을 마치고 전시장에 배송되는 시점까지 긴장을 늦추면 안 된다. 전시제품 운송 계약 시 필히 전시장까지 배송되는 조건으로 진행을 해야 하며 또한 계약 시 러시아 항구 (예 상트페쩨르부르그)로 배송되는 것보다 함부르크, 코트카, 리가 등으로 배송하는 것이 비교적 원활한 통관을 위해 더 바람직하다. 또한 항공운송 시 일반적으로 제품이 세레메체보 2 공항에 도착하게 되며, 전시 개막 7일전까지 도착하도록 계획해야 한다. 그리고 내륙운송을 이용하게 될 경우, 전시 장치 공식 시공기간 (보통 전시 개막 3 ~ 4일전) 내에 트럭이 도착해야 전시장 내부 진입이 가능하므로 해당 일정에 맞춰 운송 계획을 세워야 한다. 반송 시에도 부스 철거기간에만 전시장으로의 트럭 진입이 가능하다는 점을 유념해야 한다.

5. 미 국

미국 현지통관 절차는 (1) 전시품 Port에 도착, (2) 통관 서류준비(B/L, Invoice, Packing List 등), (3) 품목별 제품분류, (4) 통관서류 작성, (5) 통관서류 세관으로 이관, (6) 세관담당자 검토, (7) 세관 Inspector Sign, (8) 세관통과, (9) 해당 통관사에 통보 순이며 현지 통관 소요기간은 2 ~ 5일 정도가 소요된다. 그리고 현지통관 비용은 CBM당 미화 100 ~ 500달러 수준이다. 한편 통관사는 C-TPAT (Trade Partnership Against Terrorism)에 가입되어 있어야 통관 업무 수행이 가능하며 화물이 X-Ray Exam에 걸리게 되면 통관기간은 3~7일로 늘어나게 된다. 화물에 대한 Inspection은 90% 이상 수행하며, Full Container 가 아니면 99% 이상이 검열된다.

6. 베트남

한국에서 베트남까지 해로를 통해 물품을 운송하는데 약 20일이 소요된다. 한국에서 수속 절차를 밟는 데 2~3일, 해상에서 6~10일, 그리고 베트남에서 5~7일이 걸린다. 전시품이 베트남으로 운송되기 전, 한국기업은 베트남의 세관통관 검열을 위해 인보이스와 포장명세서를 작성해야 한다. 베트남 세관통관 검열이 끝난 후, 아무 문제없을 시 전시품은 베트남 내로 운송된다. 베트남 세관통관의 전시품 검열 수속 절차에는 『임시수입 재수출 규정』에 따라야 한다. 전시품에 관하여 기업이 대기업 운송서비스를 이용한다면 도난 및 망실의 위험이 적을 것이며 수속 절차가 간단해진다.

7. 브라질

브라질에서의 통관 절차 소요시간은 반입품의 채널 배정에 따라 다르지만, 원칙적으로는 모든 반입품의 통관은 48시간 내 이루어져야 한다. 채널 배정 기준은 명확하지 않다. 1 CBM당 소요되는 통관비용 역시 반입품의 Gross Weight, Net Weight 그리고 물품의 가치에 따라 결정되며, 실례로 IT Software를 저장한 외장 하드디스크의 경우 본 무게는 1Kg 미만이지만 상품가치가 높아 10Kg의 자동차 부품과 비슷한 통관비용이 소요되는 사례도 있다.

브라질에 입고된 물품들은 각각 채널을 배정 받아 통관을 진행한다. 채널은 Green, Yellow, Red 그리고 Gray의 4가지로 분류되며, 각각 다음과 같은 절차를 거치게 된다.

(1) Green (녹색채널) - 자동통관

전시회를 비롯하여 모든 반입화물의 원활한 유통을 위한 최적의 채널임.

(2) Yellow (황색채널) - 서류 정보 일치여부 검사

Master Airway Bill, House Air way Bill 혹은 B/L, 상업송장 등 기본 서류 정보검토

(3) Red (적색채널) - 서류 정보 일치여부 검사, 반입품 검토

반입품 정보와 서류상 정보가 일치해야함.

(4) Cinza (회색채널) - 서류 정보 일치여부 검사, 반입품 세밀 감정

기본 절차는 적색채널과 동일하지만 반입물품에 대한 세밀한 검토가 진행됨.

브라질의 경우 통관 절차가 복잡하고 이해하기 어려운 방식으로 수행되며, 세관의 파업기간이 장기화 되는 경우는 오직 황색채널을 배정받은 물품만 통관을 진행하고, 그 진행속도는 현저히 줄어든다. 브라질은 FTAA (Free Trade Area of the Americas) 협상국 중 통관절차 및 기간이 가장 많이 소요되는 국가로 분류된 적도 있다.

2012년 3월 실행된 브라질 정부의 화물 단속 강화조치 Operação Maré Vermelha가 시작된 지 한 달 동안 적색채널을 배정받아 조사받은 화물의 23%가 서류 미비, 세금 미납, 또는 통관 조건미달 등으로 세금 또는 벌금이 부과되거나 압류조치를 당한 것으로 알려졌다. 화물을 압류당한 수입업체는 압류공지일로부터 60일내 세무국이 요구하는 서류를 제출해야하며, 적색채널을 배정받은 화물들의 화주들은 연방세무국의 검사요구에 응해야한다. 이와 같은 정책을 실행한 배경은 통관진행 절차에 빈번히 발생하는 뇌물요구를 근절하고 브라질내로

반입되는 화물들을 엄격히 통제하기 위함이며, 추후 정부차원의 통관 강화 정책이 사전예고 없이 발효될 가능성을 배제할 수 없다.

통관이 완료된 화물의 운송은 사전에 섭외한 운송사를 통하여 운반되며, 브라질의 특성상 이동은 1T ~ 25T 트럭을 통하여 운송된다. 운송물품의 손상, 혹은 도난이 발생할 경우는 드물며, 운송사 서비스 품질은 대체로 높은 편이다.

세관에 등록된 공인 통관사는 수입상으로부터 변호사가 공증한 통관업무위임장을 받아 이를 근거로 수입상을 대신하여 수입품의 통관업무 대행한다. 수입품이 도착하면 선박회사로부터 수입상을 대신한 통관사가 선적서류를 수취 (통상 2일 정도 소요) 도착일 기준 3일째 되는 날, 통관사는 해상운송기금 (해상 운송료의 25%)를 납부하고 관세 산정 및 통관구비 서류를 준비하며, 그 다음날에는 세관 창고료를 납부하고 세관에 다음날 실시될 수입품 검사 시간을 예약한다. 최종일에는 수입품 검사 및 산정 관세를 납부하고 수입품을 통관하게 된다.

8. 스페인

한국 (부산)에서 스페인 발렌시아 까지는 약 30일 정도의 운송기간이 소요되나, 통관 및 부스 장치 일정 등을 고려하여 여유 있게 운송일정을 잡을 필요가 있다. 대부분 전시물품은 소량으로 LCL로 나가기 때문에, 운송사를 통해 컨테이너 사정과 선박 출항일정을 사전에 확인하여 해당 일정에 맞게 전시물품 준비 계획을 수립하는 것이 좋다.

규모 있는 국제화물운송 전문기업의 경우 운송, 통관, 반송까지 원스톱서비스를 제공하고 있으므로 전문운송사를 활용하는 경우 절차가 간편하다. 스페인 발렌시아에는 한진해운, 범한판토스 등 국내 전문물류기업도 진출해 있다. 특히 대형 전시회가 임박한 경우 통관 일정이 오래 소요될 수도 있으므로, 전시회 주최자측이 지정하는 현지 공

식 운송업체와 협력하는 국내기업을 확인하여 업무를 맡기는 것도 좋은 방법이다.

최근 신제품 출시가 많은 세계적인 IT 전시회 등에서의 전시품 도난 소식이 종종 뉴스를 통해 보도되는 바, 전시품 운송 시 반드시 보험에 가입하는 것이 좋다. 세금을 피하기 위해 언더밸류 할 경우 해당 가격 기준으로 보상받으므로 유의해야 한다. EU 이외 지역에서 들어오는 모든 상품은 통관절차를 거쳐야 한다. 단, 전시물품의 경우 전시회 종료 후 재반출을 담보로 임시 면세통관이 가능하다.

마드리드 국제전시장 IFEMA는 참가기업들에 대해 산업관광통상부가 국제박람회로 인정하고 있는 전시회의 경우 재반출 예정 전시품에 대해서는 보세운송면장 T1 발급, 일반 국내박람회의 경우 ATA 까르네 (물품무관세 임시통관증서)를 발급받도록 권고하고 있다. 현장에서 판매할 물품, 상업적 가치가 없는 물품일지라도 일반관람객에게 나누어 주는 물품에 대해서는 반드시 스페인 당국에 세금을 납부해야 한다.

스페인 경기 침체로 간헐적으로 파업이 일어나기도 하지만, 지역적·국가적으로 중요한 전시산업의 진행에 지장을 주면서 파업을 감행할 경우 경제 회복에 찬물을 끼얹는 행위로 사회적 비난에 휘말릴 수 있기 때문에 오히려 전시회 기간 중에는 정상적으로 업무가 진행될 것으로 예상된다. 3,800명 감원계획에 반발해 파업을 감행한 이베리아 항공의 경우도 파업일정에서 MWC, 부활절 연휴 등 경제 유발효과가 높은 기간은 제외하였다.

9. 싱가포르

싱가포르의 경우, MICE 산업이 관광자원의 하나로 정부차원에서 체계적으로 계획되고 관련 사회기반 시설을 확충하는 데 꾸준히 많은 투자가 이루어지고 있다. 이런 노력의 일환으로 싱가포르에는 전시품의 통관 시스템이 잘 정착되어 있어 필요 서류가 정확하게 구비되어 있는 한, 전시품의 운송 및 통관은 문제없이 진행된다.

특히 전시품의 경우, 별도의 통관절차 없이 『임시 수입 허가(Temporary Importation for Exhibitions, Auctions & Fairs, Events)』를 받아 진행하면 된다. 그러나 전시품을 전시장에서 판매하거나 샘플로 무료 제공할 경우에는 임시수입허가를 받을 수 없어 일반통관으로 진행하고 부가세를 지불해야한다. 싱가포르는 담배와 술, 그 외 수입신고가 필요한 제품을 제외하고는 관세를 부여하지 않고 있어, 통관절차를 통해서는 제품가격 (CIF)의 7%에 해당하는 부가세만 지불하면 된다.

싱가포르는 물류 기반시설이 선진국 수준으로 뇌물이나 운반 중 전시품 도난 및 망실 등의 문제는 거의 없다. 그러나 수입/수출이 제한된 일부 품목에 관해서는 해당 관청의 허가를 따로 받아야 전시가 가능하다.

10. UAE

우리나라에서 UAE 간 컨테이너 운송비는 20TEU의 경우 US$950 + Local Charges (Aed2,000)이며, 40 TEU의 경우 US$1800 + local Charges (Aed3000 ~ Aed3,500) 수준이다. 두바이에서 한국 부산항 기준 컨테이너 운송비는 20TEU의 경우 US$225 + Local Charges (AED 2,000), 40TEU의 경우 US$400 + local Charges (Aed3000 ~ Aed3,500) 수준이다. 또한 컨테이너 운송 시 개인 화물과 상업 화물 간의 경비 차이는 없으나, Local Charge의 경우 물품에 따라 상이할 수 있다. 우리나라 ~ UAE 간 컨테이너 운송 기간은 경우에 따라 상이하나 3 ~ 4주 정도 소요된다. 상기와 같이 UAE에서 우리나라로 향하는 컨테이너 운송 가격이 대 UAE 운송비용보다 저렴한 이유는 UAE로 오는 물동량에 비하여 우리나라로 향하는 물동량이 적어 컨테이너 선적 비율이 낮아 운송비도 낮게 책정되기 때문이다.

전반적인 통관 시스템은 안정적으로 운영 되고 있으며 뇌물성행 빈도도 높지 않다. 하역 노동자들의 파업 빈도는 거의 없는 편이고 운송사의 서비스 수준은 보통으로 간혹 포장 및 배달과정에서 전시품이 손상을 입기도 하므로 전시품 포장 시 주의를 요한다.

UAE는 걸프협력회의 회원국으로서 '단일통관항 (single port of entry)' 원칙을 적용하고 있다. UAE나 다른 걸프협력회의 국가로 수입되는 품목, 그리고 다른 걸프협력회의 시장으로 나갈 품목은 걸프협력회 회원국 내 1차 기항에서만 관세가 부과된다. 통관절차 및 구비서류는 모든 걸프협력회의 회원국에서 동일하다. 전국적으로 각 토후국에 자체세관이 있지만, 통관절차는 UAE 전체에서 동일하고 통관요건은 UAE의 활발한 환적 및 재수출 사업을 해치지 않도록 최소화하고 있다. 최근 통계를 보면 UAE 수입의 80%이상이 두바이 세관에서, 약 10%는 아부다비 세관에서 통관되고 있다. 두바이와 아부다비 세관에서는 모든 세관 신고서류를 온라인 (www.dxbcustoms.gov.ae, 아부다비세관 홈페이지, www.auhcustoms.gov.ae는 갱신 중)에서 작성할 수 있다.

11. 이탈리아

통관 및 관세와 관련한 일반적인 정보는 대한상공회의소 무역인증서비스센터 (http://cert.korcham.net)와 이탈리아 관세청 공식사이트 (www.agenziadogane.it)에서 확인할 수 있다. 대한상공회의소에서 제공하는 자료는 국외 수출을 위한 서류이며, 이탈리아 관세청 사이트에서는 이탈리아로 물품을 반입하기 위한 서류 및 규정 관련 정보를 얻을 수 있다. 품목과 전시회 관련 더 자세한 정보는 이탈리아 각 도시마다 있는 지방 관세청에 문의하는 것이 좋다.

현지 운송업체의 서비스 수준은 양호한 편이나 종종 이탈리아에서 주마다 다르게 파업이 있으므로 미리 인터넷 상으로 확인해야 한다.

12. 일 본

일반적으로 일본에 도착한 화물을 일본 내에서 인도 받기 위해서는 화물이 보관된 보세지역을 관할하는 세관 관처에 신고하고 검사를 받아야 한다. 관세, 국내소비세 및 지방소비세를 납부해야 할 경우, 이를 납부하고 수입 허가를 받게 된다. 단, 전시품은 보세취급을 받을 수 있는데, 첫 번째는 출품하는 전시회가 일본 관세법 62조의 2 (보세전시회의 허가)에 따라, 소관세관장으로부터 보세전시회로 허가를 받았을 경우이다. 이 경우, 선박이나 항공기로부터 하역된 전시품을 보세품으로 분류하여 해당 전시장으로 반입한다. 두 번째, 보세전시장으로의 허가를 받지 않았을 경우, 관세정률법 제17조 (1년 이내 재수출의 조건이 있는 수입으로 박람회, 전시회 등에 출품하기 위한 물품)에 따라 보세품 취급이 가능하다. 세 번째, 전시회에 참가하는 우리 기업이 ATA 까르네를 취득했을 경우, 관세납부 등의 절차 없이 전시품을 보세 상태에서 일시적으로 일본 국내에 가지고 들어올 수 있다.

13. 중 국

한국에서 상하이까지 선박 운송에 2~3일, 해관신고, 상품검사신고 등의 절차에 5일이 소요되며, 한국 창고 발송부터 전시장 도착까지 보통 1개월 정도의 시간이 걸린다. 1CBM 통관비용은 약 US$300 정도이다. 통상적으로 전시회 주최측에서 지정한 물류업체를 이용하면 문제없이 통관할 수 있다. 만약 전시품의 통관 지연이 발생할 경우, 일부 세관원들은 관례적으로 관세면제를 조건으로 뒷돈을 요구하는 경우가 있는데 상황에 따라 금액이 과도하지 않다면 적절하게 대응하는

것도 방법이다.

14. 캐나다

육상 및 해상 복합운송을 활용할 경우, 한국에서 캐나다까지의 운송은 지역에 따라 1~2개월 가량 소요된다. 부산-밴쿠버까지의 해상운송에 소요되는 시간은 3주이나, 국내에서 전시품을 집하하여 통관 및 선적하는 기간과 현지에서 도착 후, 세관수속 시간을 고려할 경우 4~5주의 시간이 소요된다. 또한 동부지역의 경우, 밴쿠버 도착 이후 철도 등 육로 운송에 1~2주의 시간이 추가로 소요된다. 전시품 운송의 경우 1CBM당 운송비용은 US$100~US$500 수준으로 일정하지 않다. 화물의 총량, 최종 목적지까지의 물류여건, 보세창고 보관기간, 통관 등 다양한 변수가 작용한다.

수입규제 품목 혹은 수입금지 품목에 해당되는 전시품이 아닐 경우 통관 지연 가능성은 낮으나, CSA 등 수입 시 별도 인증이 필요한 품목의 경우에는 운송사를 통해 사전 확인을 해 두는 것이 필요하다.

15. 타이완

대만에서 전시품 통관 진행 시, 반드시 대만 해관의 규정에 따라 신청서를 작성한 후 아래와 같은 증빙 자료를 첨부하여 수입 전 혹은 수입 시 해관에 제출한다.

- 전시 참가 허가증명서: 참가 전시회명, 기간, 장소, 참가업체명, 부스 정보 등을 포함하여 전시회 주최측에서 발행한 증명서
- 전시회 참가업체는 참가한 전시회, 발표회, 세미나, 기자회견 등의 장소 사용 증명서, 대만 전시회 동의서, 전시품 사진, 전시품 보험 등의 증명 서류를 제출한다.

대만 해관은 전시 참가업체의 해관 신청서 및 관련 증빙자료를 받은 날로부터 일주일 내에 심사 결과를 업체에 통보하게 된다.

16. 프랑스

한국에서 프랑스까지 선박 운송 시 소요되는 시간은 40일 정도이며 항공 운송의 경우는 1일이 소요된다. 프랑스 도착 후, 하루 정도 통관 절차를 거치며 1 CBM당 통관수수료는 건당 약 100유로이고 일반적으로 전시품에는 통상 관세나 부가세가 발생되지 않는다. 전시회 개최 전까지 문제없이 전시품을 통관하기 위해서 까르네 (CARNET)라고 불리는 무관세 임시 통관허가서를 선적지에서 받아 선적을 진행하는 방법이 있다. 까르네 신청서류로는 화물의 사진 및 카탈로그, Invoice, Packing List, 화물 용도, 제질, 크기 및 외형 그리고 수입국에서의 현지확인서 등이다. 신청 시 지불하는 세관 보증금 (Invoice Value 기준)은 차후 선적지로 재반송 시 회수 가능하다. 한편, 까르네는 모든 화물과 모든 나라간 적용되는 것이 아니며 수입화물 수량 및 제품이 원래의 나라로 그대로 돌아간다는 조건하에서 유효하다.

전시품 통관 과정에서 정확하고 신속하게 신고만 한다면 불허 가능성은 거의 없으나 위험물이나 농산물 등 해당 아이템 특성에 따라 문제가 발생할 수 있으므로 이 부분에 대해서는 사전 점검이 필요하다. 현실적으로 빈번한 통관 지연 문제에 대비하기 위해서는 운송사측으로부터 사전에 『통관사 자체보유 자격인증보증서』를 송부 받아 필요시 제출하면 된다.

참고로 프랑스 통관 시스템은 타 유럽 국가들에 비해 통관 속도가 느린 편이며, 뇌물수수는 불가능하다. 또한 프랑스의 경우 일반적으로 하역 노동자 파업 빈도가 높은 편이며, 특히 2013년은 경기 악화 및 복지 축소 가능성 때문에 많은 파업이 예상된다. 전시회 관리를 위해

주최측이 제시한 규칙을 준수해야 하는 운송사들은 전시장 입출입이 많이 제한되고 오래 기다려야 하는데 현지 사정을 잘 모르는 화주들은 이 부분을 운송사의 서비스 척도로 잘못 인식하는 경우가 있다. 전반적으로 운송사나 조업사 서비스 수준이 낮은 편이며 포장방법 및 조업사에 따라 상의하지만 운반 중 전시품 도난 및 망실 빈도는 대략 1% 정도이다.

17. 홍 콩

인천항에서 홍콩항까지 선박 운송 소요시간은 4~5일정도, 항공편으로 운송 시 1~2일정도이며, 홍콩 현지 통관에 걸리는 시간은 약 최대 5일정도이다. 홍콩은 자유무역지역이어서 전반적으로 통관하는데 큰 어려움은 없는 편이며 1 CBM당 통관비용은 US$75~95/exhibitor 정도이다. 전시회 개최를 위해서는 전시 시작 약 10일정도 전에 홍콩항에 전시품을 도착시키면 무리 없이 진행이 가능하다.

전시참가업체는 INVOICE와 PACKING LIST를 완벽하게 작성을 하고, 파트너가 요구하는 LABEL을 정확하게 작성하여 전시품에 잘 부착하도록 한다. 홍콩은 세계적인 전시회가 많은 관계로 현지 파트너들이 많은 경험을 가진 경우가 많아, 수입제한 품목을 제외하고는 통관이 지연되는 일은 거의 없다. 다만, INVOICE & PACKING LIST & LABEL을 정확하게 작성을 하여 확인하도록 한다. LABEL에 들어갈 사항은 일반적으로 아래와 같다.

All packing cases, cartons, etc. being sent to the exhibition must be stenciled with the following information.
a. Name of Exhibition
b. Show Date
c. Company Name / Exhibitor's Name
d. Dimensions & Weight (in metric units)
e. Stand No.
f. Case No. (case must be numbered in sequence)

참고사항 6 해외전시회 참가 경험사들의 성공 노하우 엿듣기[24)]

1. A사 [화장품]

우리 회사는 전시회 종료 후 3일 이내에 전시회에서 만난 바이어에게 반드시 방문 감사 메일을 보낸다. 또한 상담 시에 확인한 내용 중 바이어의 질의 사항이나 샘플 요청에 대해 가능한 한 조속히 회신함으로써 신뢰성이 높은 비즈니스 관계를 성립시키기 위해 노력한다.

2. I사 [팬시용품]

전시회에 참가만 한다고 해서 당장의 수익을 낼 수는 없다. 끊임없이 바이어들과 접촉하고 전시회가 끝난 후에도 신상품 출시를 알리는 등 후속 작업을 진행하여 바이어들에게 새로운 상품군을 계속해서 선보이는 것이 매우 중요하다.

3. G사 [김]

신기술 활용도 마케팅에 날개를 달아주었다. 바로 태블릿 PC인 애플의 '아이패드'였다. 아이패드는 전시회에서 바이어들의 관심을 사로잡았다. 전시회장 상담 현장이나 막히는 차 안에서 바이어들과 이야기를 나누다 회사 아이템을 보여줄 때 매우 유용했다. 기존의 노트북은 부팅하는 도중 대화가 끊기거나 다른 화제로 넘어가게 되는데 아이패드는 달랐다.

---

24) 전시마케팅 성공가이드 (2013, 무역협회)에서 발췌

4. N사 [세포 배양기, 진탕기]

다른 전시회에서 만났으나 거래가 이루어지지 않았던 업체들에게도 사전에 신제품의 특징을 사진과 함께 소개하면서 제품에 대한 관심을 제고시켜 부스 방문을 유도했다. 기존 바이어들에게는 신제품에 대한 상세한 설명을 해주고 미리 시장조사를 하였다. 또한 과거 동일 전시회에서 만났던 방문객들에게도 제품의 변화를 인지할 수 있도록 관련 자료들을 보내주고 과거의 상담내용을 토대로 접촉하여 관심을 갖고 부스방문을 유도하는 등 사전 마케팅에 정성을 쏟았다. 당연히 부스를 찾는 바이어가 증가했으며 한 업체와는 3년 만에 거래를 트는 성과를 내기도 했다.

5. N사 [주방용품]

전시회에서 내세울 주력제품을 소개하고 개발 스토리 등을 볼 수 있는 전자카드(E-Card)나 다이렉트 메일을 발송했으며 부스 디자인은 다양한 제품군을 소개하는 한편 브랜드를 강조하는데 주력했다. 또한 친환경 디자인 업체라는 점을 부각시키기 위해 각종 디자인 대회 수상 경력을 알리는 데에도 심혈을 기울였다.

6. H사 [자동차 공조시스템]

현장에서 직접 제품을 보여주고 많은 바이어들과 상담하도록 노력하였으며 바이어의 요구에 보다 신속하고 정확하게 대응한다는 이미지를 심어주기 위해 그날 만난 바이어에 대한 정리 및 메일 회신을 그날 바로 진행했다.

7. D사 [안경렌즈]

2012년 유럽 안경렌즈 시장은 전반적인 경기침체로 어려움을 겪었으며 이 때문에 참가업체 대부분이 부스 규모를 축소하는 등 전시회 분위기가 가라 앉을 것으로 여겼다. 이때 우리 회사는 경쟁사들의 이런 분위기를 역으로 치고 나가야 한다는 '발상의 전환' 전략을 택했다. 어려울 때 일수록 부스를 키우고 회사의 전략을 앞세운다면 경쟁사들은 물론 바이어들에게도 강한 인상을 남길 수 있다는 것이다.

8. B사 [칫솔 브러시]

전시회장에서 상담한 바이어는 사실 전시회가 끝난 뒤 일주일이면 어느 부스의 누구와 상담했는지를 잊어버리는 경우가 다반사이다. 이런 경우를 대비해 관심 있는 바이어에게는 상담해 주셔서 고맙다는 인사와 함께 사진 촬영을 제안하고 바이어와 함께 찍은 사진을 좀 더 크게 확대해서 액자에 넣어 선물로 증정한다. 예상치 못했던 정성이 담긴 선물을 받은 바이어들은 곧바로 우리 회사의 팬이 되고 만다.

9. S사 [전통음료]

바이어와 일반 소비자들을 대상으로 시음회를 실시하고 일반 소비자들에게 판매를 병행했다. 현장 판매는 현지 소비자들의 기회를 파악해 향후 제품 개발에 적용하겠다는 의도도 있었는데, 의외로 맛을 본 소비자들의 현장 구매량이 예상보다 많았다. 여기에 소비자들의 입소문을 타고 바이어가 알아서 부스를 찾아와 상담을 요청하는 사례가 늘었고, 최종적으로 수출 성약까지 거두데 되었다.

10. R사 [원단]

우리 회사가 거래하고 있는 해외바이어의 대부분은 전시회에서 만난 바이어들이다. 전시회 종료 후 최소 1～2년 이상씩 공을 들여 거래관계가 성사된 바이어들이다. 매년 10여 차례나 전시회에 참가하기 때문에 참가 전에 기존 바이어들에게 참가하는 전시회 스케줄을 미리 알려준다. 또한 전시회 개최 1～2주전에 다시 이메일이나 전시 팸플렛을 송부한다. 전시회 개최 전부터 바이어가 원하는 제품에 대해 상의하고, 현장에서 보여주게 되면 각 바이어별로 맞춤형 상담을 진행할 수 있어 매우 효율적이다.

11. I사 [선물용품]

현장에서 별 관심이 없어 보였던 바이어에게도 주기적으로 제품 홍보를 하고 지속적으로 회사와 제품을 상기시키기 위한 메일 마케팅을 한다. 바이어 상담 과정에서 특정 제품이나 사안에 대해 관심을 가진 바이어에게는 그에 맞춘 홍보와 안내 메일을 보낸다. 바이어로부터 연락을 받으면 1～2시간내에 바로 답장을 보내는 시스템을 구축하고 있다.

12. D사 [카메라팩]

전시회 참가에 따른 비용부담도 큰 편임을 감안해 전시회가 많이 열려 자주 가는 해외거점 도시의 경우 부스 설치에 필요한 용품들을 현지에서 저가에 구입해

놓고 단골숙소에 보관해두었다가 다시 사용함으로써 비용과 시간 둘 다 줄일 수 있었다.

13. D사 [진열대 안전보호망]

부스 현장에서 자사 제품으로 리모델링 공사를 시현해 공간이 얼마나 화려하게 변신하는지를 바이어들이 눈앞에서 확인할 수 있도록 했다. 또한 각 제품의 차별성을 강조한 연출을 통해 가시성을 확보함으로써 방문객들이 자연스럽게 상담을 요청할 수 있도록 유도했다. 해외전시회는 당장의 성과가 없다고 해도 꾸준히 참가를 함으로써 회사를 알리는 게 중요하다는 것을 알게 됐다.

14. L사 [LED 조명제품]

도움을 받을 수 있는 단체나 기관을 찾아보았지만 찾을 수 없어 인터넷 사이트를 검색해 일일이 예약을 했다. 또 전시 제품 선적 및 통관 등 전시회 준비와 관련된 과정에 대해 도움을 받을 수 있는 방법에 대해 잘 알지 못한 채 전시회 참가준비를 시작해 금전적, 시간적으로 많은 손실을 입어야 했다. 그러나 그 후부터 각 무역 유관기관들로부터 해외전시회 마케팅에 대한 정보를 적극적으로 습득했다. 정부나 유관기관 지원 해외전시회 참가는 경험이 많지 않은 중소기업인 우리 회사에 여러모로 도움이 됐다.

15. A사 [유아용품]

세계일류상품 월드챔프 육성사업에 참여함으로써 KOTRA를 통해 글로벌 현황진단을 거쳐 기업별 맞춤형 마케팅 지원을 받게 되었고 해외런칭쇼는 물론 해외전시회에 연이어 참가함으로써 해외인지도를 높이고 사업 다각화를 모색하고 있다.

쉬어가기

■ 전시회 참가 성과 분석 및 사후 관리

전시회를 마치고 귀국하면 전시회 참가 전 수립한 목표 대비 참가 성과를 분석한다. 전시회 참가 후 성과 분석을 하지 않는다면 참가했던 전시회가 좋은 전시회였는지 아닌지 판단하기 어려우며 이후 지속적인 참가 결정을 내리기도 쉽지 않다. 아울러 전시회 참가 후 현지에서 수집된 정보와 상담했던 바이어에 기초하여 시장의 변화를 읽어야 한다.

전시회 참가 후, 당장 정확한 성과가 나오기는 어렵겠지만 성과가 좋았다거나 별 성과가 없었다거나 대략적인 판단은 가능하다. 특히, 성과가 기대만큼 안 좋았다면 그 원인을 분석하여 다음 전시회 참가에 대비한다. 그러나 많은 비용이 투입되는 해외전시회지만 1 ~ 2회 참가하고 쉽게 포기하는 것은 옳은 전략이 아니다. 앞으로도 절대 가능성이 없다는 확신이 서지 않는 이상 어느 정도 여지가 발견되었다면 최소 3회 이상 참가 후, 재 참가여부를 결정하는 것이 좋다. 참가 성과가 좋지 못한 가장 큰 이유는 대부분 자사 제품의 경쟁력 저하이다. 그 외 요인으로는 잘못된 전시회 선정, 미흡한 사전 준비, 정보 부족, 예산 제약, 부스 위치가 나빠 바이어들 접근에서 불이익, 파견자 자질 부족, 너무 작은 규모로 참가, 파견 인력 부족, 부저격 통역 채용 등을 들 수 있다.

❀ 전시회 종료 후 사후관리가 중요하다

다음으로 필요한 것은 철저한 사후 관리 이다. 전시회에서 이루어진 새로운 고객과의 만남은 단지 시작에 불과한 것이다. 발굴된 신규거래선과 거래가 성사될 때까지는 여러 차례의 접촉이 필요한 만큼 관계가 이어질 수 있도록 세심한 배려를 해야 한다. 철저한 후속작업은 전시회 참가를 결정할 때 목적했던 여러 가지 목표를 달성하는데 중요한 역할을 한다. 귀국 후 1주일 안에 전시회 기간 중 만난 모든 바이어들에게 감사 편지를 보낸다. 통상 간편하고 신속한 이메일을 활용하기도 하나 주요

바이어들에게는 우편이나 특사배달편을 활용한 실물 감사 편지를 보내기도 한다.

전시회 개최 전, 작성된 유치 대상 바이어 명단, 전시회 기간 중 부스를 방문한 참관객과의 상담일지 및 가드 리더기를 통해 입수한 모든 참관객 정보를 종합해 바이어 명단을 정리하고 지속적으로 관리해야 한다. 특히, 상담일지를 근거로 각 바이어들과 상담 과정에서 바이어들에게 약속한 추가 자료 (가격표, 샘플, 카운터 샘플, 상품설명서, 도면, 제품 사진 등)를 기한 내 보내준다. 현지에서는 쉽게 약속하고 돌아와서 그 약속을 무시하는 행위는 절대 피할 일이다. 그러므로 현지 상담 시에 지키지 못할 약속은 하지 말아야 한다. 따라서 전시회가 끝나면 빠른 시간 내에 바이어와 다시 접촉하는 것이 중요하다.

전시회 참가 후, 실제 성약까지는 통상 3개월 내지 6개월 정도가 소요되며 1년~3년 이상 걸리는 경우도 있다. 성약 단계까지 왔다가 무산 되는 경우도 많고 무산 된 것으로 여기고 잊고 지냈는데 한참 시간이 지나 주문하겠다고 연락 오는 경우도 있으므로 쉽게 포기하지 않도록 한다. 따라서 집요함과 신뢰 구축이 성약에서 가장 중요한 자세라고 할 수 있다. 그렇다고 너무 서둘러서도 안 된다. 가능성이 높은 바이어들은 가능하다면 빠른 시간 내 방한을 권유하거나 전시회 참가 국내기업이 현지를 재방문하여 신뢰 관계 구축과 함께 보다 심도 깊은 상담을 하도록 한다. 현지를 재방문 할 때는 전시장에서 처음 만났던 국내 기업 직원과 함께 보다 직급이 높은 상사가 동행하는 것이 좋다.

일부 바이어들은 처음부터 외상거래, 독점 에이전트를 요구하는 경우도 있는데 이를 덥석 수용해서는 안된다. 그 바이어에 대한 마케팅 능력, 재무 상태, 신용도 등을 철저하게 조사 한 후 결정을 내려야 한다. 바이어의 능력을 테스트하기 위해 한시적으로 에이전트 계약을 체결하든가 바이어 소재지에 있는 코트라 해외무역관을 통해 바이어의 신용상태를 확인하는 것이 바람직한 방법이다. 특히, 코트라가 국내기업들을 모집하여 파견하는 해외전시회에 참가한 경우에는 해당 무역관을 최대한 활용한다. 코트라 무역관은 전시회가 종료된 후에도 성약이 이루어질 수 있도록 후속 지원을 아끼지 않고 있다.

끝으로 전시회 참가에 따라 습득된 각 참가기업만의 고유한 노하우를 활용하여 참가 매뉴얼을 만들어 놓는다. 참가 매뉴얼을 통해 직원의 퇴사, 보직 변경 등의 여러 가지 이유로 담당자가 변경될 경우라도 다음 전시회 참가 준비를 체계화할 수 있기 때문이다. 바이어 유치 활동, 부스 운영 방식, 상담 결과, 사전 준비 및 사후 관리 내용, 문제점 및 개선 사항 등을 상세히 기록하고 지속적으로 내용을 추가해 간다.

제9장 부보 방법

제 9 장 부보 방법

해외전시회에 참가하는 경우, 참가기업은 운송회사를 통해 전시화물 적하보험에 가입하게 되는데 원칙적으로 전시참가업체는 모든 전시품에 대해 국내 선적에서 부터 현지 전시장 반입, 반출 후 참가업체로 다시 도착될 때 까지 ALL RISK에 부보하여야 한다. 통상 전시화물의 부보 구간은 부보 품목이 전시될 목적으로 소유자 (전시참가업체)의 보관 장소에서 실제 이탈하는 시점부터 개시되어 전시 될 장소로의 운송기간 및 전시기간 중에도 계속 담보되며 전시회 종료 후 소유자의 원래 보관 장소까지 운송되어 소유자에게 인도됨으로써 종료된다.

전시화물의 부보 범위는 운송위험, 전시기간 중 위험 및 기타 특별위험이다. 담보위험에 기인하거나 포장, 개봉, 재포장, 취급, 전시중의 부주의 및 실수의 결과로 일어난 부보 품목의 손실, 손상 및 파손을 보상한다. 또한 화재, 도난, 파손, 폭발, 파열위험, 항공기의 추락이나 접촉, 또는 항공기로부터 물체의 낙하, 차량의 충돌 또는 접촉, 기타 특약으로 담보하는 위험에 대해서도 손해를 보상한다.

그러나 전시기간 중 전시를 위한 조립위험[25] (the risks of assembling

---

25) 전시품이 전시부스에 반입되어 참가업체가 조립하는 과정에서 발생되는 위험은 담보되지 않는다.

and disassembling Completion)과 사고로 인한 손해 이외의 전시품의 가치 하락 손해 (covering the risks of breakage resulting from accidental physical damage)에 대해서는 보험회사가 담보해주지 않는다. 또한 운송기간 중 피보험자의 고의, 자연소모, 통상의 누손 또는 통상의 중량, 용적 감소, 포장 또는 준비 불안전으로 인한 손해와 화물 고유의 하자나 성질, 지연, 본선 소유자 및 관리자, 용선자 또는 운항자의 지급불능과 금전상의 채무불이행, 전쟁위험 및 동맹파업으로 인한 손해도 담보되지 않는다.

보험가입자는 보험이 개시되기 전과 보험 종료 시점에 운송인이나 전시주최측에서 발급한 전시품 상태에 대한 증명서를 제시하여야 하며 전시품에 대한 적합한 전문 포장 사용과 전시, 보관장소의 화재경보, 보안시설 등 안전상태가 충분하게 지켜져야 한다는 조건하에 보험가입이 이루어진다.

전시화물 적하보험가입자는 가입 시 전시회명, 전시장소, 전시기간 등 전시회 관련 정보, 운송구간, 보험기간, 품목정보 (Packing List, 상업송장, B/L), 운송방법 등을 보험회사에 제시하여야 한다.

운송회사를 통해 전시품 대해 적하보험에 가입하기 위해서는 통상 인보이스 금액의 110%를 전시품의 총 가치로 계산하며 전시 참가업체는 이 금액의 0.15%를 보험료로 납입한다. 단, 인보이스 금액 1만달러 까지는 보험료를 15달러로 일괄 적용한다. 따라서 관세 회피나 보험료를 적게 물기 위해 인보이스 금액을 인위적으로 너무 낮게 제시하면 전시품 파손이나 분실 시 적절한 보상을 받지 못할 수 있으므로 주의해야 한다.[26)]

---

26) 전시화물 적하보험은 피보험목적물 (전시품)이 보험증권상 담보되는 위험으로 인하여 경제적 손실이 발생하였을 경우, 보험계약 체결시의 협정보험금액을 한도로 실제 발생한 손해액을 보상하는 실손보상의 원칙을 채택하고 있으므로, 피보험목적물의 실평가액이 어떠하든 보험증권상 협정된 보험금액이 보험자의 책임한도액이 된다. 따라서 협정보험금액 (인보이스 금액) 을 지나치게

> 예 • 인보이스 금액 : US$ 25,000
>   - 보험료 : US$ 25,000 X 1.1 X 0.0015 = US$ 41.25
> • 인보이스 금액 : US$ 10,000 이하인 경우
>   - 최저 보험료 (US$ 15 일괄 적용)

한편 전시화물 사고 처리 프로세스[27]는 다음과 같다.

전시화물사고는 이메일, 전화, 우편으로 가능하며 사고 접수 시 보험증권, B/L, 상업송장, Packing List, 사고사진, 보험금 청구 공문, Claim Notice (운송인 및 운송관련업자) 그리고 사고 사실을 입증할 수 있는 서류 (반입화물 점검실시명세서, 입고협정서 등)를 제출한다. 보험회사에서는 사고 내용이 명확하고 서류가 완벽하게 접수된 것으로 판단하면 보험금 지급 여부를 결정한다. 이 경우, 보험금 지급까지는 오랜 시간이 걸리지 않는다.

그러나 고의사고로 판단되거나 추가적인 조사가 필요할 경우, 현지에서 사고가 발견되면 보험회사는 증권에 명기된 현지 Surveyor로 연락하여 현장 조사를 실시토록 하고, 반송 후 한국에서 사고가 발견되면 보험회사에서 직접 현장 조사를 실시하여 정확한 손해액 파악을 거쳐 잔존물을 매각한 후 보험금 지급 여부를 결정하게 되며 보험금 지급까지 통상 2-3주 시간이 소요된다.

최근 많은 국내운송사들은 인터넷을 통해 보험 접수를 받기도 하며 보험사들은 보험청구액이 소액인 경우 절차를 대폭 간소화하여 지불하기도 한다.

낮게 책정하게 되면 보험 사고 시 실제 손실이 모두 보상되지 않을 수 있으므로 주의해야 한다.

27) 롯데손해보험의 예임.

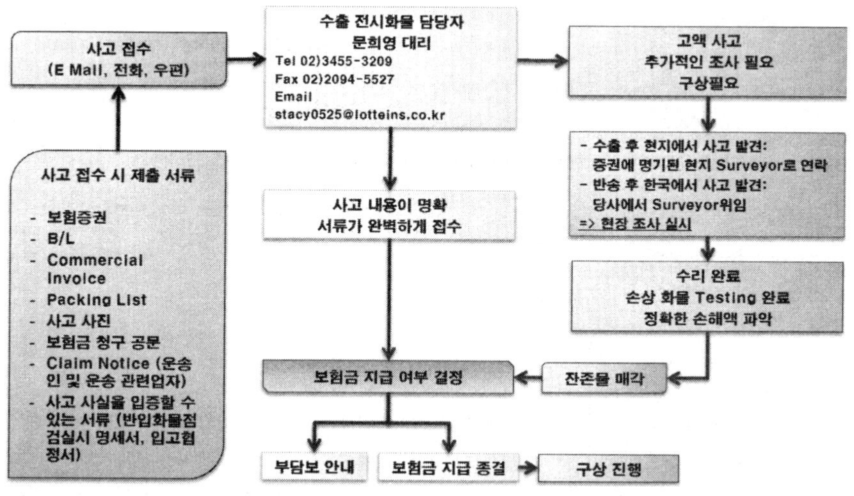

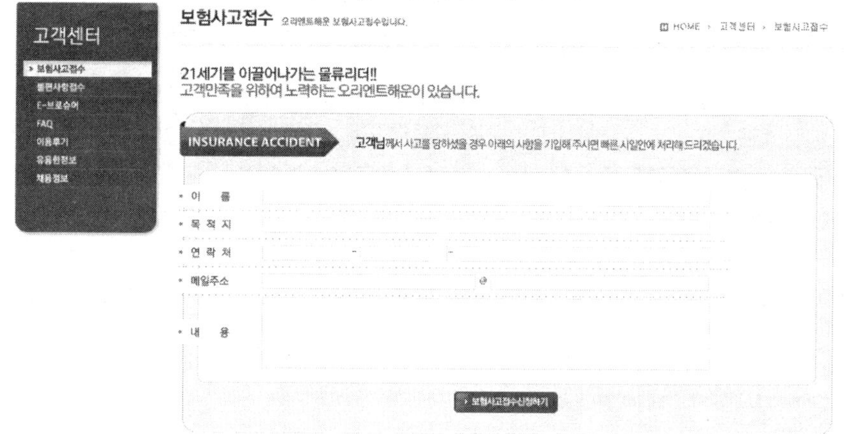

국내운송사의 보험사고접수 인터넷 사이트

CHUBB GROUP OF INSURANCE COMPANIES
Federal Insurance Company Korea

KolonBuilding, 8th Floor
45, Mookyo-Dong, Chung-Ku
Seoul, Korea 100-772

Tel : (02) 3705-9700
Fax: (02) 755-6278

EXHIBITION CARGO INSURANCE - APPLICATION (청 약 서)

NAME OF COMPANY < 계약자 회사명 >	KEMI-LEE
AGENT <대리점>	
WEBSITE ADDRESS <인터넷 주소>	계약자 www. 전시회 www.
EXIBITION TITLE <전시의 제목>	WORLD FOOD OF MOSCOW 2013
GOODS IN TRANSIT / ON EXIBITION < 전시 화물의 명세 >	예) – SEE ATTACHED LIST
INSURANCE CONDITIONS < 보험조건 >	Ocean Transit : A/R or ICC(A) Air Transit : A/R(Air) or ICC(Air) Insured Period : not to exceed 120 days in all (for both Transit and Exhibitions) Number of exhibitions : not to exceed 3 times in all Excluding any risks situated in stores and shops. Excluding any risks of assembling, installation, processing and operating. Warranted professionally packed. Warranted exhibition venues have satisfactory climate / humidity protection. Subject to satisfactory security whilst on exhibition
TRANSIT ROUTE < 운송구간 >	예) 일산 – 인천공항 – 모스크바(항공)-보세창고(내륙)-전시장부스(내륙)-보세창고(내륙) – 모스크바공항(내륙) – 인천공항(항공) – 서울(내륙)
EXHIBITION PLACE <전시장소>	예) KRASNAYA PRESNAYA, MOSCOW, RUSSIA
EXHIBITION PERIOD <전시기간>	예) 9.16 – 19, 2013
INSURABLE VALUE <보험가액>	(보상한도액은 US$ 1,000,000 을 초과하지 못함)
MAXIUM VALUATION <최대 희망이익>	
PACKING DEAILS < 포장 유형 >	예) 팔레트 포장 후 트럭 및 해상 반송
VESSEL/AIRCRAFT DETAILS <운송선박 및 항공기의 명세>	KE0529
LOSS HISTORY (Last 3years) <지난 3 년간 손해내역>	(전시화물에 대한 사고사항 기재)

Broker / Agent	(인)
Tel	
Fax	
담당자 **(M.P.)**	오창숙
작성일자	2013.9.2.

※ 전시품 운송 보험 청약서

전시보험증권

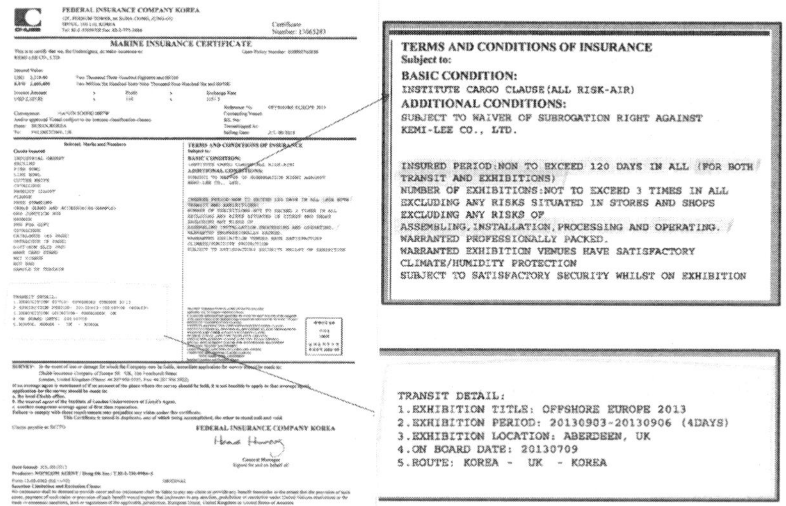
FEDERAL INSURANCE COMPANY KOREA

MARINE INSURANCE CERTIFICATE

TERMS AND CONDITIONS OF INSURANCE
Subject to:
BASIC CONDITION:
INSTITUTE CARGO CLAUSE(ALL RISK-AIR)
ADDITIONAL CONDITIONS:
SUBJECT TO WAIVER OF SUBROGATION RIGHT AGAINST KEMI-LEE CO., LTD.

INSURED PERIOD:NON TO EXCEED 120 DAYS IN ALL (FOR BOTH TRANSIT AND EXHIBITIONS)
NUMBER OF EXHIBITIONS:NOT TO EXCEED 3 TIMES IN ALL
EXCLUDING ANY RISKS SITUATED IN STORES AND SHOPS
EXCLUDING ANY RISKS OF ASSEMBLING,INSTALLATION,PROCESSING AND OPERATING.
WARRANTED PROFESSIONALLY PACKED.
WARRANTED EXHIBITION VENUES HAVE SATISFACTORY CLIMATE/HUMIDITY PROTECTION
SUBJECT TO SATISFACTORY SECURITY WHILST ON EXHIBITION

TRANSIT DETAIL:
1.EXHIBITION TITLE: OFFSHORE EUROPE 2013
2.EXHIBITION PERIOD: 20130903-20130906 (4DAYS)
3.EXHIBITION LOCATION: ABERDEEN, UK
4.ON BOARD DATE: 20130709
5.ROUTE: KOREA - UK - KOREA

FEDERAL INSURANCE COMPANY KOREA

1. 주요 담보범위
   - Special Clause for International Exhibition
   - Warranted professionally packed
   - Warranted exhibition venues have satisfactory climate / humidity protection
   - Subject to satisfactory security whilst on exhibition

2. 인수정책
   - 운송 및 전시의 총 담보기간은 보험증권당 120일을 초과할 수 없음.
   - 보험증권당 전시의 횟수는 3회까지로 제한
   - 조립, 설치, 진행 및 가동 위험은 제외함.
     (excluding any risks of assembling, installation, processing and operation)
   - 매장 및 상점에서의 전시는 제외함.
   - Hi Tech cargo (휴대폰, 노트북, 반도체 등)은 제외함.
   - 완성차는 제외함.
   - 유류, 화학제품 및 폭발물은 제외함.
   - 유리, 세라믹 제품은 제외함.
   - 현금, 보석류 등은 제외함.

3. 보상한도액
   최대 미화 1백만 달러 (any one shipment / any one location)

참고사항 7 보험사고 처리 예

1. 기계 파손 (1)

□ **피보험자**

000 International

□ **보험조건**

ICC (All Risks)

□ **사고개요**

화물인 컨베이어 시스템은 Wooden Case로 포장되어 중국 상해에서 전시 완료 후, 국내로 반송되었으나 보세창고에서 컨테이너 적출 작업 시 지게차 운전 미숙으로 파악됨.

□ **처리과정**

국내에서 사고 접수하여 현장 조사를 실시하고 수리비용을 보험금으로 지급

□ **체크포인트**

보세창고에서 사고가 발생하였을 경우, 보세창고에서 발행한 사고확인서를 입수하며 손상 화물에 대한 사진 촬영이 필요

하부 프레임의 결속 부분이 벌어진 모습

하부 알루미늄 프레임이 휘힌 모습

하부 프레임의 간격이 벌어진 모습

2. 기계 파손 (2)

☐ **피보험자**

000 Robot

☐ **보험조건**

ICC (All Risks)

☐ **사고개요**

화물인 로봇은 Hard Case로 포장괴어 중국 상해에서 전시를 위하여 수출되었으나 수화주가 화물 확인 시 파손이 파악됨.

☐ **처리과정**

중국 현지에서 접수하여 현장 조사를 실시하고 수리비용을 보험금으로 지급

☐ **체크포인트**

보세창고에서 발행한 Damage Report와 사진을 수령하여야 하며, Damage Report가 발행 되지 않을 경우 수화주는 운송기사의 확인서 수령 및 사진 촬영이 필요

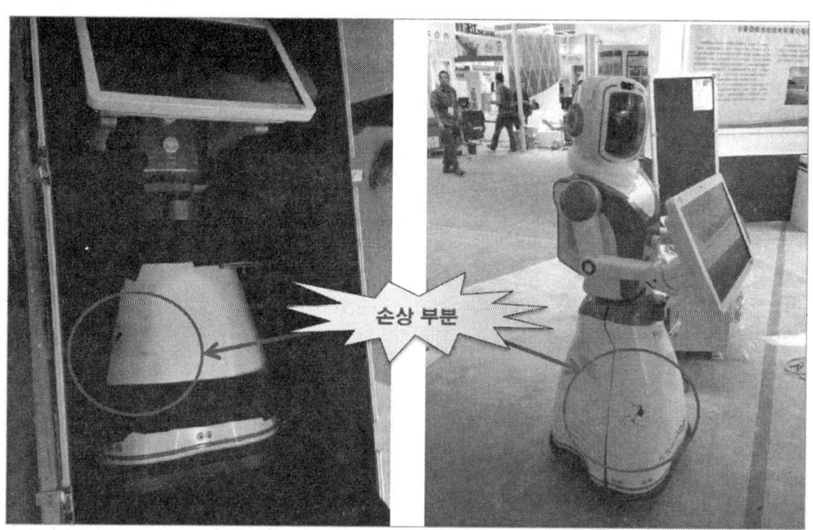

3. 기계 파손 (3)

□ **피보험자**

000 Logics

□ **보험조건**

ICC (All Risks)

□ **사고개요**

화물인 기계 (LED PANEL LIGHT)은 Wooden Cade로 포장되어, 인도에서 전시를 위하여 LCL 컨테이너로 해상 수출되었으나 수화주 화물 확인 시 파손이 파악됨.

□ **처리과정**

인도 현지에서 접수하여 현장 조사를 실시하고 수리비용을 보험금으로 지급

□ **체크포인트**

보세창고에서 발행한 Damage Report와 사진을 수령하여야 하며, Damage Report가 발행 되지 않을 경우 수화주는 운송기사의 확인서 수령 및 사진 촬영이 필요

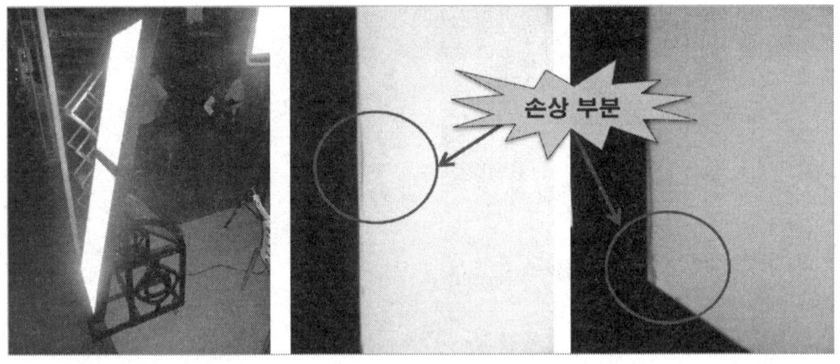

4. 운송 중 녹손

□ **피보험자**

000 Machinery

□ **보험조건**

ICC (All Risks)

□ **사고개요**

화물인 기계 (servo press)는 보관 및 운송과정에서 고온 다습한 대기로 인해 녹손이 발생되었으며 한국 반입 후, 수화주 화물 확인 시 손해가 파악됨.

□ **처리과정**

국내에서 사고 접수하여 현장 조사를 실시하고 수리비용을 보험금으로 지급

□ **체크포인트**

전시 종료 후 포장 전/후 상태를 확인할 수 있는 Report와 사진을 수령하여야 함.

서보프레스 구성품의 녹손 모습

쉬어 가기

■ **상담부스에서 해야 할 행동과 해서는 안 될 행동**

❀ 언제든지 바이어를 응대할 수 있는 준비를 한다

경쟁력 있는 좋은 상품을 갖고 전시회에 참가하는 것도 중요하지만 전시회 성과를 좌우하는 또 다른 중요한 요인은 파견자의 상담부스에서의 행동이다. 파견자는 전시회 기간 동안 적어도 개막 1시간 전까지는 전시장에 도착하여 전시품 및 부스 상태를 점검하고 통역과 함께 상담 준비를 한다. 파견자가 전시회 기간 중 상담 부스에서 해야 할 10가지 행동은 다음과 같다.

① 파견자는 항상 부스를 찾아오는 바이어에게 친절하고 웃는 낯으로 대한다. 비즈니스에서 가장 중요한 것은 상대방에게 좋은 인상과 신뢰감을 주는 것이다. ② 바이어와의 상담 일지를 꼼꼼하게 적는다. 전시회 기간 중 수많은 바이어를 만나게 되는데 기록을 제대로 하지 않으면 귀국해서 철저한 사후 관리를 기대할 수 없다. 몇일 지나면 누가 누군지 구분이 안가고 그 바이어와 무슨 내용으로 상담했는지 기억이 나지 않을 수도 있다. ③ 유력 바이어들에게 증정할 판촉물 또는 기념품을 준비한다. 기존 거래하고 있는 바이어는 물론이고 처음 만난 바이어라 하더라도 성약 가능성이 높은 바이어에게는 부담가지 않는 범위내에서 한국을 상징하는 선물을 증정하는 것은 바이어에게 깊은 인상을 줄 수 있다. 바이어는 귀사 뿐 아니라 수많은 국내외 참가업체를 만난다는 점을 명심하라. ④ 시간을 내어 경쟁사의 제품 정보를 최대한 수집한다. 전시회는 단순히 바이어로부터 주문을 받기 위한 장이 아니다. 시장 동향, 신제품 개발 현황, 경쟁사의 마케팅 전략 등을 파악할 수 있는 좋은 기회를 제공한다. ⑤ 통역에게 전시품에 대한 정보를 제공하고 사전 교육한다. 통역은 귀사 제품에 대한 전문가가 아니다. 따라서 전문품목일수록 통역이 제품에 대해 정확히 이해하고 주요 용어나 특징 등을 제대로 숙지할 수 있도록 교육해야 한다. ⑥ 전시회 기간 중 부스로 출근하

면 전시품을 정리하고 주변을 청소한다. 좁은 전시부스가 지저분하지 않도록 전달 상담하는 과정에서 흐트러진 전시품 및 상담자료를 잘 정리하고 청결을 유지하도록 한다. ⑦ 복장은 정장을 하고 면도, 두발 상태 등 외모를 확인한다. 출장자는 기업을 대표하여 나온 사람이다. 용모가 지저분하다면 바이어의 신뢰를 얻을 수 없다. ⑧ 바이어 접대용 다과를 준비한다. 상담이 길어질 수도 있는데 이때 인삼 드링크류나 한국 전통 과자 등을 내놓으면 상담이 훨씬 부드러워질 수 있다. ⑨ 다음 날 전시회를 위해 가능한 일찌감치 잠자리에 든다. 시차도 안 맞는 상태에서 상담을 한다는 것은 매우 피곤한 일이다. 몸의 상태를 최상의 컨디션으로 유지하면서 상담에 임하기 위해서는 충분한 수면이 최고다. ⑩ 전시품을 전시회 종료 후 판매할 경우, 사전에 반드시 계약금을 받아둔다. 구두 약속만 하게 되면 바이어에 따라서는 전시품 인도 시 나타나지 않을 수도 있기 때문이다.

반대로 상담부스에서 우리 참가기업들이 해서는 안 될 행동 10가지 사항을 제시하면

① 부스에서 식사를 하지 않는다. 일부 기업들은 부스에서 도시락, 김밥 심지어는 전시장에 반입해서는 안 될 커피포트를 이용하여 컵라면을 먹기도 하는데 음식 냄새를 풍기게 되면 자사 부스 뿐 아니라 이웃 부스에게 까지 내방 바이어들에게 불쾌감을 주게 된다. ② 부스를 비우지 않는다. 특히 혼자 출장 오는 경우, 가능한 부스를 지키는 것이 좋으며 불가피하게 잠시 부스를 비우는 경우에는 통역, 코트라 직원 또는 인접부스에 미리 이야기를 해둔다. ③ 바이어가 안와도 무료한 표정을 짓거나 졸지 않는다. 가능한 부스에 서 있는 것이 좋고 앉아 책을 읽거나 조는 일이 없도록 한다. ④ 부스 밖으로 까지 통로에 전시품을 전시하지 않는다. 통로에 입간판을 세운다던가 전시품을 비치하는 일이 없도록 한다. 특히 통로에 입간판을 세우면 인접 타기업 부스가 가려져 다른 참가자로부터 항의를 받을 수 있다. ⑤ 구매의사가 없는 바이어로 속단하고 무시하지 않는다. 일부 참가기업들의 바이어의 외모나 인종 등의 편견으로 예의 어긋난 행동을 한다거나 무시하는 행동도 서슴치 않는데 절대 해서는 안될 일이다.⑥ 지키지 못할 약속이라면 하지 않는다. 현장에서 상담할 때는 쉽게 약속하고 귀국해서는 언제 그랬냐는 식으로 약속을 지키지 않는다면 바이어의 신뢰를 얻을 수 없다. 일단

약속한 내용은 반드시 실천한다. ⑦ 호객 행위나 직매 행위를 하지 않는다. 선진국 전시회일수록 호객 또는 직매 행위를 철저하게 금지하고 있다. 이러한 규칙을 어겼다가는 전시회 기간 중 추방될 수도 있다. ⑧ 전시회 기간 중에는 음주하지 않는다. 모처럼만에 해외에 나왔다고 오늘 상담 성과가 좋았다고 과음을 하고 다음날 전시장에 나오게 되면 술 냄새를 풍기게 되고 몸도 피곤하여 제대로 상담을 할 수 없게 된다. ⑨ 단체로 참가하는 전시회의 경우, 지나친 개별 행동을 하지 않는다. 코트라, 협회 및 단체 그리고 지자체에서 단체로 파견하는 전시회에서는 단체 일정에 맞게 행동해야 한다. ⑩ 전시물 철거 시간을 준수한다. 전시회 마지막 날, 아직 철거 시간이 되지 않았는데 미리 전시품을 포장하는 행동은 자사 뿐 아니라 같이 참가한 다른 국내기업들에게도 나쁜 영향을 미치게 된다.

무엇보다 바이어에게 신뢰감을 주기 위해서는 에티켓을 지키고 특히 전시회가 개최되는 국가의 상관습을 미리 익히고 참가하도록 한다.

전시품 전시장 반입 및 반출

제10장

전시품 전시장 반입 및 반출

대부분의 해외전시회는 전시회 개최 전 부스가 어디에 위치하느냐에 따라 장치 및 전시품 반입 일정이 정해져 있다. 각종 절차 및 일정은 주최자가 배포하는 전시회 참가 매뉴얼 「Freight Target Floor Plan」 부분에 설명되어 있다. 부스 설치 일정을 감안하여 구역을 나누고 구역별로 전시품 운반 일정을 정하여 참가업체들이 전시품을 운반할 수 있도록 하고 있다. 참가업체 입장에서는 시간을 절약할 수 있고, 부피가 큰 화물 순으로 운반할 수 있어 편리하다.

정해진 시간 이후에 도착할 경우 전시품 운반은 가능하나 전시회에 따라 별도로 요금을 내야하는 경우도 있으므로 사전에 확인할 필요가 있다. 현장 상황에 따라 전시품 운반 일정이 지연될 때도 있기 때문에 전기배선, 카펫설치 등을 고려해 운반 계획을 세우는 것이 좋다. 운송회사는 중량이나 부피가 큰 전시화물은 1회에 걸쳐 부스 안으로까지 운반해주지만 한번 설치된 후 설치 장소를 변경하고자 하는 경우에는 추가 요금을 청구하기도 한다.

일반적으로 주요 통로는 전시품 방치가 금지돼 있다. 이는 통로에 전시품이 놓여 있게 되면 지게차 등이 지나갈 때 방해가 되어 전체적인 일정이 지연될 수 있기 때문이다. 라벨이 붙어있는 빈 전시품 포장박스 등을 제외하고는 통로에 전시품을 두지 않도록 유의해야 한다.

Targeted Freight Move In Dates

The floor plans below contain targeted freight move in dates for freight shipped directly to the Las Vegas Convention Center scheduled between September 17-23 (updated 8/24/12):

Central Hall - Targeted Freight Move in Dates

North Hall - Targeted Freight Move in Dates

South Hall - Targeted Freight Move in Dates

Silver Lot - Targeted Freight Move in Dates

Open the floor plan for the hall your booth is in and be certain that your freight arrives on your assigned target date. Should you need to change the arrival date for your shipment, please send an email to the address indicated under the move-in legend.

Targeted Freight Move Out Dates

The floor plans below contain targeted freight move out dates scheduled September 27 – 29 (updated 7/23/12):

Central Hall - Targeted Freight Move Out Dates

North Hall - Targeted Freight Move Out Dates

South Hall - Targeted Freight Move Out Dates

Silver Lot - Targeted Freight Move Out Dates

❁ 전시회 홈페이지에서 전시품 반입, 반출 일정을 파악할 수 있다

통상 운송회사에서는 전시품을 전시회 개막일 1~2일 전에 해당 부스까지 운반해준다. 전시장에 도착하면 전시품이 제대로 배달되었는지 확인한다. 손망실 된 것은 없는지 꼼꼼히 살핀다. 통관이 안 된 경우, 즉시 현지 운송회사 관계자를 접촉하여 그 사유를 파악하고 미진한 서류나 수수료 등을 보완한다. 전시품 부피가 크거나 무거운 경우, 현지 운송회사 직원에게 박스를 뜯어내 전시할 수 있는 위치로 옮겨달라고 한다.

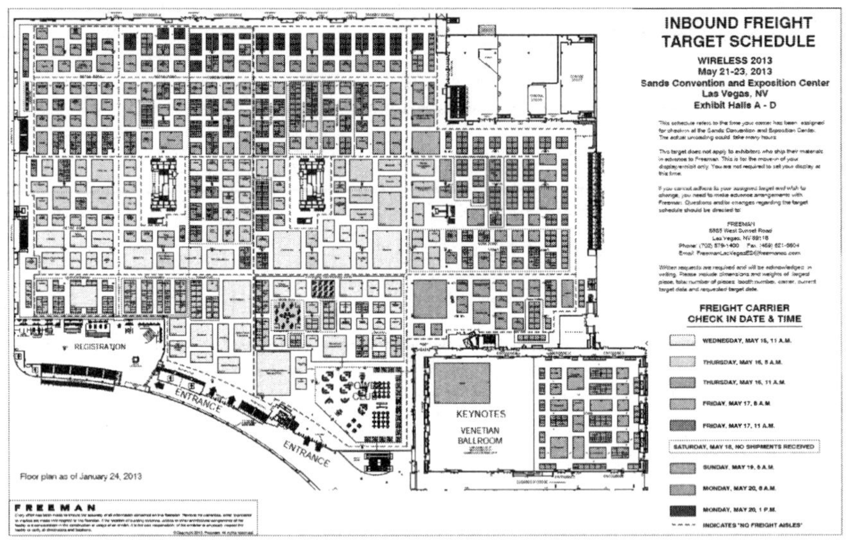

✿ Freight Target Floor Plan 예

[전시품 도착 시 해야 할 일]

항목	해야 할 일
√	자사가 발송한 전시품 박스인지 확인
√	도착된 전시품 박스 수 확인
√	전시품 수량 및 상태 확인 (분실, 파손 여부)
√	인수 즉시 전시품 작동 여부 확인 (특히 전기를 이용하는 전시품)
√	관세를 납입하고 전시장으로 반입하였다면 『관세납입영수증』 챙길 것
√	전시품 포장 박스 재활용 가능 여부
√	국내 운송회사 현지 파트너의 연락처 파악[28] (현지 담당자 명함 받아둘 것)
√	현지 운송업체 도움을 받아 부스내로 옮길 (부피가 크고 무거운) 전시품 분류
√	포장 해체 후 버릴 박스와 재활용 할 박스 구분
√	전시품 설치에 필요한 사다리, 지게차 확보 또는 요청

28) 전시품이 제대로 도착되지 못하는 경우를 대비하여 출장자는 한국을 떠나기 전, 국내 운송업체 비상연락망과 현지 파트너의 연락처를 미리 파악해야 한다.

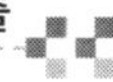

❁ 전시품이 도착되면 박스수와 전시품의 손망실 상태를 확인한다.

❁ 운송사는 필요한 경우 지게차와 사다리도 예약 또는 준비해둔다.

전시품의 전시장 반입에서부터 반출까지의 과정을 요약하면 다음과 같다.

① **전시장 반입** (Receiving)

전시장 반입 일정을 관련자에게 모두 통보하여야 하며 전시품이 보관될 장소, 공간을 사전 확보하여야 한다. 특히 중량품의 경우에는 필요시 사전에 전시장 바닥 보강 작업을 준비해야 한다. Crate (화물운반용 나무박스)내외에 충격탐지레벨 (TIP-N-TELL, SHOCK WATCH 등)의 부착을 요청하고 도착 시 이를 확인한다.

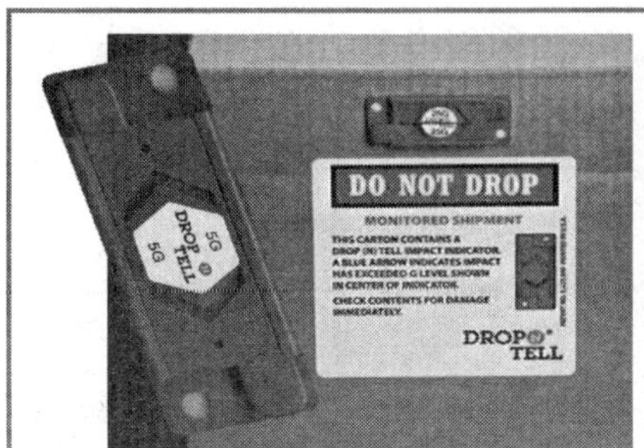

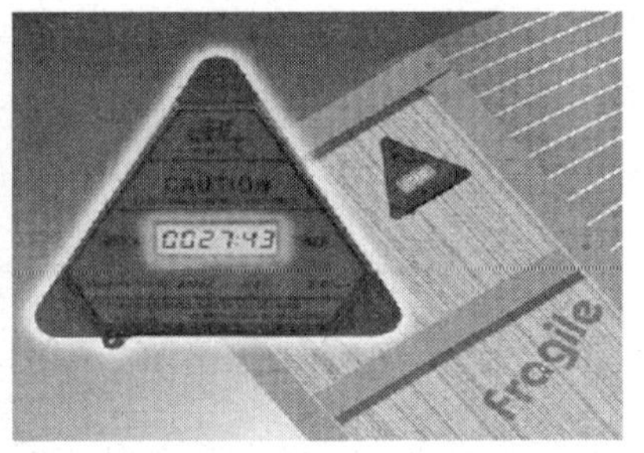

❀ 화물에 부탁된 충격탐지레벨

② **해포 (Unpacking)**

전시품을 해포하기 전에 필요한 장비 및 작업원등을 준비한다. 전시품 해포시에는 Crate 크기, 품목 등을 체크한 후, 모든 포장재료 (랩, 방습제, 볼트/너트 등)을 다시 Crate내에 넣어 창고에 보관한다. 특히 내부가 복잡하게 포장된 품목은 번호, 기호 등을 표기하여 전시회 종료 후 재포장 시 혼선이 없도록 한다.

❀ 해포 장면

③ **설치 시 관리 (Installation)**

화주는 작업자에게 전시품의 특성 및 취급 방법, 안전 절차 등을 알려준다. 작고 귀중한 전시품들은 특별히 도난 및 파손 대비 안전 장치를 마련해야 한다. 전시품이 모두 설치 완료 된 후 필요하다면 안전 설비 장치나 경비를 세운다.

❀ 특히 기계전이나 보석전과 같은 전시회는 전시품 파손과 도난 대비책을 마련해야 한다.

④ **전시품 철수 시 관리**

전시회 종료 1~3일 전에 전시품을 파악 (반송, 판매, 기증, 폐기 등)하여 반출 계획을 관련자에게 통보한다. 전시품 철거작업은 설치작업의 역순으로 진행하며 재포장 또한 반입시의 상태와 동일하게 한다. 전시회 참가기업은 전시주최측이 정한 시간부터 포장작업을 실시하며 포장이 완료된 전시품을 운송회사에 인도한다.

❀ 전시회 종료 후 전시품 재포장하는 모습

참고사항 8 **전시회 참가업체를 위한 운송사 안내문 예**

KOREA Cargo Logistics Co.,Ltd

7th Kyungseo Bldg Seoso Mun Chung-Ku Seoul Korea
Tel : 82-2-774-1851-4 / FAX : 82-2-774-7849 E-mail : kclshim@hotmail.com

- 전시회명: 2012 두바이 정보통신 전시회 (GITEX)
- 전시장소: 두바이 국제컨벤션센터
- 전시기간: 2012년 10월 14일 – 10월 18일

1. 선적 일정

구 분	Ocean	비고
관련 서류 인수	8월 23일	
물품인수	8월 28일	
통관 및 부산항 입고	9월 3일	
부산출항	9월 6일	
현지 port 도착	9월 25일	
현지 전시장 반입	10월 13일	

※ 상기의 일정은 선사의 사정으로 인하여 변경될 수도 있으니 양지하시기 바랍니다.

※ 필히 전시품 반출 품목을 **08월 28일까지** 당사 지정 창고로 입고하여 주시기 바랍니다.

※ 물품 인수 집하지 — (주) 일우 피엘에스
Tel: 032-543-7236, Fax: 032-543-7237
담당자: ○○○ 팀장 (010-○○○○-○○○○)
주소: 인천광역시 계양구 선주지동 12-3

2. 준비 서류

1) COMMERCIAL INVOICE & PACKING LIST 사본 1부 (E–mail 발송요망)
2) 사업자 등록증 사본 1부 (E–mail 발송요망)
3) 전시품 라벨 (당사 KCL 양식) – 각 물품 BOX 마다 양면에 부착하여 주시기 바랍니다.

3. INVOICE & PACKING LIST 작성 양식

1) 영문 (English) 으로 작성하시기 바랍니다.
2) INVOICE 상의 Status 란에 CONSUME GOODS(소모품) / RETURN GOODS (반송물품)은 분리하여 표기해 주시기 바랍니다.
3) 물품가격(INVOICE VALUE)은 US Dollar(USD)로 표기하시기 바랍니다.
4) 소모품(홍보물 및 카탈로그 등)도 물품가격을 반드시 표기하시기 바랍니다.
5) 전시품 MODEL No. 및 SERIAL No.을 반드시 표시하시기 바랍니다.
6) H.S Code는 각 품목의 세관등록번호입니다. H.S.Code는 관세청 관세고객 상담센터 관세평가분류원 (TEL:1577-8577)에서 확인가능하며 관세청 홈페이지 (http://www.customs.go.kr) 품목분류검색에서 검색이 가능합니다.

4. 전시품 CASE MARKING

1) Exhibition name : GITEX 2012
2) Show Date : 2012. 10. 14 ~ 10. 18
3) Name of Exhibitor : 업체 영문명
4) Hall No. / Stand No. :
5) Case No./Total No. : Case No.에는 몇 번째 박스인지 순서대로 적으시면 됩니다.
6) Gross Weight :
7) Dimensions : 가로, 세로, 높이 순으로 CM 단위로 적으시면 됩니다.

5. 포장

1) 전시물품은 우든 포장(Wooden Packing)을 권장하여 드립니다. 잦은 환적과 운송기간 중 발생할 수 있는 충격과 오픈된 야적장에 발생할 수 있는 우천에 손상이 없도록 견고히 포장되어야 합니다. 포장을 의뢰하실 업체는 **8월 28일까지** 당사 포장 업체로 입고 부탁드립니다.

   ※ 포장업체 (주) 일우피엘에스
   Tel: 032-543-7236, FAX: 032-543-7237
   담당자: ○○○ 팀장 (010-○○○○-○○○○)
   주소: 인천광역시 계양구 선주지동 12-3

※ 포장금액 : ₩80,000/CBM
(열처리 Wooden Box 및 Bolted 작업 / 부가세 별도)
여러 업체 혼합 포장 시 : ₩30,000/업체별
(열처리 Wooden Box 및 Bolted 작업 / 부가세 별도)

2) 자체 우든 포장 시 못 대신 볼트, 너트 작업을 하셔서 전시장에서 업체가 직접 Unpacking이 가능하도록 해주시기 바랍니다. 또한, 박스 표면에 IPPC 도장이 찍혀있는지 확인 부탁 드립니다. (IPPC란 국제교역에서 사용되는 목재 포장재에 포장 후 방역이 완료되었다는 국제기준 표시입니다.)
3) Carton Box 마다 Up-Right & Fragile 표시를 Box 양면에 기재 부탁드립니다.

6. 검열물품

1) 비디오/오디오 테이프 및 필름은 두바이의 Ministry of Information으로부터 허가를 얻어야 하므로 반드시 쿠리어 서비스를 통하여 전시 3주전에 도달되어야 합니다.(두바이 수입 통관을 위한 원산지 증명서가 필요하며 요청에 의해 당사가 대행이 가능합니다. 건당 ₩7,000원)
2) Alcohol, Wireless/Radio/Telecommunication/Defense equipments. 방사능 물질, 위험품은 UAE 관계당국의 사전승인을 요합니다. (9월 1일)

7. 세관통관 규정

1) 출품자의 입회하에 포장개봉 후 세관통관을 진행하며 당사 파트너가 통관절차를 밟습니다. 단 출품자가 늦게 도착하거나 미리 특별한 요청이 없이 수속을 밟을 시 지연에 따른 책임을 지지 않습니다.
2) 소모품, 샘플 및 선물은 TAX & VAT 가 부과되며 세관에 신고되어야 하며 세관통관에 필요한 절차의 수수료가 청구됩니다. TAX & DUTY 는 HS Code에 따라 차등 적용되며(CIF 가격의 5%), 정식 수출통관 및 반송통관 수수료는 USD 50/Exhibitor 가 부과됩니다.
3) 반송물품은 전시 끝나기 2일 전에 "Exhibits disposal instructions form"을 당사 파트너에게 제출해야 합니다. 양식은 당사 파트너 서비스 카운터에서 받으실 수 있습니다.
4) 임시통관 품목은 반드시 전시가 끝난 후 Return Cargo 로 반송되어야 합니다. 만일 전시기간 중 판매가 확실시 될 시에는 전시 후 정식통관 수속을 거

쳐야 하며 8주 정도의 시간이 소요됩니다.
5) 다른 전시계획은 8~10주 이후로 잡으시기 바랍니다.

8. 비용정산

반출 (집하지-전시장) 운송비는 KOTRA 지원 범위에 따라 1CBM 기준 편도 운송료가 지원되며, 1CBM 초과 시 업체별로 별도 청구됩니다. 전시종료 후, 한국으로 재반입 되지 않는 물품에 관한 TAX 및 DUTY (CIF 가격의 5%)가 발생합니다. 따라서 업체에서 개별 부담하셔야함을 알려 드립니다.

9. 보험

모든 전시품은 국내 선적에서부터 현지 전시장 반입, 반출 후 귀사까지의 ALL RISK에 부보 하셔야 합니다.

※ 기타 문의사항은 아래로 연락 바랍니다.
Korea Cargo Logistics Co.,Ltd
담당자: ○○○ 사원, ○○○ 사원
Tel: 02-774-185134, FAX: 02-774-1850
주소: 서울 중구 서소문동 26번지 경서 빌딩 703호
E-mail: kclshim@hanmail.met

쉬어가기

■ **세계 전시장 현황**

세계전시산업협회인 UFI 조사에 의하면 2011년 기준, 전 세계 5천㎡이상 규모의 전시장 수는 총 1,197개에 이르는 것으로 나타났다. 이러한 수치는 2006년 이래 연평균 2.3% 증가한 것이며 이들 전시장의 총 실내면적은 3,260만㎡로 집계되었다.

대륙별로는 유럽이 496개 전시장에 총 1,560만㎡로 선두를 달리고 있고 이어 북미가 389개 전시장에 총 790만㎡ 그리고 아시아지역이 184개 전시장에 총 660만㎡의 전시시설을 보유하고 있다.

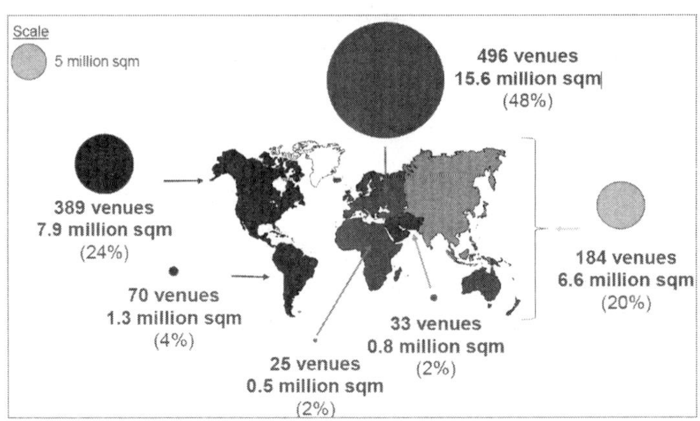

❁ 대륙별 전시장 현황 (2011년 기준)

특히 아시아는 중국을 중심으로 전시장 면적 증가속도가 1위를 달리고 있다. 국가별로는 미국, 중국, 독일, 이태리, 프랑스 순인데 최상위 5개국이 전세계 전시면적의 59%를 차지하고 있으며 15개국이 80%를 보유하고 있는 등 몇 개국으로 극히 편중되어 있는 실정이다. 특히 상위 10개국 중 유럽 국가가 6개국이나 된다.

[세계주요국 보유 전시면적 현황] [KINTEX 전시장, 총 108,049㎡]

(단위: ㎡, % 2011년)

순위	국가	총면적	비중
1	미 국	6,712,342	21
2	중 국	4,755,102	15
3	독 일	3,377,821	10
4	이태리	2,227,304	7
5	프랑스	2,094,554	6
6	스페인	1,548,554	5
7	네델란드	960,530	3
8	브라질	701,882	2
9	영 국	701,857	2
10	캐나다	684,175	2
18	한 국	267,448	1

우리나라는 최근 KINTEX 확장에 따라 보유 전시면적이 267,448㎡로 18위에 랭크되어 있다.

한편, 세계 10대 전시장 중 4곳이 독일에 소재하고 있어 독일이 세계 전시산업을 선도하고 있으며 특히 하노버전시장은 KINTEX 전시면적의 4배가 넘는 총 466,100㎡로 전 세계에서 가장 규모가 큰 전시장으로 입지를 확고히 하고 있다.

[세계 10대 전시장

순위	전시장명	전시면적 (㎡)
1	하노버전시장 (독)	466,100
2	프랑크푸르트전시장 (독)	345,697
3	밀라노전시장 (이)	345,000
4	광저우전시장 (중)	338,000
5	쾰른전시장 (독)	284,000
6	뒤셀도르프전시장 (독)	262,704
7	시카고멕코믹전시장 (미)	241,524
8	발렌시아전시장 (스페)	230,602
9	파리베르사이유전시장 (프)	228,211
10	모스크바크로크스전시장 (러)	226,399

1. 하노버 전시장 (Deutsche Messe Hannover)

하노버 전시장은 독일 하노버 소재 100만㎡ 부지에 1947년 설립되었으며 2010년 기준, 2억 1,200만 유로의 매출을 기록하고 있다. 총 직원 수는 870

명이고 세계 100여개국에 66개 세일즈 파트너, 자회사 및 지점을 보유하고 있다. 연간 100여개 국가로부터 3만6천여개의 기업이 참가하고 300만명 이상의 참관객이 방문하는 가운데 100여개의 전시회가 개최되고 있다.

2. 프랑크푸르트 전시장 (Messe Frankfurt GmbH)

세계 2위인 프랑크푸르트 전시장은 연간 100여개의 전시회가 개최되고 있으며 2011년 기준 연간 매출액은 4억 6,750만 유로이다. 총 직원 수는 1,700여명이며 전세계에 28개 자회사, 52개 파트너, 5개 지점을 보유하고 있다. 독일에서 개최한 37개 전시회에 총 38,184개사가 참가하고 230여만명이 참관하였다. 대표적인 전시회는 소비재 전시회인 Ambiente, 섬유 전시회인 Heimtextile, 자동차 부품 전시회인 Automechanika 등이 있다.

3. 밀라노 전시장 (Fiera Milano)

세계 3위인 밀라노 전시장은 1923년에 개장된 Fieramilanocity와 2005년에 신축된 Fieramilano 등 2개 전시장으로 이루어져 있다. 특히 Fieramilano

전시장은 8개동 총 20개 실내전시장과 6만m²의 실외전시장을 보유하고 있으며 연간 60여개의 전시회와 500여건의 컨벤션이 개최되고 있다. 여기서 개최되고 있는 대표적인 전시회로는 Salone de Mobil, Mila Furniture and Craft Faie, Milab Motorcycle Show 등이 있다. 밀라노 시내에 위치하고 있는 Fieramilanocity 전시장의 면적은 4만3천m²이다.

부스 디자인 및 디스플레이 방법

제11장

부스 디자인 및 디스플레이 방법

1. 부스 디자인

부스 디자인은 참관객에게 자사 제품의 상품적 타당성을 평가받는 데 중요한 역할을 한다. 따라서 전시부스의 규모와 디자인, 장식 및 조명 등이 자사나 출품국가의 위상 및 전시 제품과 조화를 이루면서 경쟁업체와 비교할 때 뒤떨어지지 않도록 신경을 써야 한다. 또한 부스 면적을 고려하여 자사제품 중 가장 자신 있는 품목을 전시하고 그것의 장점을 살린 부스 디자인이 필요하며, 방문객의 접근이 용이한 동선 구도와 그에 따른 전시품 디스플레이를 통해 자사 제품의 우수성을 보여주어야 한다. 특히 독립식 부스의 경우, 참가하는 전시회 성격에 맞게 부스 장치 형태를 선택해야 한다. 해외 유명 전시회의 경우 전체 부스 수가 2,000 ~ 5,000개나 되기 때문에 참가업체 중 독특한 아이디어로 수천개의 부스 중에서 눈에 띄는 부스를 만들어야 한다. 특히, 소비재, 섬유전시회의 경우 백화점의 쇼 윈도우처럼 부스 내 조명도 신경써야 한다.

✽ 이 많은 부스 중 관객의 주목을 끌기 위해서는 부스 디자인이 중요하다.

부스 디자인의 대표적인 방법론적 접근은 크게 외부환경과 내부환경으로 그 공간요소를 나눌 수 있다.

가. 외부 환경적 디자인

전시장 동선 흐름에 따른 자사부스 위치를 고려한 기업 이미지 및 전시품의 컨셉을 반영한 디자인으로, 타 부스와 차별화하고 자사부스의 식별이 용이하도록 디자인 한다.

- 외부 동선 흐름에 따라 부스의 사인 및 디자인 요소의 위치와 크기를 결정하여, 타 부스와 차별되는 디자인 및 개방적인 시각 처리가 가능하다.
  - 동일 면적에 동일한 크기라도 색상에 따라 그 넓이와 크기가 달라 보이는 착시 현상을 이용한 디자인
  - 자사 부스의 식별이 용이하도록 부스 상부나 입구 부분에 시스템/배너 사인 설치를 이용한 디자인
  - 통일성 있는 색채와 재질을 선택한 디자인

• 전시에 맞는 색상과 그래픽 처리로 부스에 임팩트를 강화할 수 있다.
  - 부스의 외부는 전시 성격과 전시품을 고려한 컨셉 유출
  - 특정 색상이나 그래픽, 구조물로 부스에 임팩트를 부여하고 기업, 제품의 이미지 강화

❀ 자국의 대표 색상을 활용한 장치 : 중국 (붉은색), 네덜란드 (오랜지색)

나. 내부 환경적 디자인

외부 환경 디자인과 동일 컨셉 상에서 제품의 이미지를 강화하기 위한 디자인이다. 외부 환경에서 기업 이미지와 동선, 부스의 차별성에 중점을 두었다면, 내부 환경에서는 출품 품목의 경쟁력, 타제품과의 차별성 및 우수성 표현에 중점을 둔 전시 방향을 설정한다.

자사 제품의 이미지 표현 및 홍보 시 '소도구를 이용한 제품 디스플레이 위주의 표현'을 할 것인지, '이미지 (사진, 영상 등)를 주로 한 메시지 전달'을 할 것인지에 대한 결정이 먼저 이루어져야 하고, 이에 따라 기획된 부스 디자인을 바탕으로 전시품 디스플레이가 진행된다. 자사의 전략 상품 위주로 공간디자인을 형성하고 이에 대한 설명을 담은 이미지나 영상 자료를 이용해 관람객의 시선을 집중시키거나, 홍보 시 전시품 주변에 팜플렛과 같은 자료를 비치해 그 정확한 정보를 제공하는 방법을 들 수 있다.

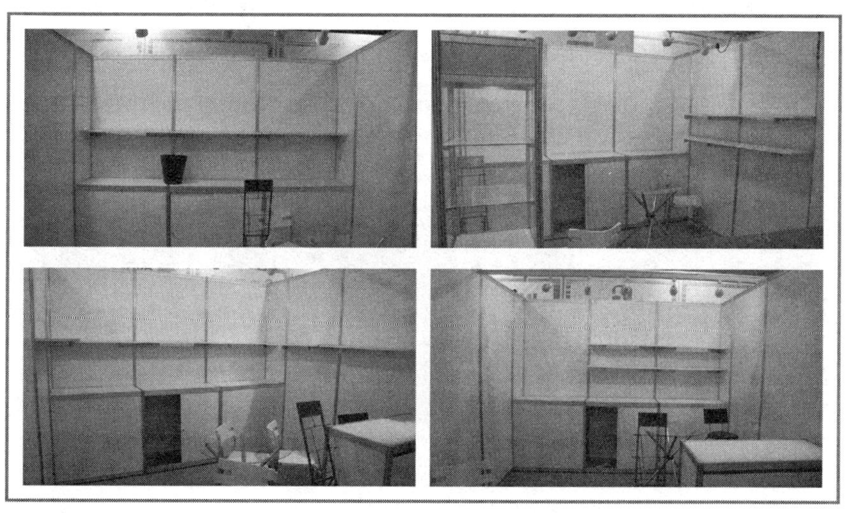

다양한 선반 설치 유형

2. 전시품 디스플레이 방법

좁은 부스 안에 너무 많은 전시품을 Display하지 않도록 한다. 특히, 부스 벽면을 모두 배너, 사진, 샘플로 치장하는 일이 없도록 한다. 전시품은 현장에서 즉흥적으로 Display하는 것 보다 전시품 발송 때 미리 생각을 해두는 것이 좋다. 전시품 Display에 필요한 가위, 테이프, 고리, 줄 (끈), 풀, 스티커, 스테플러, 압핀, 기타 간단한 공구들은 미리 챙겨온다. 부스 벽면에 못을 박거나 흔적이 남는 접착제를 사용해서는 안 된다. 4각 테이블 위에는 명함과 카탈로그 및 과자 등을 충분히 비치한다. 전시 제품은 내방객의 입장에서 무엇이 가장 중요한지 고려해 배치, 진열하여야 한다. 잘 꾸며진 부스는 회사의 이미지를 제고시키는 효과가 있지만 허세뿐인 디자인, 인위적인 장식, 너무 많은 전시품 진열은 오히려 역효과를 불러일으킬 수 있으므로 가식이 없으면서도 눈에 잘 띄도록 부스를 디자인하고 제품을 디스플레이한다. 또한 전시품 진열대 (선반)에 벨벳 테이블보를 깔고 전시품을 진열한다던가 부스의 조명을 잘 활용하면 전시품을 훨씬 더 고급스럽게 연출할 수 있다.

❀ 너무 많은 전시품 Display로 혼란스러움을 주는 예

가. 제품의 평면적 디스플레이 방법

한정된 면적의 부스에서 제품을 효과적으로 디스플레이 하기 위해서는 부스 방문자나 부스 통로 보행자의 시선 높이를 고려하여야 한다. 너무 높거나 낮은 위치에 전시품을 디스플레이를 하게 되면 방문자나 보행자가 자연스럽고 편안하게 전시품을 볼 수 없게 된다. 또한 진열대의 높낮이에 변화를 줌으로써 제품의 동적인 표현을 살릴 수 있으며 이와 함께 제품과 그 이미지에 맞는 소도구 (전시대, 쇼윈도우 등)를 이용하여 디스플레이 효과를 높일 수도 있다.

❀ 전시품이 거의 없는 설렁한 부스 (왼쪽)과 배너만 설치된 부스

❀ 적정한 배너와 전시품, 진열장 및 비디오기를 활용한 전시부스

 ED-00 인포데스크 / Info desk	 ED-01 1단 진열대 / Display Base	 ED-02 2단 진열대 / Display Base	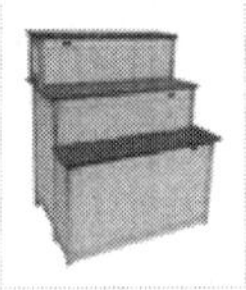 ED-03 3단 진열대 / Display Base	 ED-04 올림픽진열대 / Olympics Display Base
 ED-05 진열대 / Display Base	 ED-06 TV & VTR 다이 / TV,VTR Display Base	 ED-07 큐브(흰색) / Cube Set (3 Piece) White	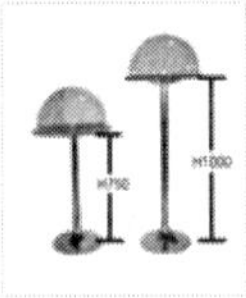 ED-08 아크릴반구진열대 / Acrylic Dome	 ED-09 선반(300x1000) / Shelf
 ED-10 1단 쇼케이스 / Show Case Display Base	 ED-11 쇼케이스 진열대 3단 / Show Case Display Base	 ED-12 쇼케이스진열대 / Show Case Display Base	 ED-13 쇼케이스 진열대 / Show Case Display Base	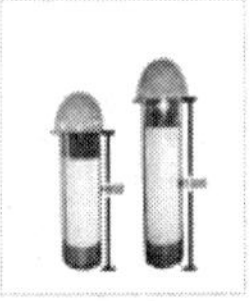 ED-14 타공반구진열대 / Hold Glass Dome
 ED-15 타공안내대 / Hold Info	 ED-15-1 타공안내대 / Hold Info	 ED-18 타공조명진열대(상판 흰색) / Hold Light Display Base	 ED-19 타공유리조명진열대 / Hold Glass Light Display Base	 ED-20 서류함 (잠금장치별도, 흰색) / Document Box (White)

❋ 많이 활용되는 전시 진열대

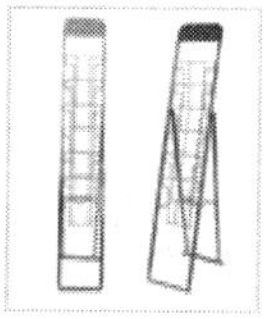

EB-01 카달로그꽂이 / Catalogue Holder	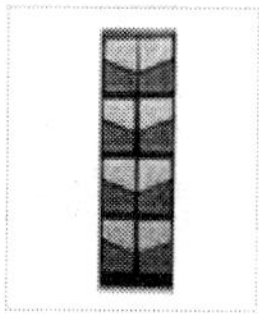 EB-01-1 카달로그꽂이 / Catalogue Holder	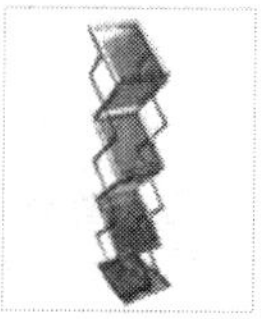 EB-02 접이식 카달로그꽂이 / Catalogue Holder (Folding)	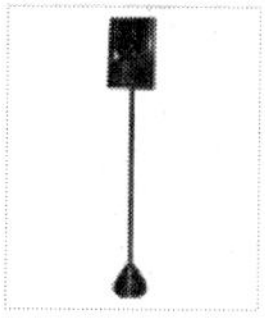 EB-03 제원판 / Spec Stand	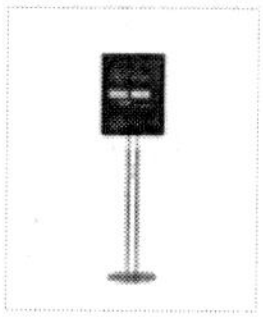 EB-03-1 포스터스탠드 (A3) / Spec stand (A3)
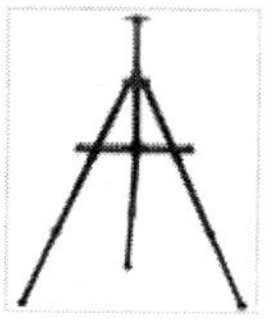 EB-04 이젤 / Easel	 EB-04-1 나무이젤 / Wood easel	 EB-05 악보대 / Music Stand	 EB-06 행거(옷걸이X) / Hanger	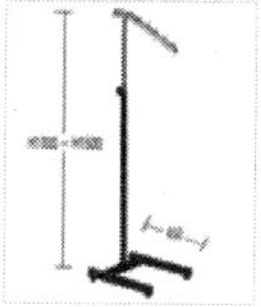 EB-06-1 쇼핑백걸이 / Hanger
 EB-07 스탠드형 옷걸이 / Coat Hanger	 EB-08 철망(흰색,검정) / Mesh (Black,White)	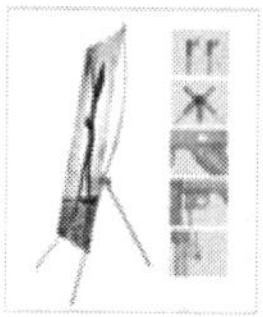 EB-09 배너걸이 / Banner Stand	 EB-10 화이트보드 / White Board	 EB-11 싱크대 / Sink
 EB-12 휴지통 / Wastebasket	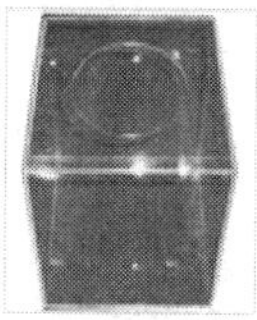 EB-13 명함통 / Name and Case	 EB-14 벨트형 차단봉 (개당) / Guard Rail(Belt)	 EB-15 차단봉(개당) / Guard Rail	 EB-16 행운함 / Name and Case

❀ 전시회 참가 시 많이 사용되는 각종 비품

❀ 부스 배치도

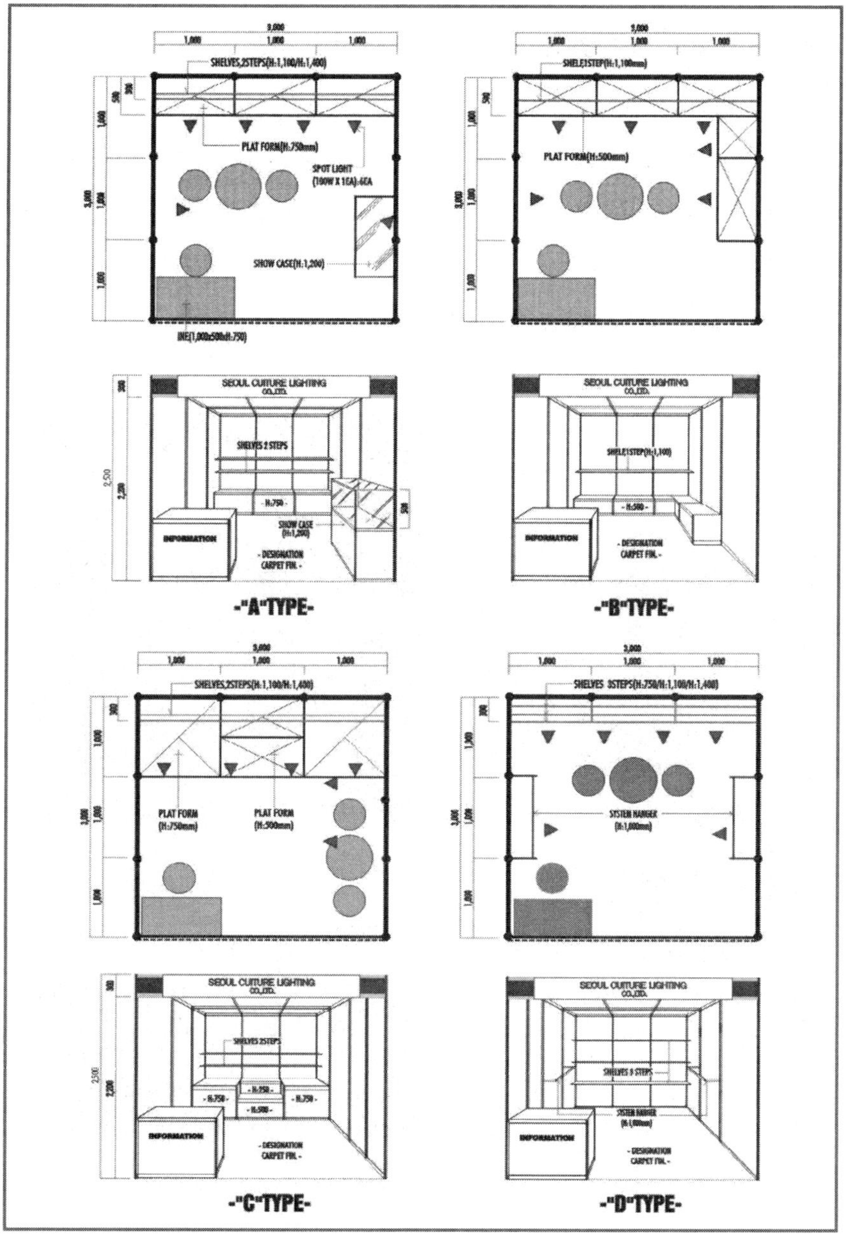

-"A"TYPE-

-"B"TYPE-

-"C"TYPE-

-"D"TYPE-

❀ 디스플레이 부스 타입

나. 부스 내부 벽면과 공간을 활용한 메시지 전달

전시품에 대한 메시지 전달에 충실한 이미지를 합성한 그래픽 디자인이나 POP (Point of Purchase)물로 정보를 제공할 경우, 참관객의 시선이 부스에 머무는 시간이 몇 초에 지나지 않기 때문에 간결하면서도 효과를 줄 수 있도록 제작되어야하며 아울러 그래픽 디자인이나 POP물은 차후 전시회에 재활용이 가능하도록 제작한다.

❀ 전시품 정보 전달을 위한 POP물 활용 예

다. 조명 설치에 따른 이미지 변화

조명광이 머무는 곳에 관람객의 시선이 머물기 때문에 조명 관련 작업은 매우 중요하다. 아무리 부스 내부의 디자인이 잘되어 있다 하더라도 조명 처리에 따라 디자인의 이미지가 크게 좌우될 수 있다. 조명 설치는 부스 내부의 전시품 성격에 따라 다르나 기본적으로 부스를 밝게 함으로 산뜻한 이미지 조성이 가능하며, 조명광을 특정 제품 또는 이미지에 비춤으로 참관객의 시야를 더 집중시킬 수 있다.

❀ 조명을 잘 활용하여 디스플레이한 부스의 예

그밖에 시연 (Moving Demonstration), 배우, 기타 설명기법 (부스 내 무대)등을 이용하고자 한다며, 외부 동선과 내부 (부스) 동선을 고려하여 필요한 공간을 확보하고 제품이 디스플레이 된 공간과 상호 겹쳐지지 않게 하되, 메시지 전달은 동일선 상에서 이루어지게 계획해야 한다. 제품이 디스플레이 된 공간군에서 벗어나서 시연을 하면 참관객에겐 제품 공간과 구연 공간을 동시에 보아야 하는 번거로움이 생겨 정보 전달이 산만해지게 되기 때문이다.

❀ 전시회 시연 장면

라. 디스플레이 하기 전 점검 사항

통상 주최 측에서는 개막 전일 부스 설치를 마친다. 개막 전일, 전시장에 들어오면 주변에서 부스 설치 공사를 하고 있으며 여기저기 흩어져 있는 전시품 운송박스, 각종 쓰레기와 폐자재로 부스 주변이 지저분하고 어수선하다.

조립식 부스의 경우, 자기 부스 위치를 확인했으면 가장 먼저 해야 할 일이 부스에 설치된 부스 번호와 회사명이 제대로 표기되어 있는지를 확인한다. 특히, 회사영문 스펠링이 틀린 곳이 없는지 확인 한 후, 이상이 있다면 즉시 주최측에 수정을 요청한다. 이때 주최 측으로부터 전시회 디렉토리 입수가 가능하다면 디렉토리에 자사 부스 정보가 제대로 수록되어 있는지도 확인한다. 다음에는 주최 측에서 제공하는 기본 집기 (테이블, 의자, 전시대, 조명 등)가 이상이 없는지 확인 한 후, 전기[29], 전화, 인터넷 등 Utility 상태로 체크한다. 아울러 부스 내 바닥 카펫이 찢기거나 오물이 떨어져 있지는 않은지 살펴보고 부스 바닥이 전선이나 설치된 바닥 뚜껑으로 고르지 못하고 돌출된 부분이 있다면 걸려 넘어지지 않도록 최대한 평평하게 한다. 일부

29) 부스 디스플레이시 주의할 점은 당초 예상한 전력소비량을 초과하여 사용치 않도록 준비해야 한다. 만약, 전력소비량을 기준치 이상으로 사용하면 전원에 부하가 걸려 부스의 전원이 꺼질 수 있기 때문이다.

참가기업들은 사전에 주최측에 전시대 위치 변경이나 별도의 비품 임차를 요구하는 경우도 있는데 당초 요청대로 설치 또는 반입되어 있는지도 살펴본다. 조립식 부스의 경우, 별도로 현지어 또는 영문으로 제작된 회사 및 제품을 소개할 수 있는 판넬, 배너, 모형, 소도구 등을 별도 준비해가는 것도 바람직하다. 일부 국내기업들 중에는 한국어로만 제작된 판넬이나 배너를 부스에 부착하기도 하는데 이는 바람직하지 못하다. 동일한 형태의 부스라도 참가업체의 작은 아이디어로 많은 집객 효과를 얻을 수 있다.

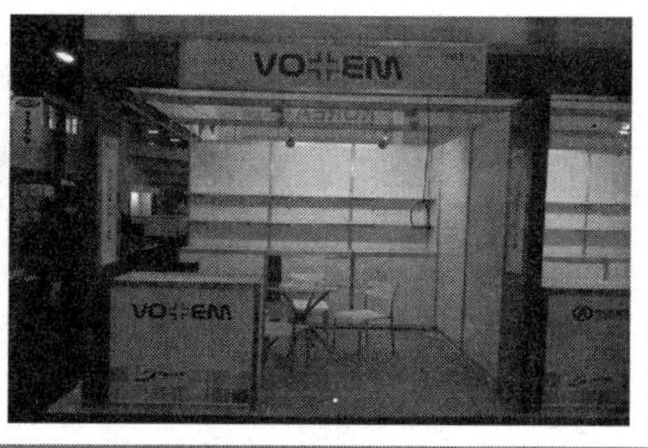

✽ 전시회 개막 전일 어수선한 분위기 (왼쪽), 배정된 부스 내 회사명과 부스 번호를 확인한다. (오른쪽)

전시품을 Display하기 전에 벽에 부착된 전시대가 견고한지 확인한 후, 카펫에 입혀있는 비닐을 제거하고 바닥을 청소하도록 주최 측이 고용한 청소요원에게 요청한다. 전시 기간 중 전시부스 특히 장치사가 재활용하는 부스 합판에 손상을 입히는 일이 없도록 유의한다. 독립식 부스로 참가하는 경우에는 장치일 내내 전시장에서 장치업체가 요청한대로 부스를 설치하고 있는지 확인하는 것이 바람직하다.

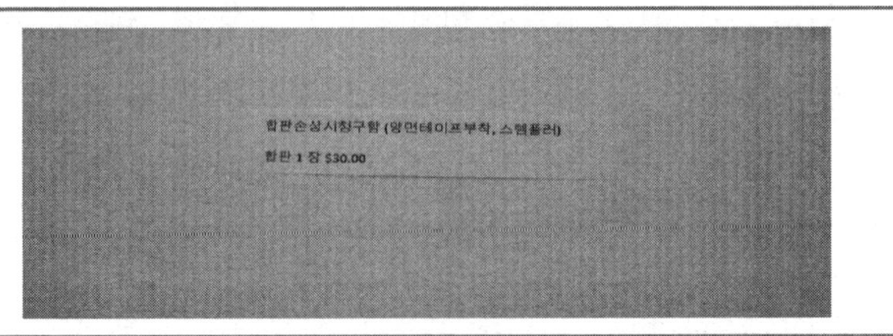

❀ 『전시부스 합판손상시청구함. (양면테이프부착, 스테플러) 합판 1장당 $30』 이라는 경고문

[전시품 디스플레이하기 전 부스 체크 리스트]

항목	체크 리스트
√	부스 간판에 번호와 업체명이 맞는지? (특히 영문 스펠링)
√	주최 측에서 기본적으로 제공하는 집기 및 그 수 그리고 상태 (의자나 테이블이 흔들거리지는 않는지?)
√	추가로 요청한 집기 및 그 수 그리고 상태
√	조명 상태 (전구 숫자와 위치가 맞고 전기가 모두 들어오는지?)
√	전기 소켓 상태 (전기가 들어오는지?)
√	인터넷이 터지는지 그리고 그 속도는 적정한지?
√	부스에서 휴대폰이 잘 터지는지? (같은 전시장 내에서도 의외로 휴대폰 통화 사각지대가 있음.)
√	카펫 상태 (찢기거나 오물 자국은 없는지?)
√	부스 벽면 (제대로 고정되어 있는지?, 벽면에 흠집은 없는지?)
√	바닥 평평도 (전선이나 바닥 뚜껑으로 인해 바닥이 튀어나오지는 않았는지?)
√	부스 내 누수되고 있는 곳은 없는지?
√	부스 벽면에 설치된 선반은 튼튼하게 고정되어 있는지?
√	부스 벽면에 못을 박거나 접착제를 사용할 수 있는지?
√	전시대나 선반이 어느 정도까지 전시품 하중을 받쳐주는지?
√	급배수, 압축공기, 전화, 오디오, 비디오 등 부대 서비스를 신청하였다면 제대로 작동되는지?
√	소화기, 비상구 위치

▪ 전시부스 종류와 유형

전시부스는 참가형태에 따라 『조립 (기본)부스』와 『독립부스』로 구분한다. 조립부스는 주최자가 전시장 면적 및 기본 장치를 제공하는 부스를 말하며, 참가업체는 별도의 시공없이 전시회에 참가할 수 있다. 조립부스는 최소 1개 부스 이상이며 규모에 제한을 두지 않는다. 조립부스에서 주최자가 제공하는 기본 장치는 통상 조명 (부스당 형광등 1개, 스포트라이트 4개), 바닥 (파이텍스로 시공), 안내데스크, 상담테이블 및 의자 등이며 기본적인 콘센트 및 전기도 제공한다. 종전 조립부스는 가격이 싼 자재를 사용하고 천편일률적인 단순 폐쇄형태로 부스를 설치하였으나 최근에는 조립부스라 하더라도 개방형으로 세련되고 고급스런 자재를 사용하여 전시장 분위기를 업그레이드 시키는 사례도 많다. 또한 최근에는 전시주최자들이 조립부스도 제공되는 옵션에 따라 보급형, 고급형, 최고급형 등으로 구분하여 판매하기도 한다.

반면 독립부스란 주최자가 부스 단위로 전시용 면적만을 제공하며 참가업체가 할당된 전시면적에 자체적으로 전시구조물을 시공, 전시하는 부스를 의미한다. 통상 독립부스의 경우, 최소 2부스 이상 신청토록 한다. 독립부스 신청업체는 전시에 필요한 모든 부대시설 (전기, 압축공기, 급배수, 가스, 인터넷, 전화)을 업체 스스로 준비하여야 한다. 또한 전시구조물 시공이나 부대시설은 해당 전시장에 등록된 지정용역업체를 이용해야 하며 만일 등록업체가 아닌 참가업체가 직접 자체 시공할 시에는 자체시공사유서, 전시부스 설치 (변경) 신청서, 작업신고서, 평면도 및 입면도 각 1부를 주최자에게 미리 제출해야 한다.

✽ 조립부스 (왼쪽)과 독립부스

또한 전시부스는 부스 구조를 구성하는 주자재를 바탕으로 목자재부스, 철물자재부스, 시스템부스와 이들 3가지가 복합된 복합형부스로 구분된다. 목자재형과 철물자재형은 주로 대형부스장치에 많이 사용되며, 시스템부스는 중소형부스와 조립부스에 많이 사용된다. 최근에는 전시시설 관련 폐기물 발생 억제와 에너지 절감을 위한 전시환경의 변화로 친환경전시를 지향하게 됨으로써 주로 폐기물이 발행하지 않는 시스템자재에 대한 관심이 증폭되고 있다.

조립부스와 독립부스 중 어느 형태로 참가할 것인가는 참가경험, 참가규모 및 예산에 따라 결정하는데 참가경험이 많치 않고 규모가 크지 않다면 조립부스로 참가하는 것이 바람직하다. 또한 전시품에 따라 부스의 고급화와 화려함이 요구되기도 한다. 시계, 보석, 의류 및 섬유, 주방용품, 화장품, 욕실용품, 조명기기 및 가구류 등 주로 생활용품은 고급 조명과 함께 진열대 및 진열장도 화려해야 상품이 돋보인다. 특히, 시계와 보석전시회에서는 가장 많은 부스 설치비를 투입한다. 그러나 기계류, 자동차 부품등과 같은 하드웨어 전시품은 보통 생활용품에 비해 부스 설치에 많은 비용을 투입하지 않는다. 또한 건설중장비와 같은 부피가 크고 무게가 많이 나가는 전시품은 실외전시장을 활용하기도 한다.

❀ 엄청난 장치비를 투입한 스위스 바젤시계박람회와
기본부스로 참가한 국내 자동차부품전시회

한편 부스 위치에 따라 로우형부스, 코너형부스, 엔드형부스 및 블록형부스로 구분하는데 로우형부스 (Row Booth)는 복도 쪽을 향해 일렬로 정렬되어 있으며 복도쪽으로 오직 1면만이 접해있는 전시부스를 가리킨다. 코너형부스 (Corner Booth)는 소규모로 참가하는 기업들이 가장 선호하는 부스로 복도 쪽에 두면이 접해 있어 로우형보다 더 많은 수의 내방객들을 접촉할 수 있다는 장점이 있다. 엔드형부스 (Peninsular Booth)는 3면이 복도에 접하는 데 로우형부스, 코너형부스 보다 훨씬 많은 수의 내방객들을 접촉할 수 있다는 장점이 있다.

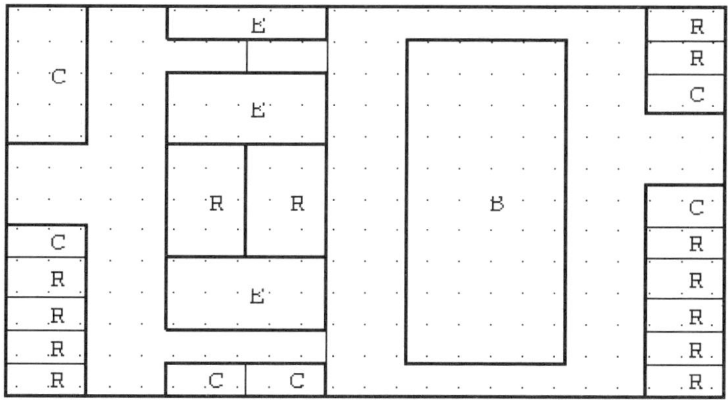

R (로우형), C (코너형), B (블록형), E (엔드형)

마지막으로 블록형부스 (Island Booth)는 주위 4면이 모두 복도와 접해져 있는데다 타업체의 어떤 전시부스와도 떨어져 있는 관계로 내방객들의 주의를 가장 끌기 쉽다. 따라서 이 부스는 홍보에 가장 효과적이다. 그러나 블록형부스는 디자인과 장식에 상당한 주의를 기울여야 하며 대규모로 참가해야 이런 형태의 부스에 적합한 위치를 선정받게 된다. 또한 부스 조립에도 많은 비용이 든다는 단점이 있다.

전시품 처리 및 철거 방안

제12장

전시품 처리 및 철거 방안

일반적으로 전시품 처리 방안은 현지 판매, 기증, 폐기 및 본국으로의 반송 등이 있다. 특히, 까르네를 활용하여 관세를 부과하지 않고 통관한 전시품은 원칙적으로 반입될 당시와 똑같은 조건으로 전량 본국으로 반송되어야 한다. 현지 판매, 기증 및 폐기의 경우에는 전시회 개최국에 관세와 기타 세금을 모두 납부한 후 정식 통관 절차를 거쳐야 한다. 설사 까르네 등을 활용하여 관세를 납부하지 않고 임시 통관된 전시품을 전시회 종료 후, 현지 판매, 기증 또는 폐기할 경우, 사후적으로라도 정식 통관 절차를 거쳐 관세 및 기타 세금을 납부하여야 한다. 다시 말해 전시회 폐막 전일 또는 당일, 면세 통관된 전시품 중 일부 또는 전부를 현지 처리하고자 하는 참가기업은 전시품 운송사 파견직원이나 현지 파트너에게 처리 계획을 알려주어야 하며 관세나 기타 세금이 크지 않은 경우, 운송사가 이를 대납하고 추후 해당 참가기업에게 대금을 청구하게 된다.

대부분의 해외전시회는 전시회 기간 중 전시품의 현지 판매를 허용하지 않고 있다. 직매를 허용하지 않는 전시회에서는 절대 직매를 해서는 안 된다. 직매를 허용하지 않는 전시회에서 직매를 하다가 발각되면 전시회 기간 중 전시장에서 퇴출될 수도 있다. 만일 전시회 기간 중 전시품 구입을 희망하는 바이어가 있다면 관세를 납부한 후 정식

통관된 전시품이라 하더라도 전시회 종료 후 인도하는 조건으로 판매를 한다. 또한 전시기간 중, 관세를 납부하지 않고 임시 통관된 전시품을 판매할 경우, 원칙적으로 전시 종료 후 현지 보세 창고로 물품을 이동시키고 나서 적법한 수입 통관 절차를 거친 후에 현지 바이어에게 인도해야 한다. 어느 경우든 전시회 종료 후 인도한다는 조건으로 전시회 기간 중 판매 계약을 할 때에는 계약서를 받아두고 일정 금액의 계약금을 미리 받아두는 것이 안전하다.

본국 반송을 위한 전시품 재포장과 부스 부착 홍보물 철거 작업은 주최 측이 고지한 전시회 마지막 날 해당 시간부터 착수한다. 아직 재포장 및 홍보물 철거 시간이 되지 않았는데도 반송을 위한 재포장과 홍보물 철거 작업을 하게 되면 인근 부스 참가업체들에게도 방해가 될 뿐 아니라 더 많은 바이어들을 만날 수 있는 기회를 스스로 포기하는 것이 될 수도 있으니 자제토록 한다.

전시회 종료 후 출장자는 직접 휴대해 갈 전시품과 운송회사를 통해 반송할 전시품으로 분류한다. 본국 반송을 위한 전시품은 당초 발송할 때 사용한 포장 박스를 재활용하도록 하고 카탈로그, 리플렛 등 인쇄 홍보물은 가능한 전시회 기간 중 모두 배포토록 한다. 전시부스를 떠나기 전, 본국 반송용 포장 박스는 운송업체에게 정확하게 인도하고 운송업체로부터 수령증을 발부 받는다. 전시회 종료 후 발생된 쓰레기 등 폐기물은 깨끗이 치우고 간다.

❀ 전시회 종료 후 전시품 재포장 장면

❀ 전시회 종료 후 자신의 부스를 깨끗이 청소하는 일본 참가기업

쉬어 가기

■ **코트라 단체참가 해외전시회 지원제도**

중앙정부의 단체 해외전시회 참가지원과 관련하여 산업통상자원부는 KOTRA를 통해, 중소기업청은 중소기업중앙회를 통해 지원하고 있다. 그중 KOTRA는 산업통상자원부로부터 위임받아 국내 중소기업의 신흥시장 및 전략시장 진출을 지원하기 위해 한국관을 구성하여 연간 100회가 넘는 세계 유명 전시회에 참가하고 있다.

[KOTRA 파견 단체참가 해외전시회 지원현황]

구 분	'08	'09	'10	'11	'12	'13
국고지원(억원)	107	220	106	101	105	142
수행 전시회 수(회)	117	139	90	95	101	115
참가업체수(개사)	2,275	2,612	1,854	1,918	1,947	1,413*

* 2013년 8월말 현재

KOTRA는 신청 접수된 단체 참가해외전시회들을 대상으로 전시회 참가 선호도, 수출품목 및 수출시장의 성장성, 국가정책 기여도 등의 평가항목들로 구성된 해외전시회 선정기준표에 의거 평가 후, 산업통상자원부와 협의를 거쳐 단체참가 해외전시회 선정위원회에서 최종 선정하고 있다. 각 기업들은 통상 전시회 개막 약 5 ~ 6개월 전부터 참가 신청을 해야 하며 참가비용 (임차료, 장치비, 전시품 운송료, 공동수행기관 관리비)의 최대 50%까지 국고 지원이 가능하다. 다만, 국가전략, 지원성과의 극대화를 위하여 일부전시회는 산업통상자원부와 협의하여 70%까지 지원할 수 있다. 또한 참가업체에게 제공되는 부스는 업체 당 1부스를 원칙으로 하되 최대 4부스 (36㎡)까지 배정할 수 있다.

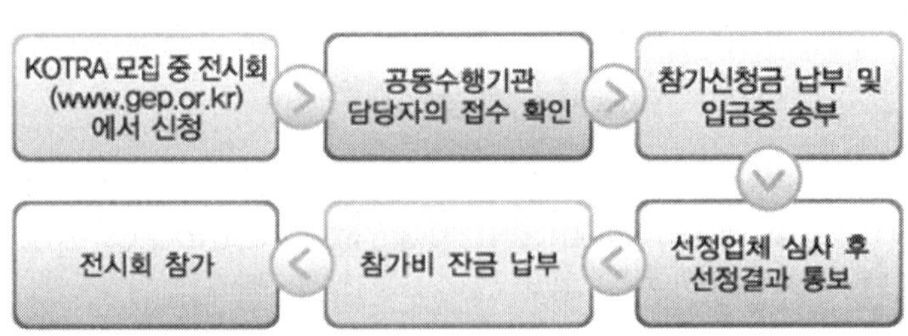

KOTRA 단체 파견 해외전시회 참가 신청방법

참가를 희망하는 기업은 수행기관 (KOTRA, 협회, 조합 및 단체)에 ① 해외전시회 참가신청서, ② 전시품목 상세서, ③ 신청기업의 카탈로그 또는 제품설명서 (영문 및 국문자료), ④ 사업자등록증사본, ⑤ 기업 신청 시 가점 처리 사항의 증빙서류, ⑥ 해외전시회 참가를 위한 각서 및 ⑦ 기타 수행기관과 KOTRA가 협의하여 정하는 서류 등을 제출하여야 한다. KOTRA와 공동수행기관은 공동수행기관 평가 기대성과, 제조기업여부, 정부기관 인증서 취득 여부, 사전예약 여부, 전시품목의 현지 시장성, 무역관 평가 기대성과, 수요조사 참가 여부 등을 종합적으로 고려하여 최종 선정한다.

KOTRA가 모집하여 국고지원으로 단체 파견하는 해외전시회 참가 시 장점은 창립이래 50년 이상 해외전시회 참가를 통해 축적된 KOTRA의 많은 노하우를 활용할 수 있다는 점이다. KOTRA는 해외무역관, 관련 조합, 협회 및 단체 그리고 국내기업들의 의견과 수요 조사를 통해 성과 위주로 참가 전시회를 엄선한다. 또한 KOTRA가 전시회 참가에 필요한 운송회사, 호텔, 현지교통편과 통역을 알선해주고 있으며 세련된 한국관을 구성하기 때문에 전시회 참가 경험이 없는 수출기업들은 상담 준비에만 주력하면 된다.

KOTRA 단체파견 해외 전시회 국가관

아울러 KOTRA 해외무역관은 현지 시장정보와 상담요령을 사전 제공하며 주요 바이어들과의 상담도 지원한다. 또한 전시회 기간 동안 관련 세미나, 설명회, 구매상담회 등 부대행사를 병행 개최하며 전시회 기간 중에는 본사 파견 직원과 무역관 직원이 전시장에 상주하여 참가 기업들의 요구에 즉각 지원하는 시스템을 갖추고 있으며 전시회 종료 후에도 성약될 때 까지 철저한 사후 서비스를 제공하고 있다. 이밖에 국가관 형태로 참가하게 되면 『KOREA 브랜드』를 활용할 수 있어 상담에도 많은 도움이 된다.

특히 KOTRA는 보다 심도 깊은 해외전시회 참가 지원 서비스를 참가기업들에게 제공하기 위해 뉴욕, LA, 프랑크푸르트, 도쿄 및 상해무역관 등 총 19개 무역관에 전시사업지원 전담요원을 두고 있으며 앞으로도 전시 전담직원 주재 무역관 수를 계속 늘려나갈 예정이다.

그러나 단체 파견 전시회의 단점은 ① 본인이 참가하려는 전시회가 지원대상 전시회로 포함되지 않을 수도 있고 ② 경쟁이 심한 전시회에서는 탈락 가능성도 있으며 ③ 피하고 싶은 국내 경쟁기업들과 함께 참가할 수도 있고 ④ 세부 품목에 관계없이 한국관으로 단체 참가하기 때문에 전시품 세부 품목별로 참가기업을 배치하는 전시회 (예 자동차부품전시회, 섬유전, 방송기자재전 등)에서는 내방 바이어 성과가 떨어질 수도 있다는 점이다.

제13장 운송비 절감 방안

제13장

운송비 절감 방안

전시회 참가 시 전시품 운송비도 전시회 참가 경비에서 높은 비중을 차지한다. 그러나 운송회사 선정 시 너무 가격 요인만 보고 결정하면 서비스가 부실한 운송사를 선정할 수도 있으므로 제시된 운송비와 운송회사의 처리 능력도 동시에 감안하여야 한다. 전시품 운송비를 절감하기 위한 방안을 제시하면 다음과 같다.

첫째, 임차한 전시 부스 면적을 감안하여 최적의 양만을 발송하도록 한다. 너무 많은 전시품을 발송하게 되면 좁은 전시 부스에 모두 디스플레이를 할 수 없을 뿐 아니라 운송비, 통관비, 보험료 등 낭비 요인이 될 수 있다.

둘째, 제품의 부피, 무게 및 수량을 꼼꼼히 따져본 후 운송회사를 통해 발송할 제품과 핸드캐리 제품을 구분한다. 전시회 출장을 위한 항공편 선정 시 추가요금 없이 무료 수하물 허용량을 체크한다.

셋째, 전시품 운송 시 최소 무게 비용을 지불해야 하는 경우가 있으므로 전시품을 작은 상자로 포장하여 수량을 많게 하지 말고 큰 상자 단위로 포장한다.

넷째, 전시물품 선적은 통상 전시 전문운송업체를 이용하는 것이 좋다. 전시 전문운송업체일수록 전시품 도착 지연이나 전시품 파손 및 망실 사례가 상대적으로 적어 이로 인한 기회비용을 최소화 할 수 있

다. 또한 전시주최자가 배포한 참가 매뉴얼에 지정된 통관대행업체를 확인하고 이용하는 것이 안전하다.

다섯째, 가능하면 해당 전시회에 참가하는 국내기업들이 동일 운송회사를 지정하여 공동 활용하게 되면 운송비를 절감할 수 있다.

여섯째, 운송회사 선정 시 가능한 여러 운송회사로부터 견적을 받아 이를 비교하여 가장 저렴하게 운송비를 제시한 운송회사를 선정토록 한다.

일곱째, 포장 박스 안에서 전시품이 서로 부딪치거나 눌려 손상되지 않는 범위내에서 포장하되 지나치게 많은 포장 소재를 사용하게 되면 포장 박스 수가 늘어날 수 있음을 유념한다.

여덟째, 전시회 개최일에 맞추어 전시품이 도착할 수 있도록 충분한 시간 여유를 갖고 전시품 발송을 의뢰한다. 시간 촉박으로 항공편을 이용하게 되면 선박편에 비해 훨씬 많은 운송비를 부담해야 한다.

아홉째, 코트라 공동물류센터 사업에 참여하여 현지에서 전시품을 조달하게 되면 운송비 및 시간 절감 효과를 거양 할 수 있다.

KOTRA 공동물류센터 사업

공동물류센터 사업은 중소기업의 경우, 시장정보, 자금, 마케팅 역량 등의 부족으로 해외 수출시장에 물류지원 시설을 구축하기 어려워 수출 장애가 크다는 점에 착안하여 시행되고 있다. 해외무역관이 현지의 전문 물류서비스 업체를 선정하여 국내 수출중소기업이 저렴하게 물류 관련 서비스를 이용할 수 있도록 지원하고, KOTRA 해외 마케팅 사업과 연계하여 국내 수출기업의 해외시장 진출을 확대할 수 있도록 지원하는 사업이다. 이를 위해 2012년 하반기 기준, KOTRA는 미국, 일본, 중국 등 주요 20개국에 35개 물류 센터를 운영하고 있으며 현재까지 약 1,400여개사가 물류센터운영 사업에 참여하고 있다.

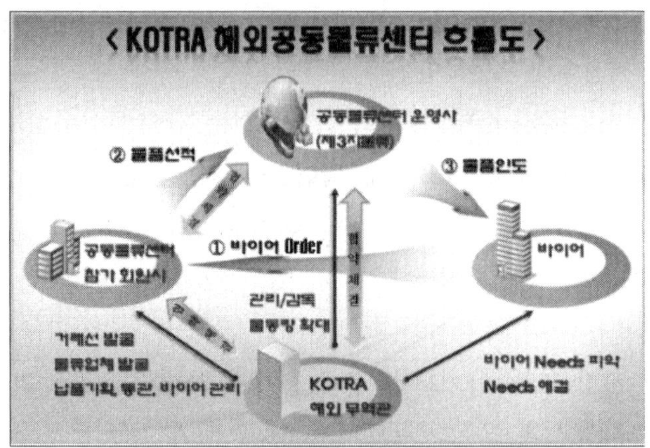

물류센터 형태는 제3자 물류로 능력과 신뢰성을 갖춘 현지 물류전문 서비스업체(Logistics Service Provider)를 아웃 소싱하여 보세창고 운영, 통관 및 운송, 재고관리 등 물류관련 제반업무를 위탁 운영시킨다. 공동물류센터 참가 희망기업은 지역과 지사화·물류 패키지 및 단순물류 지원에 따라 차등적으로 참가비를 납부하여야 한다.

❀ KOTRA가 운영하고 있는 해외공동물류센터

단순물류 지원이란 물류위탁 계약 체결 및 애로사항 해결을 지원하고 현지 물류 전문업체를 선정하여 보세창고 운영, 통관 및 운송, 재고관리 등 물류 관련 업무 아웃소싱을 지원하는 제도이다. 한편 지사화·물류 패키지 지원은 유망 거래선 발굴, 지역별 특화 마케팅 서비스 연계 수출확대 전략 수립과 회원사 직원의 단기 출장 시 임시 사무실 제공 등이 추가 된다.

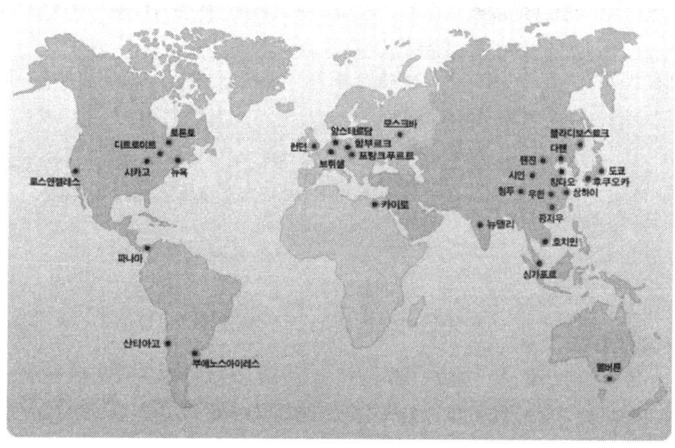

❀ KOTRA 공동물류센터 설치 지역

공동물류센터의 장점은 물류센터 공동이용으로 최소 10% 이상 비용을 절감할 수 있고 Oder 수주 후 출하까지 납품 기간을 대폭 단축할 수 있으며 제품에 대한 A/S 등이 가능하게 함으로써 국내 기업들의 해외바이어에 대한 신뢰도를 끌어 올릴 수 있다는 점이다. 또한 물류계약 및 운영 등 제반 행정적인 지원은 물론이고 지사화·물류 패키지의 경우에는 바이어와의 업무연락, 신규바이어 발굴 지원 등 마케팅 지원도 받을 수 있다.

마지막으로 코트라, 중기중앙회 및 많은 지자체에서는 국내 중소기업들의 해외전시회 지원 프로그램을 운영하고 있다. 이들 기관은 해외전시회 참가 국내기업들에게 일정 한도 내에서 운송비를 비롯한 전시회 참가경비를 지원해주고 있으므로 관련 제도를 최대한 활용한다.

[정부 및 지자체 해외전시회 운송비 지원 기준 (2013년 10월 현재)]

구분	내용
단체참가지원 (코트라)	1부스당 1CBM 한도내 편도 운송보관료 지원. 단, 전시품이 큰 품목은 1부스 당 최대 4CBM까지 지원 가능
단체참가지원 (중소기업중앙회)	1CBM 이내 편도운송료의 50% (대형전시물의 경우 2CBM)가 지원되며 항공운송료의 경우 '선박운송경비'에 준하여 지원
개별참가지원 (한국전시산업진흥회)	1부스당 1CBM 기준 전시품 국내 입고장소 (운송회사 지정장소)에서 해외전시장까지 소요되는 해상운송 편도 운송비 (단, 항공운송 지원은 불가)
지자체	일정 금액 또는 CBM 한도내에서 지원하나 지자체마다 약간씩 상이함.

쉬어 가기

■ **한국전시산업진흥회 개별참가 해외전시회 지원제도**

한국전시산업진흥회에서 운영하고 있는 개별참가 해외전시회 지원제도란 한국관이나 단체관이 아닌 개별 기업들이 단독으로 해외전시회에 참가할 경우 지원해주는 제도로 지원금은 참가 후에 지급된다. 한국전시산업진흥회는 『해외전시회 개별참가 선정계획』을 글로벌 전시포탈 사이트 (www.gep.or.kr)에 공고하는데 연 2회 선정계획을 공고하되, 상반기 참가기업 공고는 전년도 12월에, 하반기 참가기업 공고는 당해연도 4월에 모집공고 함을 원칙으로 하며, 예산집행 현황을 고려하여 필요시 추가로 모집공고를 할 수 있다. 개별참가 해외전시회의 신청은 전시포탈 사이트에서 인터넷 신청을 원칙으로 하고, 인터넷으로 신청을 한 기업은 소정 인터넷 신청서 및 증빙서류를 우편으로 제출하여야 한다.

지원 내역은 기본부스 (Shell Scheme, 기본장치 포함형)의 70% 또는 면적임차료 (Space only, 기본장치 미포함형)의 100%와 1부스당 1CBM 기준 전시품 국내 입고장소 (운송회사 지정장소)에서 해외전시장까지 소요되는 해상운송 편도 운송비로 개별기업 당 최대 700만원 한도 내에서 지원된다. 한국전시산업진흥회는 예산사정에 따라 개별기업 당 지원한도를 조정할 수 있으며 개별참가 해외전시회의 기업별 지원횟수는 연 1회를 원칙으로 한다.

이때 운송비란 전시품 국내 입고장소 (운송회사 지정장소)에서 해외전시장까지 소요되는 해상운송 편도비용이며 항공운송은 지원이 불가하다.

또한 해외전시회 단체참가 지원대상 사업으로 선정된 전시회는 개별 참가하여도 지원되지 않으며 동일한 전시회에 정부 지원금을 중복 지원 받을 수 없다. 지원대상 선정은 참가신청서 서류심사 및 해외전시회 지원대상 선정위원회의 심사를 거쳐 확정하는데 서류심사는 해외전시회 개별참가 신청서 및 증빙서류를 바탕으로 인터넷 신청여부, 증빙서류의 사실여부 등을 심사한다. 선정위원회는 서류심사를 통과한 기업을 대상으로 수출잠재력, 해외전시회 참가성과, 정책호응도 등을 [표]와 같은 기준으로 심사하여 지원순위를 정한 후 당해연도 예산 범위 내에서 최종 지원기업을 선정한다.

개별참가 해외전시회의 예산 집행방법은 사후정산으로 한다. 개별참가 해외전시회 지원대상으로 선정된 사업자는 해외전시회 종료 후 2월 이내에 한국전시산업진흥회에 상담실적, 계약실적 및 예산집행실적 (정산서)을 제출하여야 한다. 이에 앞서 해외전시회 지원대상으로 선정된 사업자는 전시회 참가 후 2주 이내에 전시포탈 사이트에 해외전시회 개별 참가결과보고서를 등록하고 예산집행실적 등 관련 구비서류를 한국전시산업진흥회에 제출하여야 한다.

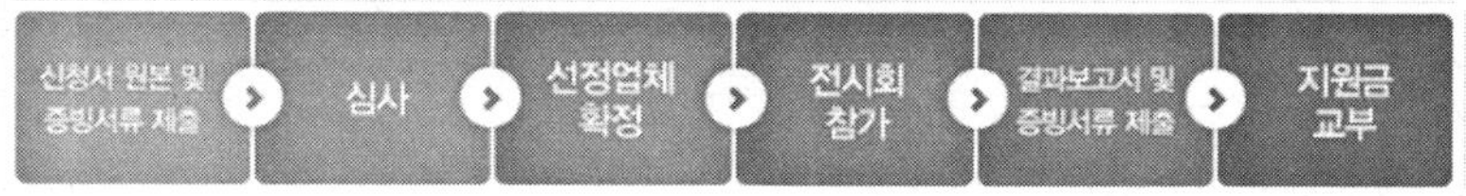

❀ 해외전시회 개별 참가지원 신청방법

이때 관련 구비서류는 ① 해외전시회 개별참가 결과보고서, ② 각서, ③ 부스임차 인보이스, ④ 참가비 납입증명서 (외국환 거래계산서 등), ⑤ 부스배치도 또는 참가기업 디렉토리, ⑥ 부스전면 사진, ⑦ 사업자등록증, ⑧ 법인 은행계좌 사본이다.

[표] 개별참가 해외전시회 지원대상 심사기준표

구 분	배점	평가내용	점 수	
해외전시회 참가계획	15	• 신청전시회 참가 신청 여부	신청	5
			미신청	0
	15	• 신청전시회 참가 계획 (참가목적, 참가준비)	높음	10
			낮음	5
신청전시회 참가 필요성	15	• 참가성과 예상 • 최근 참가실적 • 최근 전시회 정보	매우 높음	15
			높음	10
			낮음	5
			매우 낮음	0
수출 잠재력	30	• 기업 일반현황(영업이익률, 부채비율, 수출 및 해외진출 상황)	높음	10
			낮음	5
		• 전시품 국제경쟁력	높음	5
			낮음	0
		• 특허증, 실용신안등록증 등 국내외 특허 • UL, CE, ISO 등 해외수출규격 인증 • 수출유망중소기업지정증, 벤처프로티어기업 지정서 등 국내 공공기관의 기술품질 인증서 • 환위험관리 우수기업 인증서 (중소기업청장)	5건 이상	15
			3건 이상	10
			1건 이상	5
			없음	0
해외전시회 참가실적	10	• 최근 3년간 참가실적	높음	10
			낮음	5
정책호응도	20	• 최근 3년간 정부 (지자체) 포상 및 수출탑 수상 실적	3건 이상	10
			1건 이상	5
			0건	0
		• 수요조사 참여 여부	참여	10
			미참여	5
지원금 수혜횟수	10	• 최근 3년간 산업통상자원부 해외전문전시회 개별참가 지원사업 지원금 수혜 횟수	없음	10
			1회 이상	5
			3회 이상	0
합계	100			

* 인증서는 현재 유효한 것에 한하며, 의장 및 상표등록증은 인정하지 않음.
* 유효기간이 없는 인증서의 경우 발행일 기준 최근 3년이내 내역만 인정
* 법인사업자의 경우는 법인 명의와 대표자 명의 (특허, 인증서, 수상내용 등)를 인정하며, 개인사업자의 경우는 대표자 명의 (특허, 인증서, 수상내용 등)를 인정
* 3년간의 실적이 없는 경우 '최근연도'의 실적만 기입

제14장 전시품 운송 및 부보 관련 예상 사례

제14장 전시품 운송 및 부보 관련 예상 사례

해외전시회 참가를 위한 전시품은 항공이나 해상운송 수단을 이용하여 전시회가 개최되는 국가로 발송되어 통관 절차를 거쳐 전시장까지 정해진 기간 내 파손이나 망실되지 않고 여유있게 도착되어야 한다. 여기에다 경우에 따라서는 내륙운송 수단이 추가되기도 한다. 따라서 많은 기업들은 해외전시회 참가를 위해 완벽을 기해 전시품을 발송하고도 만일을 대비하여 인적, 물적 보험에 가입하기도 하지만 간혹 전시품 도착에 차질을 빚게 되면 전시회 참가 성과를 기대할 수 없게 된다.

따라서 전시품 운송 및 전시회 기간 중 전시품에 대해 발생되는 예상 사례를 파악하여 만일의 경우에 대비하여야 한다. 즉 운송회사를 통한 전시품 발송과는 별도로 전시품이 전혀 전시장에 도착되지 않는 최악의 경우를 상정하여 출장자가 최소한의 상담 자료를 별도 휴대하는 것이 바람직하다. 전시품 운송 및 부보와 관련되어 자주 발생하는 사례는 다음과 같다.

[전시품 운송 및 부보 관련 자주 발생하는 예상 사례]

연번	예상 사례
√	전시품 전부 또는 일부의 도착이 지연되는 경우
√	세관에서 전시품 전부 또는 일부의 통관이 불허되는 경우
√	전시품이 세관에서 압류되는 경우
√	통관 시 과다한 관세 및 공과금이 부과되는 경우
√	전시품이 파손된 채로 도착되는 경우
√	운송도중 전시품 전부 또는 일부가 분실되는 경우
√	전시회 기간 중 전시품이 파손되는 경우
√	전시회 기간 중 전시품 도난이 발생되는 경우
√	타 참가업체 전시품과 혼합되어 도착되는 경우
√	전시품 도착 지연으로 인해 Display 허용시간을 초과하는 경우
√	전시품 포장 박스를 재활용할 수 없을 정도로 손상된 경우
√	파업으로 인해 전시품 하역이 지연되는 경우
√	내륙운송 연결 편 차질로 전시품 운송이 지연되는 경우
√	천재지변으로 인하여 항공이나 선박 운행이 중단되는 경우
√	분쟁지역에서 전시품 운송도중 탈취나 공격을 받는 경우
√	지적소유권 문제로 인해 전시품 전시가 불허되는 경우
√	전압이나 헤르쯔 차이로 인해 전시품이 작동되지 않는 경우
√	지나치게 많은 전시품을 발송하여 모두 Display할 수 없는 경우
√	전시품이 엉뚱한 곳으로 배달되는 경우
√	전시품 통관을 위한 구비 서류가 미비한 경우
√	운송회사가 예상치 못하는 (사전 제시하지 않은) 추가 경비를 요청하는 경우
√	운송회사 현지 파트너의 서비스가 불만족스런 경우
√	현지에서 전시물품에 대한 보험처리 방법을 잘 모르는 경우
√	전시회 기간 중 출장자가 다치는 경우
√	전시회 기간 중 전시장치물 손상으로 전시품에 피해가 발생하는 경우
√	전시회 종료 후 본국으로 반송해야 하는 전시품이 너무 많은 경우
√	전시품 규격으로 인해 부스 내 설치가 어려운 경우

연번	예상 사례
√	전시품 하중으로 인해 부스 내 반입이 어려운 경우
√	꼭 필요한 전시품 일부 (부품, 작동에 필요한 도구 등)를 발송하지 않은 경우
√	인쇄홍보물 (카탈로그, 브로슈어, 명함 등)이나 판촉물이 전시회 도중에 모두 배포되어 부족한 경우
√	한국에서 갖고 간 배너, 도면, 설치홍보물 등이 전시회 기간 도중 손상되는 경우
√	전시회 종료 후 현지 처리하려던 전시품을 처리하지 못하고 본국으로 다시 발송해야 하는 경우
√	보험금 처리가 지연되는 경우
√	전시참가업체와 운송사간 책임 소재 규명 관련 분쟁이 발생되는 경우
√	전시품 도착 후 지게차, 사다리 등이 제때 수배되지 않는 경우
√	부스내 전력 공급 이상으로 전시품 시연이 불가능한 경우
√	국내운송사와 연락이 두절되는 경우 (특히 휴일 중)
√	전시 도중 전시품 고장으로 인해 시연이 불가능 한 경우
√	당초 계약노선과 다른 노선으로 전시품을 운송하는 경우
√	최단 거리 노선을 이용하지 않고 우회하여 운송하는 경우
√	핸드캐리 시 항공사가 정한 무료 운송 화물 중량이나 수량이 초과되는 경우
√	핸드캐리 화물이 출장자와 함께 도착되지 않는 경우
√	핸드캐리 화물에 대해 많은 세금이 부과되는 경우
√	핸드캐리 화물의 통관이 불허되는 경우
√	핸드캐리 화물이 파손 또는 망실되는 경우
√	통관 후 발급받은 서류를 분실하는 경우
√	전시품 Display용 집기 렌탈이 용이하지 않는 경우
√	너무 많은 전시품을 발송한 경우
√	전시회에 맞지 않는 전시품을 전시하다 주최측으로 부터 지적 받는 경우
√	직매 불허용 전시회에서 직매하다 주최측으로 부터 제재를 받는 경우

쉬어가기

■ **우리기업들의 해외전시회 참가 현황 및 견해**

KOTRA는 2012년 한 해 동안 정부지원 해외전시회 참여업체 1,404개를 대상으로 참가실태 및 만족도 측정을 통해 향후 정책 수립에 활용하기 위해 설문조사를 실시하였다. 동 조사에는 총 603개사가 설문에 대해 회신하였는데 (응답률 42.9%) 유효응답 업체 중 『섬유, 직물』에 종사하는 업체와 『전기, 전자』에 종사하는 업체가 각각 84개사 (13.9%), 70개사 (11.6%)로 가장 많았으며 전체적으로 총 50개 이상의 다양한 품목들로 나타났다. 또한 자산규모는 100억 미만의 업체가 전체의 80%를 차지해 중소기업의 비중이 높게 나타났으며 매출액은 20억 이상~50억 미만인 업체가, 그리고 수출액은 500만불 미만이 75%로 조사되었다.

① **해외전시회 참가현황**

- 【참가횟수】 전체 응답 업체가 최근 3년간 (2010~2012년) 참여한 모든 종류의 해외전시회 횟수는 연 평균 4.4회로 나타났고 이중 연 평균 3회 이하로 참여한 업체도 전체의 52.9%를 나타냈다.
- 【참가비용】 해외전시회 참가 시 총 소요 경비는 1회 평균 5백만원 ~1천만원 미만 (31.8%)이 가장 많았고 1천만원~1천5백만원 미만 (26.4%)이 다음으로 높게 나타났다.
- 【참가목적 및 활동내역】 『신규 바이어 및 유통망 발굴』이 해외전시회 참가의 가장 중요한 목적으로 나타났고, 다음으로 『기업 이미지 및 제품 인지도 향상 (신제품 홍보)』, 『기존 바이어와의 거래 관계 유지 (수출계약체결 등)』, 『동종 산업 (업계) 최신정보 수집』 등이 중요한 것으로 나타났다.

해외전시회 참가 시 부스 상담 외에 어떤 활동을 주로 하는지 질문한 결과, 『타업체 부스 방문』, 『현지 시장조사 및 정보수집』, 『현장 마케팅』, 『현지 기존 거래업체 방문』, 『전시부스 외 별도 장소에서의 추가 상담』 등의 순으로 나타났다.

② 해외전시회 바이어 발굴 및 거래 현황

■ 【바이어 및 업체 발굴 현황】 해외전시회에 1회 참가 시 평균적으로 상담하는 바이어는 30명~50명 미만 (30.2%), 10명~30명 미만 (29.7%), 50명~100명 미만 (25.9%) 등의 순으로 높게 나타났다.

전시회 참가 이후 실제로 거래관계 (수출계약 체결)로 이어진 업체수는 1~2개 사가 44.9%, 3~4개사가 31.2%로 평균 5개사 이하가 전체의 3/4를 넘는 것으로 나타났다.

■ 【수출 계약 성사까지 참가횟수 및 기간】 해외전시회를 2~3회 참가한 후 첫 수출계약을 이루었다는 업체가 45.8%로 가장 높은 비중을 차지한 반면에, 총 응답 업체의 34.4%는 4회 이상 참가 후에 첫 수출계약을 체결한 것으로 나타났다. 해외전시회를 단 1회 참가 후 수출 성약을 이룬 업체는 14.8%에 불과하였다.

해외전시회 참가 후 첫 수출계약을 체결하기 까지 걸린 기간이 6개월~1년 이라고 응답한 업체가 34.2%로 가장 높게 나타났으며 전체 응답업체의 40.3%는 1년 이상의 기간이 걸린 것으로 나타났다.

(단위: %/ n=603)

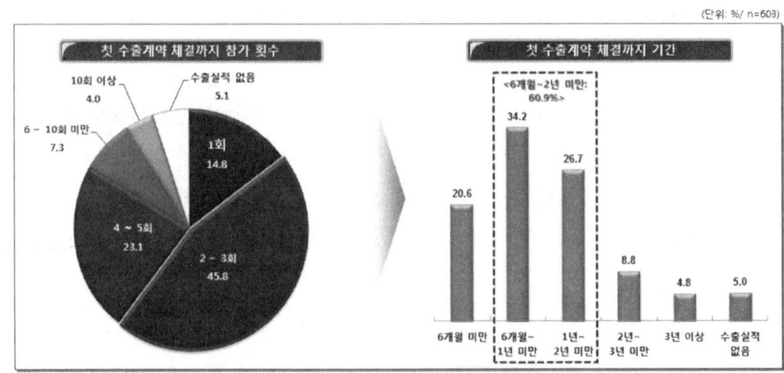

■ 【해외전시회를 통한 바이어 및 수출액 비중】 현재 거래하고 있는 해외 바이어 중 전시회를 통해 발굴한 바이어 비중을 질문한 결과 10%~30% 미만이란 응답이 27.2%로 가장 높았고 30%~50% 미만 (19.2%), 10%

미만 (18.9%) 등의 순으로 나타났다.

(단위: %/ n=603)

구분	%
건의사항 없음	57.2
건의사항 있음 (복수응답)	42.8

(n=338)

애로 및 건의사항	업체 수	백분율(%)
지원금 확대	85	25.1
폭 넓은 전시회 지원이 필요	34	10.1
바이어 발굴을 위한 전문화된 시스템 필요	25	7.4
바이어 상담 주선 미흡	21	6.2
사후관리 부족	13	3.8
보다 좋은 위치에 부스 설치 필요	13	3.3
한국관에 대한 적극적인 홍보 및 지원	11	3.8
장치 및 부스 디자인 개선	11	3.3
전시마케팅 지원	10	3.0
개별참가에 대한 지원확대	10	3.0
탄력적인 전시회 참가 지원	9	2.7
전시회 관련 정보 제공 및 공유	9	2.7
운송비에 대한 지원	8	2.4
개별참가와 별반차이가 없는 전시회 비용	7	2.1
통역지원 확대	7	2.1
동일 전시회에 대한 지속 지원 필요	7	1.8
항공료 숙박비 등 현지 체류비용 지원 고려	6	2.1
한국관의 카테고리별 구분을 통해 전문 부스 이미지 필요	6	1.8
중소기업에 더 많은 혜택	5	1.5

多 ↑ 少 (응답률)

③ **향후 해외전시회 방향성에 대한 견해**

- 【해외시장 개척을 위한 수단】 전체 응답업체의 70.1%가 해외시장 개척을 위해 가장 중요하고 효과적인 수단으로 해외전시회를 선택하였으며 다음으로는 개별세일즈출장, 해외바이어 초청 국내수출상담회, 무역사절단 (시장개척단) 등의 순으로 나타났다.

(단위: %/ n=603)

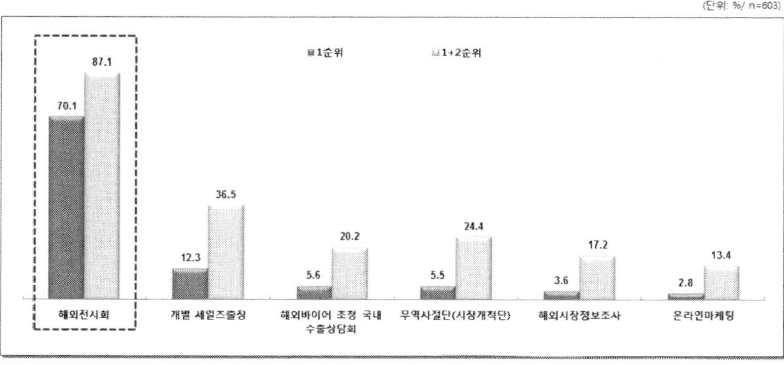

- 【해외전시회에 대한 애로사항 및 개선의견 (복수응답)】 해외전시회 참가와 관련하여 느꼈던 애로사항이나 건의사항을 질문한 결과, 지원금 확대를 요구하는 의견과 폭 넓은 전시회 지원이 필요하다는 의견이 1,2순위를 차지해 전체적으로 지원 금액 및 지원 범위 확대를 강하게 요구하였다.

부록

부록 1

국내운송사 리스트

국내운송사 리스트는 한국국제물류협회 (주소 : 서울 종로구 적선동 80번지 전선현대빌딩 307호, 전화 : 02-6341-9360) 홈페이지 www.kiffa.or.kr 초기화면 상단 회원사 안내를 방문하면 국내 운송사 정보를 얻을 수 있다.

부록 2

해외운송사 리스트

▶ 남아공

• TST Onsite

구 분	내 용
주 소	Cnr Alice Lane & Maude St, Sandown, Johannesburg
전 화	+27 82 450 3480
e-mail	tyron@tstonsite.co.za
홈페이지	www.homemakersexhibitors.co.za
주요전시회	Retail World Africa2013, Power&Electricity World Africa 2013, The Solar Show Africa 2013

▶ 네덜란드

• CEVA Showfreight

구 분	내 용
주 소	Volkerakstraat 61a, 1078 XP Amsterdam
전 화	+31-(0)20-5874466
e-mail	paul.strachan@cevalogistics.com
홈페이지	www.cevalogistics.com/en-NL/
주요전시회	PLMA, Europort, IBC 등

• TNT Showfreight

구 분	내 용
주 소	Europaplein 8. NL – 1078 GZ Amsterdam
전 화	(+31)-20-549-2700
e-mail	ingrid.lafleur@tntsf.nl
홈페이지	www.tntsf.nl
주요전시회	Rai 전시장에서 개최되는 각종 전시회 개별업체 지원

▶ 독일

• Schenker Deutschland AG

구 분	내 용
주 소	Langer Kornweg 34 E, D-65451 Kelsterbach, Germany
전 화	++49 6107 74-00
e-mail	sales-marketing@dbschenker.com
홈페이지	www.logistics.dbschenker.de
주요전시회	Automechanika, Photokina, IAA

• Kühne + Nagel (AG & Co.) KG

구 분	내 용
주 소	Wilhelm-Kaisen-Brücke 1, D-28195 Bremen, Germany
전 화	++49 42 136050
e-mail	info@kuehne-nagel.com
홈페이지	www.kn-portal.com
주요전시회	CeBIT, Hannover Messe, Husum

• Agility Logistics GmbH

구 분	내 용
주 소	Heidenkampsweg 82, D-20097 Hamburg, Germany
전 화	++49 40 237130
e-mail	germany@agilitylogistics.com
홈페이지	www.agilitylogistics.com
주요전시회	Ambiente, ISH, Buchmesse

• Hansa Messe Speed GmbH

구 분	내 용
주 소	Bornberg 94 I D 42109 Wuppertal
전 화	++49 711 342459 78
e-mail	klaus.matefi@hansa-messe-speed.de
홈페이지	www.hansa-messe-speed.de
주요전시회	Automechanika

▶ 러시아

• ExpoWesTrans, ZAO (Expocenter지정 운송사)

구 분	내 용
주 소	Krasnopresnenskaya Nab., 14 Moscow,Russia,123100
전 화	+ 7 (495) 605 6650
e-mail	ewt@ewt.ru
홈페이지	www.ewt.ru
주요전시회	"ExpoWesTrans"사는 모스크바 최대 전시시설 중 하나인 ExpoCenter의 지정 운송사임. Expocenter 내 개최 전시회 운송/통관 전문

• DHL Trade Fairs & Events (Filiale Leipzig)

구 분	내 용
주 소	Messeallee 1, 04356 Leipzig, German
전 화	+7 (916) 530 4875
e-mail	Anna.Akimova@dhl.com
홈페이지	http://www.dhl-tfe.com
주요전시회	Crocus Expo전시장 협력 운송사 중 하나. Crocus Expo내 개최 전시회 운송/통관 전문사

• Panalpina World Transport ZAO (러시아 지사)

구 분	내 용
주 소	bldg 9 Business Centre "Novospasskiy Dvor" 115114Moscow
전 화	+7 495 961 25 59
e-mail	info.russia@panalpina.com
홈페이지	http://www.panalpina.com/www/rus/en/home/offices_contacts/moscow.html
주요전시회	Panalpina사는 국제적인 운송/통관 전문 업체로 약 80개국에 진출해 있음. 모든 전시회 운송/통관 가능. 2010년 모스크바 한국 상품전 개최 시 주요 운송사임

• Unicotrade

구 분	내 용
주 소	3 Silikatbiy proezd d.4; Moscow, Russia
전 화	7(495) 660-37-62
e-mail	info@unicotrade.ru
홈페이지	www.unicotrade.ru
주요전시회	2010년 모스크바 한국 상품전 개최 협력 운송사 중 하나

• 범한판토스 (러시아법인)

구 분	내 용
주 소	Krasnopresnenskaya nab. 12 WTC, office 1303A
전 화	+7-495-225-2320
e-mail	-
홈페이지	www.pantos.co.kr

• 우진글로벌 (러시아법인)

구 분	내 용
주 소	Leninskiy prospekt 113/1, Park Place Moscow, E-406
전 화	+7-495-956-5252
e-mail	hl.park@woojingl.ru
홈페이지	www.woojingl.com

▶ 미국

• KCC Transport Systems, Inc.

구 분	내 용
주 소	311 W. Artesia Blvd., Compton, CA90220
전 화	+1-310-764-5933
e-mail	sean.lax@kccusa.com
홈페이지	www.kccusa.com

• FNS, Inc.

구 분	내 용
주 소	18301 Broadwick Street, Rancho Dominguez, CA 90220
전 화	+1-310-667-4871
e-mail	daniel.kuon@pantos.com
홈페이지	www.fnsusa.com

• UDT Distribution Corp.

구 분	내 용
주 소	801 W. Artesia Blvd., Compton, CA 90220
전 화	+1-310-885-1800
e-mail	info@udtinfomax.com
홈페이지	www.udtinfomax.com

• Aliana Express, Inc.

구 분	내 용
주 소	11100 E. Artesia Blvd., Suite H, Cerritos, CA 90703
전 화	+1-562-403-2150
e-mail	james@alianaexpress.com
홈페이지	www.alianaexpress.com

▶ 베트남

• Agility Vietnam

구 분	내 용
주 소	E.town Building, 8th Floor, Unit 8.2 & 8.3, 364 Cong Hoa St, Tan Binh Dist, Ho Chi Minh City, Vietnam
전 화	++84 8 3930 8010
e-mail	vietnam@agilitylogistics.com
홈페이지	www.agilitylogistics.com
주요전시회	Food Hospitality World Expo

• Schenker Vietnam

구 분	내 용
주 소	601, 6 Fl, 60A Truong Son St, Tan Binh Dist, Ho Chi Minh City, Vietnam
전 화	++84 8 6297 1860
e-mail	juergen.braunbach@dbschenker.com
홈페이지	www.dbschenker.vn
주요전시회	Vietnam Expo

• Adpex Joint Stock Company

구 분	내 용
주 소	Suite G3, Ground Fl, FOSCO Building, No. 6 Phung Khac Khoan, Da Kao Ward, Dist. 1, Ho Chi Minh City, Vietnam
전 화	++84 8 3823 9052
e-mail	adpex@adpex.vn
홈페이지	www.adpex.vn
주요전시회	Medifarm, Telefilm, VietBuild

• VINATRANS

구 분	내 용
주 소	No. 6 Nguyen Tat Thanh St, Ward 18, Dist. 4, Ho Chi Minh City, Vietnam
전 화	++84-8-3941 4919
e-mail	vinatrans.mngt@vinatrans.com.vn
홈페이지	http://vinatrans.vn
주요전시회	호치민시 내에 60% 전시회에 운송서비스 공급

▶ 브라질

• Waiver Logistics

구 분	내 용
주 소	Rua: Alfredo Pujol, 285, Conjunto 13/14 - Santana - São Paulo/SP
전 화	55 11 2281-7882
e-mail	luiz.ferronatto@waiverlog.com
홈페이지	http://www.waiverlogistics.com/
주요전시회	SHOWS & TOURS SPORT & EVENTS CULTURE & ENTERTAINMENT TRADESHOWS: Fimec; Brasilplast; Feimafe; Brasil Offshore; Navalshore; Broadcast & Cable; Brazil Windpower; Rio Pipeline; OTC Brasil.

• Fulstantig

구 분	내 용
주 소	Rua Eli, 164 - Vila Maria - São Paulo/SP
전 화	55 11 2207-7650
e-mail	mewbank@fulstandig.com.br
홈페이지	http://www.fulstandig.com.br/
주요전시회	LAAD ISC Exposec Interseg

• ILSCargo

구 분	내 용
주 소	Av. Álvaro Ramos, 235 9오/10오 Andares - Belenzinho - São Paulo/SP
전 화	55 11 2790-2600
e-mail	
홈페이지	http://www.ilscargogroup.com/
주요전시회	Equipotel 2010/2012 Fimma 2010 Fipan 2013 Rio Oil & Gas 2010 Expovinis 2009/2011

▶ 스위스

• Kuehne & Nagel International AG

구 분	내 용
주 소	Feldeggstrasse 5, 8152 Glattbrugg
전 화	+41 44 866 81 00
e-mail	n/a
홈페이지	www.kn-portal.com
주요전시회	스위스 독일어권지역 개최 전시회에 대한 서비스 제공

• DHL Logistics AG

구 분	내 용
주 소	Route des Jeunes 23, Case postale 1475 CH-1211 Genève 26
전 화	+41 22 798 23 39
e-mail	fairs.geneva@dhl.com
홈페이지	www.dhl.com
주요전시회	제네바 전시장 개최 주요 전시회

• Sempex AG

구 분	내 용
주 소	Bleichestrasse 3, 4016 Basel
전 화	+41 61 695 80 10
e-mail	info@sempex.ch
홈페이지	www.sempex.ch
주요전시회	스위스 개최 모든 전시회 지원

• Schenker Schweiz

구 분	내 용
주 소	Rautistrasse 77, 8021 Zuerich
전 화	+41 58 589 56 00
e-mail	hq.swiss@dbschenker.com
홈페이지	www.schenker.ch
주요전시회	스위스 전시이벤트 조합 회원사

• Gerber Energie & Logostik AG

구 분	내 용
주 소	Birgistr. 2, 8304 Wallisellen
전 화	+41 44 830 22 05
e-mail	info@gerber-transporte.ch
홈페이지	www.gerber-transporte.ch
주요전시회	스위스 전시이베느 조합 회원사

▶ 스페인

• Transferex S.A.

구 분	내 용
주 소	General Moscardó, 32, 28020, Madrid, Spain
전 화	34-91-623-8127
e-mail	feria1@transferex.com / mail@transferex.com
홈페이지	www.transferex.com

• Skynet Worldwide Express

구 분	내 용
주 소	Calle de las Rejas 11F, 28022, Madrid, Spain
전 화	34-91-746-1920
e-mail	mad.sales@skynet.es
홈페이지	www.skynet.es

• Yes, Service Logistica

구 분	내 용
주 소	Av. Astronomía 39, 28830, San Fernando de Henares (Madrid), Spain
전 화	34-91-655-5894
e-mail	info@yes-service.es
홈페이지	www.yes-service.es

• Resa Expo Logistic

구 분	내 용
주 소	Plaza de l'Univers s/n Montjuïc, 08004, Barcelona, Spain
전 화	34-93-233-4889
e-mail	cristina@resalogistic.com
홈페이지	www.resalogistic.com

• Integra2 (식품·의약품 등 운송전문 - 냉장/냉동)

구 분	내 용
주 소	Dronas 2002, S.L.Energia, 25-29, Poligono industrial Nordeste, 08740, San Andreu de la Barca, Barcelona, Spain
전 화	34-90-220-2909
e-mail	integra2@integra2.es
홈페이지	www.integra2.es

▶ 싱가포르

• SCHENKER Singapore Pte Ltd

구 분	내 용
주 소	2 Changi South Street 2, Singapore 486759
전 화	+65 6549 1255
e-mail	jea-hee.won@dbschenker.com
홈페이지	www.dbschenker.com
주요전시회	Communic Asia, FHA, 보안장비 박람회 등

• CJ GLS Asia Pte Ltd

구 분	내 용
주 소	20 Toh Guan Road #0800
전 화	+65 6410 2760
e-mail	woosung@cj.net
홈페이지	www.cj.net
주요전시회	Communic Asia, FHA, 보안장비 박람회 등

▶ UAE

• ELF SHIPPING L.L.C.

구 분	내 용
주 소	P.O. Box: 30344, Deira, Dubai, UAE.
전 화	+971 4 2556220
e-mail	info@elfshipping.com
홈페이지	www.elfshipping.com
주요전시회	BIG 5, ADIPEC, INDEX

• Freightworks

구 분	내 용
주 소	Office: 102, 1st Floor, Al Ashram Building Al Garhoud Road, P.O. Box 50066, Deira, Dubai, UAE
전 화	+971 4 282 2890
e-mail	corporate@bridgeway.ae
홈페이지	www.bridgewaygroup.com
주요전시회	GITEX

• Bridgway

구 분	내 용
주 소	1st floor, former DNATA building 54th Street, Al Ramoul, P.O. Box 5514, Dubai, UAE
전 화	+971 4 204 4444
e-mail	expo@freightworks.com
홈페이지	www.freightworks.com
주요전시회	Arabhealth

▶ 영국

• P&O Ferries Limited

구 분	내 용
주 소	Channel House Channel View Road Dover CT17 9TJ
전 화	+44 (0)8716 645 645
e-mail	customer.services@poferries.com
홈페이지	www.poferries.com
주요전시회	Clarion Events 주관 전시회

• Dynamic International

구 분	내 용
주 소	Unit 1 Trident Industrial Estate Blackthorne Road Colnbrook Berkshire SL3 0AX UK
전 화	+44(0) 1753 682 222
e-mail	operations@dynamic-intl.com
홈페이지	www.dynamic-freight-shipping.co.uk
주요전시회	주요 전시회, 콘서트, 엑스포, 스포츠 이벤트 진행

• DB Schenker Fairs and Events

구 분	내 용
주 소	Schenker House Scylla Road London Heathrow Airport Hounslow TW6 3FE, UK
전 화	+44 (0) 208 831 4500
e-mail	info@logistics.dbschenker.co.uk
홈페이지	www.logistics.dbschenker.co.uk
주요전시회	135년 전통의 육해공상 복합 운송 서비스 제공 업체

▶ 이탈리아

• EXPOTRANS SRL

구 분	내 용
주 소	Strada Statale del Sempione 33 - fieramilano, Rho - CARGO 1
전 화	+39 0236669600
e-mail	adil.sekkat@expotrans.it
홈페이지	http://www.expotrans.it/
주요전시회	FIERA MILANO 개최 전시회

• BF Servizi s.r.l.

구 분	내 용
주 소	Via Alfieri Maserati, 18 - 40128 Bologna
전 화	+ 39 051 282811
e-mail	http://www.bfservizi.it
홈페이지	bgservizi@bfservizi.it
주요전시회	BolognaFiere 개최 전시회

• Soc. Coop. C. Colombo a.r.l.

구 분	내 용
주 소	Via R. Bianchi, n° 75 (Area Campi), 16152 Genova
전 화	010/6509424
e-mail	info@coopcolombo.it
홈페이지	www.coopcolombo.it
주요전시회	Fiera Genova 개최 전시회

▶ 인도

• Ps Bedi logistics

구 분	내 용
주 소	D-10, IIIrd Floor, South Extension, Part - II New Delhi-110 049
전 화	91+11+4605 5200
e-mail	corporate.sales@psbedi.com
홈페이지	http://psbedi.com
주요전시회	인도 무역박람회(IETF 2013)

• Siddhartha Logistics

구 분	내 용
주 소	No. 1, CSC No. 7, Sector-C, Pocket 8, Vasant Kunj, New Delhi 110-070
전 화	+91 11-2613-8501, 8502, 8503
e-mail	sanjay@siddharthalogistics.com
홈페이지	siddharthalogistics.com

• R.E. Rogers

구 분	내 용
주 소	1, Commercial Complex, Pocket H & J, Sarita Vihar, New Delhi - 110 076
전 화	+91-11- 29945402, 26949801/02/5898/5899
e-mail	thakur@rogersworldwideindia.com
홈페이지	http://www.rogersworldwideindia.com

• Orient Marine Lines

구 분	내 용
주 소	49, Rani Jhansi Road New Delhi-110055
전 화	+91 11 23514052/54
e-mail	contact.us@orientm.com
홈페이지	http://www.orientm.com

▶ 일본

• KOKUSAI EXPRESS CO.,LTD.

구 분	내 용
주 소	横浜市中區山下町 279-1
전 화	81-45-227-6262
e-mail	
홈페이지	www.kokusaiexpress.com
주요전시회	각종 전시회 운송 업무 수행

• James Trans Co.,Ltd.

구 분	내 용
주 소	東京都中央區日本橋富澤町 6-5
전 화	81-3-5614-5072
e-mail	
홈페이지	www.james-trans.com
주요전시회	각종 전시회 운송 업무 수행

• KONAPON CORPORATION

구 분	내 용
주 소	東京都台東區上野 1-4-8
전 화	81-50-5501-9704
e-mail	
홈페이지	www.konapon.com
주요전시회	각종 전시회 운송 업무 수행

▶ 중국

• Shanghai ITPC International Transportation Co., Ltd.

구 분	내 용
주 소	Floor 28, No.B Lane 137, Shanghai
전 화	+86-21-62228622
e-mail	jake@itpc.net.cn
홈페이지	ww.itpc.net.cn
주요전시회	상하이 건축전

• Shanghai Rogers Exhibition Services Ltd.

구 분	내 용
주 소	Room 1803, Block A, New Century Plaza, No.48 XingYi Road, Shanghai
전 화	+86-21-62700003
e-mail	allen@rogerssha.com
홈페이지	
주요전시회	Cphi China

• ESI Logistics Co., Ltd.

구 분	내 용
주 소	No.59 Songhong Road, Minhang District, Shanghai
전 화	150-2647-8560
e-mail	goodmorning1224@hotmail.co.kr
홈페이지	
주요전시회	인터텍스타일

▶ 캐나다

• Mendelssohn Event Logistics

구 분	내 용
주 소	40 University Ave. Toronto, Ontario. Canada M5J 1T1
전 화	1-416-863-9339
e-mail	info@mend.com
홈페이지	www.mend.com
주요전시회	PDAC, Dx3

• North American Logistic Service

구 분	내 용
주 소	49 Simpson Road. Bolton, Ontario. Canada L7E 2R6
전 화	1-905-951-1612
e-mail	vaudry@nalsi.com
홈페이지	www.nalsi.com
주요전시회	Dental Conference

• 3Way International Logistics

구 분	내 용
주 소	246 Brockport Dr. #27, Toronto, Ontario. Canada M9W 6W2
전 화	1-416-640-1921
e-mail	info@ship3way.com
홈페이지	www.ship3way.com
주요전시회	National Home Show

• Cargolution

구 분	내 용
주 소	800 Stuart Graham. #360. Dorval, Quebec. Canada H4Y 1J6
전 화	1-514-636-2576
e-mail	info@cargolution.com
홈페이지	www.cargolution.com
주요전시회	Mining Congress & Expo, ABA Beauty Show

▶ 타이완

• EUROTRAN EXPO SERVICE CO., LTD.

구 분	내 용
주 소	TWTC OFFICE: Rm. 6A06, No. 5, Sec. 5, Hsin Yi Rd., Taipei 110, Taiwan
전 화	886-2725-5000
e-mail	info@eurotran.com.tw
홈페이지	www.eurotran.com.tw
주요전시회	Taipei World Design Expo

• Triumph Express Service

구 분	내 용
주 소	Rm 5-2, 5Fl., No. 99, Chung Shan N. Rd., Sec. 2, Taipei, 104, Taiwan, R.O.C.
전 화	886-2-2758-7589
e-mail	triumph@ms8.hinet.net
홈페이지	www.triumphexpress.com
주요전시회	Taipei Musical Instruments Fair

• CROWN VAN LINES CO., LTD.

구 분	내 용
주 소	4-4FL., NO. 165, MIN SHENG E. ROAD, SEC.5, TAIPEI TAIWAN
전 화	886-2-27622500
e-mail	mover@crownvan.com
홈페이지	www.crownvan.com
주요전시회	F1 Exhibition

▶ 태국

• APT Showfreight (Thailand) Limited

구 분	내 용
주 소	11/24, Ratchadapisek road, Chongnonsee, Yannawa, Bangkok 10120, Thailand
전 화	+66(0)2 285-3060
e-mail	hasnai@aptshowfreight.com
홈페이지	www.aptshowfreight.com
주요전시회	Medical Asia 2012 Motor Expo 2012 Entech Pollutech Asia 2011 Renewable Energy 2011 Pump & Valves Asia 2010

• Sun Expo Services Co., Ltd

구 분	내 용
주 소	60/107 Moo 9, Dokmai, Praves, Bangkok 10250 Thailand
전 화	+66(0)2 728-4452-4
e-mail	sunexpo@sunexpothai.com
홈페이지	www.sunexpothai.com
주요전시회	VIV Asia 2011 METALEX 2010

• Agility Logistics Co., Ltd

구 분	내 용
주 소	136 Romklao Rd., Klongsampravej, Ladkrabang, Bangkok 10520. Thailand
전 화	+66(0)2 326-3456
e-mail	thailand@agilitylogistics.com
홈페이지	www.agilitylogistics.com
주요전시회	THAIFEX 2012

▶ 프랑스

• GONDRAND

구 분	내 용
주 소	11, Rue de Lübeck, 75016 Paris, France
전 화	+33 (0)1 44 13 14 00
e-mail	-
홈페이지	www.gondrand.fr
주요전시회	SIAL, SIRHA, MAISON & OBJET, POLLUTEC

• PERCEVAL EXPRESS

구 분	내 용
주 소	6, Rue Saint-Maurice, 92000 Nanterre, France
전 화	+33 (0)1 47 21 44 44
e-mail	contact@perceval.fr
홈페이지	www.perceval-express.com
주요전시회	세계 자동차모터쇼, 파리 자동차부품박람회

• PANTOS LOGISTICS FRANCE

구 분	내 용
주 소	69, Rue de la Belle Etoile, 95700 Roissy-en-France
전 화	+33 (0)1 49 38 04 35
e-mail	sw.cha@pantos.com
홈페이지	www.pantos.co.kr
주요전시회	IT PARTNERS, INNOVTECH, OLED, DIGITAL, PARIS MANGA

• KFL (K-FREIGHT LEADER)

구 분	내 용
주 소	14, Rue de la Belle Borne BP 19030, 95722 Roissy-en-France
전 화	+33 (0)1 49 47 49 19
e-mail	jypark@kflnetwork.com
홈페이지	www.kflnetwork.com
주요전시회	SIAL, PREMIERE VISION, MAISON & OBJET

▶ 홍콩

• Hansen Exhibition Forwarding Ltd.

구 분	내 용
주 소	Unit 13.13/f, New commerce Centre, 10 On Sum Street, Shatin, New Territories, HK
전 화	+852 2367-2303
e-mail	info@hansenhk.com
홈페이지	www.hansenhk.com
주요전시회	완구박람회,패션위크,전자전,가정용품전,쥬얼리쇼 등

• Rogers Worldwide HongKong Ltd.

구 분	내 용
주 소	Unit A&D, 16/F, Nathan Commercial Bldg, Kowloon, HK
전 화	+852 2111-1151
e-mail	info@rogershk.com
홈페이지	www.rogershk.com
주요전시회	홍콩미용박람회, The natural health fair

• Schener Int' (HK) Ltd.

구 분	내 용
주 소	38/f, China resources bldg, 26 harbour road, Wanchai, HK
전 화	+852 2585-9688
e-mail	hk@schenker.com
홈페이지	www.schenker.com.hk
주요전시회	홍콩 피혁박람회, 홍콩 프랜차이즈 및 투자 엑스포 등

• Trans-Link Exhibition Forwarding Ltd.

구 분	내 용
주 소	29/f, lock lee commercial centre time place 33 lockhart road, Wanchai, HK
전 화	+852 2866-2505
e-mail	cm_y@trans-link.com.hk
홈페이지	www.translinkgroup.com
주요전시회	인터스토프, 섬유전시회

회사명	홈페이지	전화번호
DHL Korea	www.dhl.co.kr	1588-0001
UPS Korea	www.ups.com/kr	1588-6886
FedEx Korea	www.fedex.com/kr	080-023-8000
OCS Korea	www.ocskorea.com	080-211-0082
TNT KOREA	http://www.tnt.com/express/ko_kr/site/home.html	1588-0588
SFExpress	www.sf-express.com	080-393-1111
우체국국제특송	ems.epost.go.kr	1588-1300
한진국제특송	hanex.hanjin.co.kr	1588-1612
국제특송현대해운	www.cyhds.com	1577-5524
ACI 월드와이드	www.aciexpress.net	1588-0300
에이디피국제운송	www.adpair.co.kr	1588-1330
발렉스코리아	www.valex.co.kr	02-3675-8338
뉴쿠리어특송	newcourier.co.kr	031-453-8200
포스트비	www.postb.co.kr	1566-6016
㈜ACI 뉴저지에이전시	www.acinjagent.com	070-7457-9673
WIZWA	www.wizwa.com	070-7135-6869
제이엠케이익스프레스	www.jmkexpress.com	02-522-1919

회사명	홈페이지	전화번호
CJ 이케이로지스틱	www.eklogistic.com	070-7771-0830
SelfPack	www.selfpack.co.kr	1577-6532
㈜일신항공해운	www.ilshinair.com	1588-0605
인익스프레스코리아	www.inexpress.kr	1588-1751
에어본익스프레스	www.airbornex.com	02-2666-5237
㈜에어비즈니스	www.airbusiness.co.kr	02-334-0116
엔이씨익스프레스	www.necexpress.net	02-2661-7955
솔로몬익스프레스	www.solomonexpress.com	1666-1627
일신글로발	www.isair.com	1566-9658
EX-MADE	www.exmade.co.kr	1588-6894
바올익스플레스	www.baol.co.kr	1544-5442
일개미로지스	www.ilgaemi.co.kr	1544-6290
㈜인터내셔날비즈니스코리아	www.ibkogistics.com	032-887-1120
㈜이글로지스	www.egllogis.com	070-4680-3844
CJ대한통운	www.doortodoor.co.kr	1588-1255
ABAIR	www.sbgls.co.kr	1544-1332
JMK	www.jmkexpress.com	02-522-1919

참고문헌

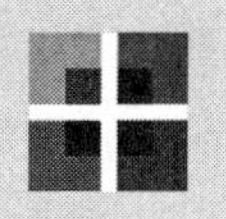

1. 전시기획론 (2012 조기창)
2. 해외전시마케팅기법 (2013 조기창)
3. 각국별 전시산업환경 및 참가기법 (2013 조기창)
4. 박람회가 1등 기업을 만든다 (2006 송성수)
5. 전시마케팅 성공가이드 (2013 한국무역협회)
6. Global Exhibition Industry Statistics (2012 UFI)
7. 한국전시산업진흥회 홈페이지
8. 주요 해운운송사 홈페이지
9. 해외전시회 지원 업무 규정 (2010 KOTRA)
10. 성공적인 해외전시회 참가를 위한 세미나 (2013 KOTRA)
11. 제6회 국제전시마케팅전략세미나 (2013 한국전시주최자협회)
12. 해외전시회 참가매뉴얼 (2006 KOTRA)
13. 대한상공회의소 홈페이지
14. 주간무역
15. 기업과 전시회마케팅 (2007 김용관)
16. 한국전시산업장치협회 디렉토리 (2014 KEDA)
17. KOTRA Globalwindow
18. 롯데손해보험 전시화물 적하보험 안내 (2013.11)

저자 약력

■ **조 기 창**

- 저자는 서강대학교 경제학과와 동 대학 경제대학원을 졸업하였다. 코트라에 입사한 이래 부산국제종합전시장 (현 BEXCO) 건립 추진전담반 과장, 전시사업팀 차장, 해외전시협력팀과 전시컨벤션총괄팀 팀장을 역임하면서 주로 전시·마케팅 분야에서 근무하였으며 특히, 2002년 한국전시산업진흥회 창설에 실무자로 산파 역할을 하였다.
- 『서울국제식품산업대전』, 『서울국제생활용품박람회』 및 『Preview in New York』, 『한중일 산업교류전』을 비롯하여 다수 국내외 전시회를 개최하였다.
- 런던 ('91-'94), 이스탄불 ('97-'01), 뉴욕 ('03-'07, 부관장) 및 암만무역관 ('09-'12, 관장)에서 근무하였으며 현재는 연간 100건이 넘는 해외전시회 참가를 총괄하는 코트라 해외전시팀장으로 재직하면서 코트라 글로벌연수원과 대학 등에서 『해외전시 참가전략 수립방법 및 사후관리』와 『전시기획론』을 강의하고 있다.

〈저서〉

- 『요르단 비즈니스 세계로 들어가기 (2011)』
- 『전시기획론 (2012)』
- 『전시마케팅기법 (2013)』
- 『각국별 전시산업환경 및 참가기법 (2013)』

해외 전시회 전시품 선정 및 운송 노하우

초　판 1쇄 인쇄 —— 2013년 12월 24일
초　판 1쇄 발행 —— 2013년 12월 30일
지은이 —— 조 기 창
펴낸이 —— 전 두 표
펴낸곳 —— 도서출판 두남
서울시 강동구 성내로6길 34-16 두남빌딩
신 고 : 제25100-1988-9호
TEL : 02) 478-2065, 2066, 2067, 2311
FAX : 02) 478-2068
E-mail : dunam1@unitel.co.kr
http://www.dunam.co.kr

정가 17,000원

ISBN 978-89-6414-480-0　93320